Rolf Siller

Meister Eckhart

DAS BUCH

Als die Inquisition den berühmten Theologen Meister Eckhart der Ketzerei beschuldigt, ist dies für seine Anhänger unfassbar. Nach seinem Tod sollen seine Schriften vernichtet werden. Doch sein Schüler Conrad von Halberstadt setzt alles daran, das Erbe seines Meisters für die Nachwelt zu erhalten. Er besucht alle wichtigen Stätten, an denen Eckhart gelebt hat, spricht mit Eckharts Weggefährten und sichert den Nachlass. So werden Leben und Werk des großen Mystikers auf spannende Weise in Szene gesetzt.

DER AUTOR

Rolf Siller ist emeritierter Professor an der Pädagogischen Hochschule Heidelberg. Aus seiner jahrzehntelangen Beschäftigung mit Meister Eckhart ist diese Romanbiografie hervorgegangen.

Rolf Siller

MEISTER ECKHART

Das Brennholz Gottes

Romanbiografie

HERDER

FREIBURG · BASEL · WIEN

HERDER spektrum Band 6436

MIX
Papier aus verantwor-
tungsvollen Quellen
FSC® C083411

Erstmals erschien der Titel im JOSEF-KNECHT-VERLAG,
in der Verlag Herder GmbH, Freiburg im Breisgau 2010

Umschlaggestaltung: wunderlichundweigand, Stefan Weigand
Umschlagmotiv: © Stefan Weigand
Satz: Weiß-Freiburg
Herstellung: CPI books GmbH, Leck

Printed in Germany

ISBN 978-3-451-06436-4

INHALT

GEGEN DEN WIND

Nichts mehr sollte sein, wie es einmal war. Alles stand zur Entscheidung. Conrad reagierte unvorhersehbar, unerwartet auch für ihn selbst. Plötzlich fand er sich außerhalb des Gewohnten gestellt. Ihm war, als versteckte sich Vertrautes hinter den erstarrten Zügen hölzerner Masken.

Es war der Abend seiner Rückkehr nach Köln. Mehrere Wochen waren sie unterwegs gewesen, und Tag für Tag hatten ihnen Frost, Eis und Schnee zugesetzt. Heute, zum ersten Mal wieder, wärmte die Frühlingssonne die eisige Luft und verlängerte für wenige Minuten die Dauer des Lichts in den Abend hinein. Die Konturen der Dinge und Ereignisse setzten sich deutlicher voneinander ab, präsentierten sich in veränderter Gestalt. Sanft legte sich ein heller Glanz über die Dinge, erhöhte sie und setzte ihnen blanke Lichter auf.

Sie waren nur noch zu dritt, hatten Eckhart zurücklassen müssen, nachdem sie an seinem Krankenlager gewacht und ihn schließlich zu Grabe getragen hatten. Müde waren sie und an den Grenzen ihrer Belastbarkeit angekommen. An den Fersen und Zehen brachen Frostbeulen auf und ihre Nasenspitzen und Ohrläppchen hatten sich durch die Kälte dunkelviolett verfärbt. Am meisten hatte Johannes gelitten, der Prior. Er war mit seinen fünfundsechzig Jahren am Ende und musste sich den Anstieg, hoch zum Kloster, von seinen Freunden stützen lassen. Schon auf dem Weg von Avignon, die Rhône aufwärts, über die Berge und dann den Rhein entlang, hatten sie immer wieder Ruhepausen einlegen müssen. Der Prior hatte sich übernommen und war den Strapazen kaum mehr gewachsen. Und auch die Kräfte des Nikolaus von Straßburg waren erschöpft, denn als päpstlicher Visitator hatte er sich für das ganze Unternehmen verantwortlich gefühlt und alle wichtigen Entscheidungen treffen müssen. Erfolgreich war es nicht gerade gewesen, gescheitert aber auch nicht. Wann würde sich erweisen, ob sich die Mühe gelohnt hatte? Am Horizont ballten sich dunkle Wolken zusammen und legten sich, soweit der Blick reichte, über kalt glitzernde Felder und Wälder. Immer wieder fragten sie sich, wie es weitergehen würde. Nasskalter Nebel, hart gefrorene Erde und spiegelglattes Eis brachten die Reisenden zum Straucheln, gelegentlich zum Fallen. Der Boden schien ihnen unter den Füßen wegzurutschen. Sie wussten nicht mehr, wo sie sich befanden. Jeder Tritt suchte zögernd nach Halt, bis plötzlich, wie durch Geisterhand, die Umrisse von Mauern, Toren und Türmen vor ihnen auftauchten.

Conrad von Halberstadt stieg mit seinen beiden Freunden vom Treidelweg zur Stadt hinauf, weg von dem großem Strom, an dessen Ufer entlang sie von Basel bis hierher, nach Köln, gegangen waren. Nun überquerten sie den Domplatz, noch immer eine einzige Baustelle, verlangsamten ihre Schritte, um den Fortgang zu prüfen, der während ihrer Abwesenheit erfolgt war. Nicht viel war geschehen, Schnee und Kälte hatten die Arbeiten unmöglich gemacht. Dann aber, ohne sich lange aufzuhalten, strebten sie auf direktem Wege der Klosterpforte zu.

Allein Conrad war noch einigermaßen bei Kräften. Er war, trotz aller Anstrengungen, voller Energie und Unternehmungslust. Den ganzen Weg über hatte er sich ausgedacht, wie er das Erbe seines in Avignon verstorbenen Lehrers und Freundes verwalten, weiterführen und verbreiten könnte.

Im Kloster angekommen fiel ihm nicht weiter auf, dass er und seine Gefährten nicht so freudig, wie erwartet, aufgenommen wurden, ja einige Predigerbrüder ihnen aus dem Weg gingen. Auf dem Weg durch den Kreuzgang blieb er, noch bevor er seine eigene Zelle erreicht hatte, vor der Meister Eckharts stehen. Er konnte sich nicht verkneifen, vorsichtig und leise die

Klinke zu drücken, um noch einmal einen Blick auf all die Dinge zu werfen, die auch ihm so vertraut und kostbar geworden waren.

Als Conrad seinen Kopf durch die Türe steckte, wurde er harsch angegangen: «Hier klopft man an, bevor man eintritt!» Conrad zuckte zurück, vergewisserte sich, ob er versehentlich die falsche Türe gewählt hatte. Doch nein, er stand vor Eckharts Zelle, nur wenige Schritte entfernt von seiner eigenen. Bruder Suso trat aus der Tür: «Tut mir leid, du bist gerade erst von der Reise zurückgekehrt und hast die Veränderungen nicht mitbekommen. Da Bruder Eckhart verstorben ist, wurde mir seine Zelle zugewiesen.» «Und wo ist sein Hab und Gut, die Bücher und Handschriften Bruder Eckharts?» «Das weiß ich nicht», bekam Conrad zur Antwort, «da musst du Bruder Andreas fragen, den neuen Subprior, oder am besten gleich Bruder Adalbert, der hat das Zimmer leergeräumt.» Conrad erstarrte. Blankes Entsetzen ergriff ihn. Die Nachricht vom Tod des Meisters war ihm, der diese Botschaft eigentlich erst überbringen sollte, vorweg geeilt. Und was noch erschreckender war: Die Predigerbrüder waren bereits zur Tagesordnung übergegangen. Sie hatten keinen Augenblick gezögert, den Tod des Mitbruders als Faktum zu akzeptieren – oder hatten ihn vielleicht schon vorauseilend erwartet, erhofft, begrüßt –, und seine Habseligkeiten unter sich aufgeteilt. Das Blut wich Conrad aus dem Gesicht, schoss nach dem ersten Erschrecken umso heftiger zurück in seinen Kopf und brachte ihn zum Glühen. Mit holpriger Zunge stammelte er eine Entschuldigung für die Störung, wandte sich ab und schleppte sich niedergeschlagen zu den Räumen des Subpriors.

Der Subprior ließ Conrad nicht vor. Er solle später wiederkommen. Conrad aber setzte sich in eine Fensternische und wartete, um vielleicht doch noch eine Gelegenheit zu finden, Bruder Andreas zu sprechen. Wirr schwirrten ihm dunkle Gedanken durch den Kopf.

Bruder Adalbert kam mit schweren Schritten durch den Gang geschlurft, in der Hand einen dicken Bund klirrender Schlüssel. Conrad näherte sich ihm und fragte nach dem Verbleib von Eckharts Habseligkeiten. Der Schaffner baute sich vor ihm auf, rang mit schwerem Atem nach Luft und entgegnete dann gemächlich, jedoch nicht unfreundlich: «Das ist alles verteilt worden, auf Anweisung des Subpriors.» «Und die Bücher und Handschriften?» «Die Bücher, sofern sie aus der Bibliothek stammten, gingen an diese zurück, die Handschriften aber sind vernichtet worden, auf Anweisung des Subpriors, wie gesagt. Manches habe ich zum Heizen genommen und in den Ofen getan.»

Conrad ließ sich auf die Bank der Fensternische sinken und verbarg sein Gesicht in den Händen. Dann aber, nachdem Bruder Adalbert weitergeschlurft war, raffte er sich auf und ging energisch auf die Räume des Subpriors zu. Trotz des heftigen Protests eines Novizen, der sich im Vorzimmer zu schaffen machte, stieß er die Tür auf und betrat ungestüm die Gemächer von Bruder Andreas. «Wo sind die Handschriften von Bruder Eckhart verblieben?» Bruder Andreas, der sich gerade mit einem Kleriker aus dem bischöflichen Ordinariat im Gespräch befand und an einem Glas Rotwein nippte, blickte ihn entgeistert an und ließ sich besonders viel Zeit, um zu antworten: «Normalerweise lasse ich mich auf solch ungehörige Eindringlinge nicht ein. Doch will ich heute, da du eine anstrengende Reise hinter dir hast und vielleicht aus widrigem Anlass über Gebühr erregt bist, eine Ausnahme machen und deinem jugendlichen Enthusiasmus nicht im Wege stehen, lieber Bruder Conrad. Wie du siehst, bin ich im Gespräch mit Monsignore Einhart, der im Auftrag des Erzbischofs hier bei mir ist, und habe soeben mit ihm über Bruder Eckhart gesprochen. Wie uns zu Ohren gekommen ist, hat unser lieber Mitbruder die Augen für immer geschlossen. Dich, wie ich vernommen habe, hat die göttliche Gnade auserwählt, ihn auf seinem letzten Weg zu begleiten. Der Herr zeige sich ihm gnädig und nehme ihn in sein Haus auf. – Erzbischof Heinrich», fuhr er nach einer Pause des trauernden Gedenkens fort, «ließ mir soeben durch Monsignore Einhart mitteilen, dass die Kurie entschlossen sei, den Prozess gegen die von Eckhart vertretenen Irrtümer und Häresien zu einem Abschluss zu bringen. Die päpstliche Entscheidung wird bald eintreffen. Auch wir Brüder vom Orden des heiligen Dominikus machen uns Sorgen um unseren guten Ruf und überlegen, wie wir auf Distanz zu den Irrlehren unserer Zeit gehen können.»

Benommen stand Conrad vor den hohen Herren. Er bemerkte, wie etwas in ihm zusammenbrach, und auch, dass er noch immer das Reisebündel auf dem Rücken trug. Lächerlich kam er sich vor. «Wo sind seine Handschriften?», stieß er gequält hervor. «Tut uns leid», entgegnete der Subprior, wir haben uns gezwungen gesehen, sie aus dem Bestand zu eliminieren.» Nun wandte sich auch Monsignore Einhart, der bis dahin betreten zu Boden geblickt hatte, Conrad zu: «Fürwahr, mit Schmerz tut auch seine Eminenz, der Erzbischof unserer Diözese kund, dass Eckhart, Doktor und Professor der Heiligen Schrift, mehr wissen wollte, als nötig war. Er kehrte sein Ohr von der Wahrheit ab und wandte sich Erdichtungen zu. Verführt durch den Vater der Lüge, hat dieser irregeleitete Mensch, gegen die hell leuchtende Wahrheit des Glaubens auf dem Acker der Kirche Dornen und Unkraut hervorgebracht, schädliche Disteln und giftige Dornsträucher erzeugt. In zahlreichen Predigten vernebelte er den wahren Glauben in den Herzen des einfachen Volkes.»

Die blumige Sprache des Monsignore klang in den Ohren Conrads wie Hohn, da ausgerechnet das, woran niemand zuvor gezweifelt hatte, weder an der Kurie noch zuvor in Köln, Eckhart nun in niederträchtiger Weise abgestritten wurde: seine persönliche Rechtgläubigkeit. Er habe, so war der Monsignore doch wohl zu interpretieren, bewusst Irrlehren verbreitet. Das waren harte Worte, die sich gegen die persönliche Integrität Eckharts wandten. Conrad verschlug es die Sprache. Schritt für Schritt rückwärts gehend, erreichte er endlich die Tür und stürzte aus dem Raum.

✳

Conrad verschloss seine Zelle, ließ den Schlüssel von innen stecken und stemmte sich, aufgewühlt und zornig, wie er war, mit dem Rücken gegen die Tür. Niemanden mehr wollte er sehen. Allein sein war alles. Ruhe finden. Sollte er sein Bündel wieder über den Rücken werfen und einfach abhauen, irgendwohin, wo die Menschen redlicher sind? Er ließ sich auf das Bett fallen, versank in einem Meer von Scham, Wut und Tränen, Selbstmitleid und trüben Gedanken, die wie gehetzt durch sein Gehirn jagten. Schließlich übermannte ihn die Müdigkeit und ein langer, traumloser Schlaf bemächtigte sich seiner.

Am nächsten Morgen, der Tag war schon fortgeschritten, raffte sich Conrad auf und entschloss sich, Bruder Johannes aufzusuchen. Er, der Prior, war ja nun wieder zurück und würde das Sagen haben. Er würde schon alles wieder zurechtrücken. Doch vor der Zelle des Priors saßen zwei Laienbrüder und verwehrten den Eintritt. Der Prior, sagten sie, sei krank und noch geschwächt von der weiten Reise. Der Bruder Medikus sei soeben bei ihm, es sei nicht so schnell mit seiner Gesundung zu rechnen. «Ich habe dem Prior aber eine wichtige Nachricht zu überbringen», wandte Conrad ein. Doch die Wächter wehrten entschieden ab: «Du kannst die Nachricht hinterlegen. Auf ausdrückliche Anweisung von Bruder Andreas darf niemand, außer dem Bruder Medikus allein, das Zimmer betreten.»

Conrad unterstellte eine Verschwörung, stampfte empört mit dem Fuß auf. Allein Nikolaus von Straßburg konnte nun noch Hilfe bringen, ein energischer, weitsichtiger Prediger, den er seit den Jahren seines frühen Studiums immer mehr schätzen gelernt hatte. Kein Lektor konnte die kirchliche Dogmatik so kompetent vertreten wie er. Als dann Bruder Nikolaus als Visitator für die Ordensprovinz eingesetzt worden war, hatte er schnell Schwierigkeiten bekommen; Schmeichler scharten sich um ihn und waren zurückgewiesen worden, während Neider ihm, wo sie nur konnten, Steine in den Weg legten. Schließlich war er vom Erzbischof wegen einer vermeintlichen Begünstigung Eckharts angeklagt worden. Nicht zuletzt um diese Vorwürfe aus dem Weg zu räumen, hatte er Bruder Eckhart auf seiner Reise nach Avignon begleitet.

Schon von weitem sah Conrad, dass die Türe des Visitators offen stand. Als er näher trat, um einen Blick in das Zimmer zu werfen, war es leer geräumt. Nur einige wenige Möbelstücke verloren sich in dem kahlen, kalten Raum: ein Bett, auf das ein Sack voll Stroh geworfen war, Tisch, Stuhl, Regal, Betschemel. Nikolaus hatte das Kölner Kloster verlassen, ohne von Conrad Abschied zu nehmen. Es war einsam geworden um den jungen Prediger.

Bruder Adalbert schichtete gerade noch einen Stapel Handschriften, die auf dem Fensterbrett gelegen hatten, aufeinander und wollte sie, beide Arme voll bepackt, forttragen. «Halt!», hielt ihn Conrad zurück und versperrte ihm mit ausgebreiteten Armen den Weg, «Wo ist Bruder Nikolaus?» «Lass mich vorbei», schimpfte Bruder Adalbert unwirsch, «Bruder Nikolaus ist heute in aller Frühe ausgezogen und abgereist, wahrscheinlich zurück nach Straßburg.» Conrad blickte verdutzt, war dann aber doch geistesgegenwärtig und entschlossen genug, um sich dem Schaffner entgegenzustellen und zu retten, was noch zu retten war: «Lass mir wenigstens seine Handschriften, ich prüfe und versorge sie». «Unmöglich», entgegnete Bruder Adalbert und suchte zur Tür zu gelangen, «auf ausdrückliche Anweisung von Bruder Andreas wird alles, ausnahmslos alles, unter Verschluss gehalten.» Als Conrad nach den Handschriften griff, kam es zum Gerangel. Die Blätter fielen zu Boden und verstreuten sich im Raum. Inzwischen hatte sich, durch den Tumult herbeigelockt, eine Gruppe Neugieriger um sie gebildet. Einige der Ordensbrüder suchten zu vermitteln, andere grinsten hämisch. Letztere waren in der Überzahl, fassten Conrad unter und schleppten ihn, obwohl er sich heftig wehrte, in seine Zelle, verschlossen sie von außen.

Die Träume, denen sich der junge Dominikaner in wohligem Gefühl hingegeben hatte, lösten sich in Luft auf. Seine fein gesponnenen Gedanken verknoteten sich und verklumpten. Er konnte es nicht fassen: Sämtliche Handschriften, die Bruder Nikolaus und Meister Eckhart in ihren Zellen aufbewahrt hatten, drohten vernichtet zu werden.

Noch während Conrad über seine Lage nachdachte, wurde der Schlüssel seiner Tür umgedreht. «Na gut», dachte er, «meine Mitbrüder scheinen sich doch nicht alle einig zu sein. Vielleicht haben sie sich ihren Umgang mit mir inzwischen anders überlegt!» Er ging zu seinem Regal und suchte die wenigen schriftlichen Zeugnisse zusammen, die ihm von Eckhart geblieben waren, die Nachschriften einiger Predigten, das «Buch der göttlichen Tröstung» und das Gutachten aus dem Kölner Prozess. Das war dann auch schon alles. Er versteckte die Handschriften unter seiner Strohmatratze und machte sich auf, um am Brunnen Wasser zu holen und sich endlich frisch zu machen. Doch gerade, als er seine Zelle verlassen wollte, drehte sich der Schlüssel zu seiner Tür. Wieder war er eingesperrt. Gefasst und gelassen kehrte er an das Pult zurück und ordnete Schriftstücke. Nicht viel später drehte sich der Schlüssel schon wieder im Schloss, diesmal vorsichtig, sanft und leise. Die Zelle stand offen. Conrad erhob sich schleunigst, trat in den Kreuzgang, schloss die Türe ab und steckte den Schlüssel ein.

Auf dem Weg zum Brunnen begegnete er einigen Ordensbrüdern, mit denen er bislang einen vertrauten und freundschaftlichen Umgang gepflegt hatte, doch diesmal machten sie einen weiten Bogen um ihn oder beachteten ihn einfach nicht, andere stolzierten höhnisch grinsend an ihm vorbei oder gifteten ihn an: «Deinem Nikolaus ist das Visitieren anscheinend vergangen»; oder «Bleib nur immer schön gelassen! Deine Seele kennt ja ohnehin kein Hier und Jetzt, kein Warum und Weshalb!» Als er sich mit seinem frisch gefüllten Krug auf den Rückweg machte, wurde er angerempelt, so dass der Krug zu Boden fiel und zerbrach. Da kamen andere Brüder auf ihn zu und sprachen ihm Mut zu: «Die Wahrheit lässt sich nicht durch Gewalt und Lügen unterdrücken!»; «Die wahren Freunde Meister Eckharts werden zu dir stehen!»; «Nichts sollte dich in Leid versetzen oder betrüben, denn die Welt kann dir nichts antun!»

✳

Conrad schwankte zwischen euphorischen Stimmungen und tiefer Verzweiflung. Manchmal bildete er sich ein, durch seinen persönlichen Einsatz dem Denken Eckharts zum Durchbruch verhelfen zu können und allen Widerständen zu trotzen. Dann wieder versank er in abgründige Hoffnungslosigkeit und vermochte sehr klar die strategische Überlegenheit der Gegner einzuschätzen. In einer solchen Stimmung der Niedergeschlagenheit machte er sich auf, um sich an der frischen Luft die Füße zu vertreten, im Rhythmus der Schritte seine Gedanken zu klären und eine Entscheidung über sein weiteres Vorgehen zu treffen.

Auf dem Weg zum Rhein blieb er an einem Marktstand stehen und betrachtete gedankenverloren die feilgebotenen Waren. Da zupfte ein kleines Mädchen an seiner Kutte. Es mochte nicht älter als acht Jahre sein und schluckte aufgeregt, bevor es ihm eine Nachricht überbrachte: «Ich soll dir sagen, dass du in die Jakobsvorstadt kommen sollst, in etwa zwei Stunden, in die Taufkapelle von Sankt Zeno.» «Wer hat dich denn zu mir geschickt?» «Die Frauen da hinten am Brunnen.» Als sich Conrad umblickte, war niemand auszumachen. «Was soll ich denn da, haben die Frauen etwas gesagt?» «Ja, ich soll sagen, es sei sehr wichtig. – Damit ich das mache, ich meine, dir das ausrichte, haben sie mir diese Muschel geschenkt.» Das Mädchen zeigte ihm auf ausgestreckter Hand eine Jakobsmuschel. Als Conrad nach ihr greifen und sie genauer betrachten wollte, drehte sich das Kind um und rannte davon.

Trotz des Verdachts, möglicherweise an der Nase herumgeführt zu werden, machte sich Conrad auf den Weg zur Jakobsvorstadt. Diese war ein gutes Stück außerhalb der Tore Kölns gelegen, um die Städter vor ungebetenen Gästen oder ansteckenden Krankheiten zu schützen. Denn weder Pilger noch sonstige Reisende, Bettler oder umherziehendes Volk durften die Tore der Stadt passieren und dort nächtigen, es sei denn, die Bürgschaft einer hochgestellten Persönlichkeit konnte vorgelegt werden. Schon mehrfach war es vorgekommen, dass Fremde Krankheiten und Seuchen eingeschleppt und sogar ganze Epidemien ausgelöst hatten, die vielen Bürgern den Tod brachten. Um bittere Erfahrungen mit Räubern, Dieben und anderen Verbrechern zu vermeiden, wurden beim Betreten der Stadt langwierige Überprüfungen oder besondere Genehmigungsverfahren verlangt. Wer in die Stadt wollte, wurde an den Toren überprüft, taxiert und im Zweifelsfall abgewiesen.

In den einfachen Herbergen der Jakobsvorstadt konnten Pilger und umherziehendes Volk vorübergehend unterkommen. Wer hier lebte, war arm und trug seine wenigen Habseligkeiten am bloßen Leib. Viele waren behindert, blind, stumm, taub, geistig verwirrt oder an Armen und Beinen verstümmelt. Sie übernachteten in großen Räumen, die mit Stroh ausgelegt waren, wurden von mildtätigen Frauen notdürftig versorgt, erhielten eine warme Suppe und auf Wunsch seelischen Trost durch ebenfalls umherziehende Feldprediger.

Conrad musste auf den Weg achten, um auf dem festgetretenen Schnee, der geschmolzen und wieder gefroren war, nicht auszurutschen. Hinter den mit Brettern verbarrikadierten Fenstern und Türen der locker verstreuten Katen, Herbergen und Scheunen konnte Conrad gelegentlich den Widerschein eines Feuers bemerken. Ansonsten ahnte er nur, dass sich hier Menschen verschanzt hatten, um die kostbare Wärme, die sie sich gegenseitig gewährten, zu schützen und zu hüten. Furchtsam schaute er sich um, achtete auf jede Bewegung und wurde den Verdacht nicht los, dass hinter den Schlitzen der Fenster und Türen Augen lauerten, die jeden seiner Schritte verfolgten. Doch was konnten diese Menschen von ihm erhoffen, war er doch selbst ohne Hab und Gut – und schlimmer noch: ohne Mut und Zuversicht.

Der Turm von Sankt Zeno, am Rande der Ansiedlung, überragte die übrigen Häuser nur um halbe Mannshöhe. Sein Dach war mit Schieferplatten gedeckt, die jedoch an vielen Stellen beschädigt waren und jedem Wind, Regen und Frost Angriffsflächen boten. Selbst das Kreuz an der Spitze hing schief zur Seite. Dieser Turm vermochte lediglich ein Zeichen der Trostlosigkeit auszusenden. Wer wollte schon hierher kommen, um sich zu besinnen, Gebete zu verrichten, dem Göttlichen zu begegnen? Conrad fröstelte, als er durch die klapprige Holztüre trat. Abgestandene Luft schlug ihm entgegen, feuchter Schimmelgeruch legte sich auf den Atem. Vorsichtig tastend ging er im Halbdunkel des kargen Raumes die schmucklosen Wände entlang. Gegenüber dem notdürftig gezimmerten Podest für den Prediger öffnete sich eine Nische, in der ein Taufbecken stand, in dem das geweihte Wasser gefroren war. Das üppig verzierte, braunrot marmorierte Becken bildete einen eigentümlichen Kontrast zu dem einheitlichen Grau des niedrigen, gedrückt wirkenden Kirchenraumes. Erst als Conrad einige Schritte vorgetreten war, bemerkte er eine Erweiterung der Taufkapelle. Er brauchte Zeit, um seine Augen an das Halbdunkel zu gewöhnen. Ungewöhnliche Fresken in erdigen Rot- und Blautönen drohten ihm von den Wänden: unheimliche Bestien, Wölfe und Stiere mit hängenden Zungen, nackte Männer und Frauen, ein Mann mit Hundekopf biss einer Schlange den Kopf ab, eine Frau zog ihre zu Schwimmflossen geformten Beine über den Kopf, ein verwegener Jüngling flitzte auf einem Fisch durch die Luft und wurde währenddessen von einer Seeschlange in die Wade gebissen.

Conrad erstarrte. Ein Schauder des Erschreckens lief ihm über den Rücken, und doch konnte er seinen Blick kaum abwenden, so faszinierten ihn die Bilder. Und dann bemerkte er auch sie, die fünf Frauen, die auf einer Bank an der Wand Platz genommen hatten. Sie saßen regungslos, aufgereiht wie Perlen an einem Rosenkranz. Sein Kommen schienen sie überhaupt nicht zu bemerken, auf jeden Fall nicht zu beachten. Oder warteten sie doch auf ihn? Etwas abgerückt stand einsam ein Stuhl. War er eigens für ihn bereitgestellt? Conrad setzte sich. Aus den Augenwinkeln beobachtete er die Frauen, die schwarze Wolldecken um die Schultern gelegt hatten; Tücher hüllten das Haar ein und waren weit nach vorn, über das Gesicht, gezogen. Unter den wärmenden Decken schauten lange graue Kleider aus groben, handgewobenen Stoffen hervor. Die Füße, um die wärmende Lappen gewickelt waren, steckten in einfachen Ledersandalen. Ihm wurde klar, dass die Frauen ehemalige Beginen waren, die, nachdem ihr Stand verboten worden war, ihre fromme Lebensführung im Geheimen beibehalten hatten.

Nur einen Schritt entfernt von ihm befand sich eine etwa fünfzigjährige Frau, die ihr fein gezeichnetes Gesicht dem Taufbecken zuwandte. Vielleicht betrachtete er ihr Profil, das in konzentrierter Sammlung an ihm vorbei schaute, einen Augenblick zu lange, da sie plötzlich einen kurzen verärgerten Blick zur Seite warf und ihn damit zurechtwies. Die junge Frau neben ihr, dem Mädchenalter noch kaum entwachsen, saß aufrecht und steif auf der Bank und ließ ihre großen dunklen Augen unruhig über das Taufbecken, die Wände mit den Fresken und zwischendurch auch über ihn, Conrad, gleiten. Eine ältere Frau mit markanten groben Zügen war etwas auf Abstand gegangen, sie schien, um nicht zu beengt zu sitzen, einen größeren Freiraum zu benötigen. Breitbeinig saß sie auf der Bank und trug als einzige von allen einen langen bunten Rock unter der Wolldecke, keine Kutte. Energiegeladen und doch ganz und gar in sich ruhend, blickte sie vor sich auf den Boden, wartete geduldig und spielte mit den Fingern ihrer festen, großen Hände, die offensichtlich zuzupacken gewohnt waren. Über eine ihrer beiden Hände zog sich, bis unter den Ärmel ihres Kleides, ein dunkelrotes, runzeliges Feuermal. Er hatte die Frau schon irgendwo gesehen. Sie stützte die Hand auf eine prall bepackte Tasche, die sie auf ihrem Schoß abgelegt hatte. Zur anderen Seite, der Außenwand zu, stützten sich zwei Frauen, die sich wie aus dem Gesicht geschnitten ähnlich sahen und ihr sechzigstes Lebensjahr lange überschritten hatten, auf knorrige Buchenstöcke. Mit den einander zugewandten Händen hielten sie sich fest, als wollten sie sich gegenseitig Halt geben und stützen. Beide beugten sich, von lebenslanger Arbeit gedrückt, weit nach vorne. Ihre ganzen Körper, besonders aber die Hände, zitterten leicht, während die Augen, von einem leichten blaugrauen Schleier überzogen, blind in die Ferne blickten.

Die Zeit dehnte sich, ohne dass sich etwas ereignete. Endlich, als hätten sie auf ein geheimes Zeichen gewartet, standen die beiden ältesten Frauen auf, ausgerechnet sie. Mit ihrem Stock schlug die eine kräftig auf den Steinboden, dann begann die andere den völlig überraschten Bruder zu beschwören. «Bruder Conrad», redete sie mit feierlich getragener Stimme auf ihn ein, «du hast einen Auftrag zu erfüllen! Weiche ihm nicht aus! Steh dazu, steh zu dir und der Botschaft deines Meisters, zur Lehre des Bruder Eckhart. Sorge dafür, dass sein Denken in die Geschichte der Menschheit eingehen kann und in der Heilsgeschichte einen immerwährenden Platz einnehmen wird!» – «Und nicht nur sein Denken, sondern auch seine Art zu leben!», unterbrach sie die jüngste der Frauen mit etwas zu hoch klingender Stimme. – «Ja, auch die Art zu leben», wiederholte die Frau, «denn niemand, der Eckhart je gekannt hat, kann an seinem Glauben und der Heiligkeit seiner Lebensführung zweifeln!» Die Frauen starrten durchdringend auf den jungen Mann, blickten durch ihn hindurch, ohne ihn wirklich zu sehen, so dass sich Conrad bedrängt fühlte und nicht mehr wusste, wo ihm der Kopf stand. Sein Herz begann zu flattern, Hände und Stimme zu zittern: «Was erwartet ihr von mir? Wie kann ich gegen die Mächtigen des Predigerklosters, des Ordens, der Kirche aufkommen? Nein, da überschätzt ihr meine Möglichkeiten.» Nun wandte sich ihm die Frau zu, die ihm am nächsten saß, und er erschrak bis in den Grund seiner Seele. Die ihm abgewandte Seite des Gesichts war über und über von Brandnarben entstellt. «Ja, erschrick nur, so sieht ein Gesicht aus, dem in verleumderischer Absicht Gotteslästerung vorgeworfen wurde.» Zurückhaltend und doch eindringlich fuhr sie fort: «Weil ich zu dem stand, was ich einmal als wahr erkannt habe, weil ich die Wahrheit, die unmittelbar aus dem Herzen Gottes kommt, nicht widerrufen habe, musste ich unmenschliche Schmerzen erdulden und hätte beinahe den Feuertod erleiden müssen. Angeleitet durch Meister Eckhart, dem ich oft in Ehrfurcht gelauscht habe, durfte ich die Wahrheit erfahren. Nicht, weil ich ihm blind geglaubt hätte, sondern weil ich nach fleißigem, redlichem Nachdenken vernünftigen Gründen gehorcht habe. Dem Druck der Mächtigen habe ich mich widersetzt, aber auch den oft allzu simplen Glaubensbezeugungen der angeblich Frommen auf den Plätzen und Straßen vieler Städte. Wo alles Sein aus dem Abgrund Gottes in die Seele fließt, gibt es kein Zurück. Bruder Conrad, entziehe auch du dich allen Dingen und Ansprüchen der Welt und schwinge dich mit unbekümmertem Herzen über dich selbst hinaus, so dass auch du in die absolute Unbegreiflichkeit Gottes hineinzureichen vermagst.»

«Ihr macht euch falsche Vorstellungen von der Aufgabe, die ihr von mir fordert», entgegnete Conrad zögernd und mutlos. «Erzbischof Heinrich streut schon jetzt das Gerücht, dass eine Bulle des Papstes unterwegs sei, in der Eckhart als Ketzer verurteilt wird. Bald wird eine solche Anschuldigung von allen Kanzeln Kölns verkündet werden. Beim Generalkapitel des Dominikanerordens gibt es Bestrebungen, auf entschiedene Distanz zu Eckhart zu gehen, sein Denken aus den Gehirnen der Menschen zu löschen, ihn, diesen überragenden Lehrer und Magister einfach totzuschweigen. Sein Denken wird aus allen Bibliotheken und Hochschulen eliminiert werden.»

Conrad, der sich während des Redens vom Stuhl erhoben hatte, wurde immer unsicherer. Schließlich flüsterte er nur noch, bis ihm die Stimme ganz versagte. Tiefe Verzweiflung überkam ihn. Er ließ sich resigniert auf den Stuhl fallen und barg sein Gesicht in die Hände. Da hob die Frau, die zuletzt gesprochen hatte, nochmals an: «Verlier nicht den Mut. Du wirst Freunde finden, die dich unterstützen. Wir sind auf dich angewiesen, denn du hast Eckhart jahrelang begleitet. Wie kein anderer kennst du ihn und seine Wahrheit. Zu viel steht auf dem Spiel, als dass seine Lehre dem Spiel des Erinnerns und Vergessens überlassen werden dürfte. Die Gefahren für das geistige Leben der Menschen drohen nicht von fremden Glaubensüberzeugungen, nicht von den Juden und nicht von denen, die dem Koran folgen und zu Allah beten. Verrat droht vielmehr von denen, die nur das Ihrige suchen oder sich im Wohlgefühl ihrer behäbigen Andacht ausruhen. Sie suchen nichts und bedienen sich Gottes, als wäre er ein Werkzeug. Sie machen aus Gott eine Kerze, um zu suchen, was sie längst gefunden zu haben meinen. Und da sie das Gesuchte gefunden haben, brauchen sie auch die Kerze nicht mehr und werfen sie weg. Andere wiederum nehmen Gott wie eine überflüssige Last, winden ihr einen Mantel um das Haupt und schieben ihn unter eine Bank.»

«Ich selbst habe von Meister Eckhart gehört», meldete sich

nun wieder die junge Frau zu Wort, «dass man nicht durch Innerlichkeit, Andacht, süße Verzückung oder besondere Gnade mehr von Gott bekommt als beim Herdfeuer oder im Stall, sonst täte man gerade so …»

«Hört auf, hört auf!», unterbrach Conrad unwirsch, «kann ich dafür, dass ich zu einfach denke, die Wahrheit nicht verstehen kann? Vielleicht entspreche ich ihr einfach nicht.» Er machte nun einen eher jämmerlichen Eindruck und fühlte sich einem massiven Druck ausgesetzt, aufzustehen und davonzueilen. «Warum übernehmt ihr nicht die Aufgabe, die Botschaft Eckharts weiter zu verbreiten? Ihr könnt es doch genauso gut, wahrscheinlich besser, viel besser als ich.» Die Stille, die sich nach diesen hilflosen Forderungen im Raum ausbreitete, schien jeder schnellen Antwort die Luft abzuschneiden, bis endlich leise und zögerlich die Stimme der Frau, die bisher noch nichts gesagt hatte, an sein Ohr drang: «Nein, wir können das nicht. Wir sind Frauen, haben nicht studiert, dürfen keine Ämter übernehmen, manche können nicht einmal lesen und schreiben.» Conrad von Halberstadt bäumte sich nochmals auf: «Wenn ich wenigstens an die Handschriften Eckharts herankäme, aber alles, was sich in seiner Zelle befand, ist weggesperrt. Nichts ist mehr zugänglich, nichts mehr, außer einem kleinen Büchlein, das ich verstecken konnte.»

«Die Zeit drängt!», warf nun die Frau mit dem Feuermal an der Hand ein. Ungeduldig geworden stellte sie sich vor Conrad und redete ihn in herbem, alemannischem Tonfall an: «Überlege dir, wofür du dich entscheidest. Unsere Auffassung kennst du.»

Bei diesen Worten stiegen in Conrad Bilder der Erinnerung auf, so dass sich für einen Moment lang sein Blick im Unendlichen verlor. Er sah sie wieder vor sich, diese Frau mit dem Feuermal, wusste plötzlich, wo er sie schon einmal gesehen hatte, und verfolgte, wie sich in seinem Innern die Szene wiederholte.

Der Friedhof war wie leergefegt. Eine Frau hatte sich vorsichtig dem Grab Meister Eckharts genähert. Einige Gräber weiter hatte sie sich hinter einem Grabstein verborgen gehalten, an einem Gesteck aus Trockenblumen zu schaffen gemacht und aus den Augenwinkeln das Geschehen verfolgt. Sie fror und hatte sich zum Schutz eine abgetragene Wolldecke übergeworfen. Ihr blasses Gesicht durchzogen tiefe Furchen. Unter einem dunklen Kopftuch schaute ein graues Haarbüschel hervor. Darunter blitzte der schwarze Glanz ihrer Augen so brennend hervor, dass, wer lange genug in sie geblickt hätte, darin versunken und verloren gegangen wäre. Über der Schulter hing ein kleines Bündel mit Habseligkeiten. Sie beugte sich über das Grab, barg ihr Gesicht in beide Hände, Tränen rannen über die Wangen und hinterließen, als sie darüberwischte, eine schmutzige Spur. Mit einem tiefen Seufzer hatte sie sich gebückt und sorgfältig all die kleinen Scherben der Tontafel gesammelt, die um das Kreuz verstreut lagen. Über ihre rechte Hand zog sich ein rotes Feuermal, schien den Arm empor zu züngeln, bis es unter dem schwarzen Umhang verschwand. Doch selbst, wenn es gelungen wäre, alle Scherben zu einem Ganzen zusammenzufügen, wer hätte den Text entziffern können?

Was hat die Frau doch gleich gesagt? Conrad schrak aus seinen Gedanken auf und suchte mit großen Augen dem eindringlichen Blick der Frau standzuhalten. Diese hatte abgewartet, bis er wieder zu sich gekommen war, und wiederholte nun ihre letzten Sätze: «Willst du allen Mut und alle Kraft zusammennehmen, um das zu tun, wovon du doch im Innersten selbst überzeugt bist? Oder läufst du feige davon? Wir werden dich unterstützen, so gut wir immer können.» «Odette, sei nicht so streng mit ihm», raunte ihr leise die Frau mit den Narben im Gesicht zu. Doch jene wehrte unwirsch ab, griff in ihre Ledertasche und blätterte energisch durch ein dickes Bündel handgeschriebener Blätter. Daraus entnahm sie ein loses, handtellergroßes Stück Pergament, spuckte auf die Rückseite des Schriftstücks und klatschte es Conrad gegen die Stirn, so dass es kleben blieb. «Hier hast du den Beweis, dass noch nicht alle Schriften Eckharts vernichtet sind! Wenn du so weit bist und wirklich Zeugnis ablegen willst, werden wir sie dir überlassen. In Straßburg kannst du uns finden.»

Ohne ein weiteres Wort zu verlieren, drehte sich Odette um und verschwand aus der Taufkapelle, gefolgt von zweien der Frauen. Auch die beiden Alten waren von ihren Stühlen aufgestanden, blieben dann aber hilflos stehen. Heiser rief eine von ihnen Odette zu Hilfe: «Nimm uns mit!», doch da kam auch schon die jüngste der Frauen zurück, fasste eine von ihnen liebevoll an der Hand, die andere hängte sich bei dieser ein, und so verließen die beiden Blinden die Kirche von Sankt Zeno.

Conrad blieb noch lange auf seinem Stuhl sitzen.

✻

Es war schon spät in der Nacht, als Conrad in seine Zelle zurückkehrte und sich in sein Bett fallen ließ. Mit letzter Kraft zog er Decken und Kleider über sich, um ein wenig Wärme zu retten. Den Kopf steckte er unter das Kissen. Im Schlaf überfielen ihn schwere Träume: Aus weiter Ferne kamen Frauen auf ihn zu, vielfältiges Stimmengewirr. Sie fuchtelten mit den Armen und redeten auf ihn ein, brüllten ihm ins Ohr und zogen ihm mit einem entschlossenen Ruck das Kissen vom Kopf. – Conrad schreckte auf. Bruder Adalbert stand vor seinem Lager, hatte, ohne anzuklopfen, die Türe zur Zelle aufgestoßen und krächzte mit rauer Stimme: «Sofort zum Subprior kommen!» Und schon verschwand er wieder im Dunkel des Kreuzganges. Die Tür ließ er weit offen stehen; in einer Halterung steckte ein brennender Kienspan und warf gespenstische Schatten an die Wand.

Es brauchte eine gewisse Zeit, bis Conrad endlich zu sich kam, begriff, was Adalbert gesagt hatte. Nach und nach befreite er sich aus den Decken und setzte sich auf den Bettrand. Dann griff er, um etwas Sicherheit und Bestätigung zu erhalten, unter die Matratze. Er tastete und tastete und tastete nochmals. Jäh durchzuckte ihn Entsetzen. Wo waren Eckharts Handschriften? Mit einem Schlag war alle Müdigkeit verflogen. Er schnellte auf, warf die Matratze zurück, doch die Schriften blieben verschwunden. Sein Blick irrte über Tisch und Regal – das genügte. Jemand hatte das Zimmer durchsucht und war fündig geworden. Zorn stieg ihm ins Gesicht.

«Wo warst du?», schnauzte ihn Bruder Andreas an. «Du hast weder an der Komplet teilgenommen noch an den Gebeten während des Tages. Du kehrst erst mitten in der Nacht zum Kloster zurück. Was ist mit dir? Verachtest du so, was du einmal heilig gelobt und versprochen hast?» Conrad ging auf die gestellten Fragen erst gar nicht ein und stellte seinerseits den Subprior zur Rede: «Wer hat mein Zimmer durchsucht und Schriftstücke entwendet?» «Hier stelle ich die Fragen», entgegnete Bruder Andreas. «Erst, wenn meine Frage beantwortet ist!», gab Conrad trotzig zurück, als wäre ihm plötzlich neue Kraft zugewachsen. «Meine Zelle, die ich abgeschlossen hatte, stand bei meiner Rückkehr offen.» Der Subprior reagierte empört: «Glaubst du, dass in diesem Kloster gestohlen wird? Überhaupt werden bei uns Zellen grundsätzlich nie abgeschlossen, es sei denn jemand hat etwas zu verbergen. Bewahrst du verbotene Schriften auf?» Conrad verstummte, wusste nicht weiter, ließ irritiert seinen Blick über das Zimmer gleiten und, wie es der Zufall wollte, über den Tisch des Subpriors. Da lag doch tatsächlich die gestohlene Handschrift, aufgeschlagen, vor ihm. Conrad strich mit zarten Fingern über die Pergamentblätter, griff nach ihnen und wollte sie an sich nehmen. Doch der Subprior legte nun seinerseits die Hand darauf und schwenkte mit der anderen die Tischglocke, um Bruder Adalbert herbeizurufen. «Das wirst du wohl liegen lassen», keuchte er Fassung suchend, unter Aufbietung all seiner Kräfte. Ohne sich weiter auf das Thema einzulassen, fuhr er fort: «Das geht dich überhaupt nichts an. Ich fordere, dass du ab sofort an den Tagesgebeten der Brüder teilnimmst. Vorerst besteht für dich das strengste Verbot, ohne meine ausdrückliche Genehmigung das Kloster zu verlassen.» Bruder Adalbert aber, der inzwischen eingetreten war, wies er an, Bruder Conrad auf seine Zelle zu bringen.

Conrad war schon unter der Türe, als er vom Subprior zurückgerufen wurde: «Noch etwas. Ich weiß nicht, ob dir bekannt ist, dass in der Nacht, bevor Eckharts Zelle geräumt wurde, seine lateinischen und deutschen Schriften entwendet wurden, in böswilliger Absicht. Sie sind nicht wieder aufgetaucht. Falls dir etwas zu Ohren kommt, möchte ich sofort in Kenntnis gesetzt werden.» Dem Subprior entging nicht, wie sich über Conrads Gesicht ein feines, zufriedenes Lächeln zog. «Jetzt verschwinde», rief er ihm unwirsch nach. Conrad von Halberstadt wendete sich langsam um und folgte Bruder Adalbert.

Die Nacht, in die seine Zelle getaucht war, wurde ihm hell und licht. Der flackernde Kienspan reichte aus, um selbst in den hintersten Ecken Dinge klar und scharf in ihren Konturen wahrzunehmen: die Unordnung auf dem Bett, den geöffneten Deckel der Kleidertruhe, durcheinandergeratene Bücher und Handschriften auf dem Bord, die Schreibutensilien und das kleine Messerchen auf dem Tisch. Eine ungewöhnliche Klarheit der Gedanken erfüllte Conrad. Wie von selbst ordneten sich die Ereignisse der vergangenen Tage und zogen nochmals an ihm vorüber.

Wie war es möglich, dass plötzlich eine solche Ruhe und Gelassenheit über ihn kam? Conrad bewegte sich mit bedächtiger Langsamkeit von Gegenstand zu Gegenstand, kreiste die Dinge ein, berührte dies und das, streichelte liebevoll über ein kleines Bild, auf dem die verschnörkelte Initiale seines Namens abgebildet war. Er nahm nochmals ein Buch in die Hände, prüfte eine Feder, ob sie auch sauber gespitzt sei, betastete das Tintenfass, einen hölzernen Löffel, den Trinkbecher und das bestickte Leinentüchlein, das ihm seine Mutter zum Abschied zugesteckt hatte.

Als Conrad mit beiden Händen über seinen Habit strich, der ihm plötzlich eigenartig fremd vorkam, fühlte er in der Innentasche das störrische Stück Pergament, das ihm die fremde Frau an die Stirn geklebt hatte. Ungeduldig zog er den zerknitterten Zettel hervor, strich ihn auf der Tischplatte glatt, setzte sich auf die kalte Sitzfläche des Hockers und begann den Text zu entziffern.

«... denn, wenn Holz entzündet und in Brand gesetzt wird, kommt es notwendigerweise zu einem Kampf zwi-

schen dem Feuer und dem Holz. Sie lassen sich durch
nichts beschwichtigen und kommen auch nicht zur Ruhe.
Es raucht und prasselt, sie streiten sich und versuchen
sich gegenseitig zu bezwingen, bis schließlich das Holz
die Natur und das Sein des Feuers ganz und gar ange-
nommen hat, so dass auch es Feuer ist. Erst wenn alle
Unterschiede zwischen Feuer und Holz verschwunden
sind, beruhigt sich das Feuer, wird still und das Holz
schweigt. Ebenso ist auch deine Seele ein Brennholz, ein
Brennholz Gottes. ...»

Ohne allen Zweifel handelte es sich um Worte Meister Eckharts, ja, um seine Handschrift, mit deren Entzifferung Conrad
in den letzten Jahren so viel Mühe gehabt hatte. Nochmals und
nochmals ließ Conrad die wenigen Zeilen auf sich wirken, bezog sie auf sich selbst, fühlte sich angerührt und war von Herzen dankbar für die Botschaft, die ihm sein Freund und Lehrer
post mortem hatte überbringen lassen. Im rechten Augenblick
hatte ihn genau das Wort erreicht, auf das er gewartet hatte. Es
war ihm gegen die Stirn geklatscht, traf ihn mitten ins Herz,
setzte ihn in Brand, ließ sich nicht mehr beschwichtigen. Es
rauchte, prasselte, würde sich nie mehr bezwingen lassen, ja, er
würde selbst Feuer werden, sich der unbegreiflichen Erfahrung
der Wahrheit aussetzen, bis er ganz und gar von ihr verzehrt
sein würde.

Conrad nahm eine Feder zur Hand, schnitt sie sorgfältig zu,
tauchte sie in Tinte und begann zu schreiben. Er schrieb, bis
der Kienspan heruntergebrannt war und das Dunkel den Raum
wieder in Besitz nahm:

An den Prior des Predigerklosters zu Köln
Bruder Johannes von Griefenstein!
Hoch verehrter, lieber Bruder im Herrn,
Bruder Johannes,
Vorbild und Lehrer waret Ihr mir, seit ich Euch kenne;
auf unserem gemeinsamen Weg nach Avignon und von
dort zurück seid Ihr mir Vater und Freund geworden. Tag

für Tag wurdet Ihr mir wichtiger. Vorbehaltlos respektie-
re ich Eure Autorität, bedanke mich für Eure liebevolle
Zuwendung, die Ihr mir, wie allen anderen Brüdern
auch, entgegengebracht habt, wenn ich mit einem Anlie-
gen zu Euch gekommen bin, und verneige mich vor Eurer
Frömmigkeit und innigen Demut, in der ich den Wider-
schein göttlicher Heiligkeit wahrnehme.

Noch immer denke ich gerne an die Zeit zurück, in der
Ihr mich in Euren Konvent aufgenommen habt. Jedes
Mal, wenn ich Hilfe brauchte, habt Ihr mich unterstützt
und gefördert. Ihr auch wart es, der mich zu den abend-
lichen Gesprächen mit Meister Eckhart geholt hat, da-
ran teilnehmen ließ und mich ermunterte, gelegentlich
selbst das Wort zu ergreifen oder Fragen zu stellen. Die
Ernsthaftigkeit und Tiefe der Gedankengänge, die ich bei
diesen Gesprächen erfahren durfte, ist mir stets gegen-
wärtig und prägt mein Leben.

Um so schmerzlicher trifft es mich, verehrter, lieber
Vater und Freund, und Euch muss es wohl genauso oder
noch mehr treffen, dass ich Euch heute um Dispens bit-
ten muss, um Dispens von allem, was ich während mei-
ner Ausbildung zum Predigerbruder im Kölner Domini-
kanerkloster feierlich gelobt habe: Gehorsam, Armut und
Keuschheit. Es gibt eine Reihe triftiger Gründe, die mich
zu dem Entschluss gebracht haben, am heutigen Tag die-
ses Kloster zu verlassen und auch den Orden des heiligen
Dominikus. Da ich zugleich auch mein Priesteramt ru-
hen lassen werde, das ist mir voll bewusst, droht mir der
Ausschluss aus der Gemeinschaft der heiligen Kirche, die
Exkommunikation.

Um einer solchen Verurteilung zu entgehen, verehr-
ter Vater, bin ich auf Eure ausdrückliche Unterstützung
angewiesen. Ich bitte Euch persönlich, als Vorsteher des
Kölner Predigerklosters, um Dispens von meinem Stand
und allen klösterlichen Pflichten. Weiterhin bitte ich
Euch eindringlich, beim Provinzial und Generalmagis-
ter des Ordens ein gutes Wort für mich einzulegen. Es

geht mir ja nicht um eine Flucht aus den Versprechungen von Gehorsam, Armut und Keuschheit, an die ich mich nach wie vor gebunden fühle, nicht um eine Lösung der Ordensgelübde, die ich nie als Fesseln erlebt habe, und auch nicht um eine Rückkehr in den Laienstand, um dem Priesteramt den Rücken zu kehren. Ich fliehe nicht aus dem Ordensstand und den Glaubenswahrheiten der Kirche, ich fliehe vielmehr vor den Menschen, die mir die Luft zum Atmen rauben und mir das Verbleiben im Kloster unmöglich machen, die den lebendigen Glauben in starre Formen gießen und aus Gott einen Götzen machen, den sie sich zurechtschnitzen und wie ein goldenes Kalb anbeten.

Durch hektisch überschlagende Luftsprünge und Überschläge der Unvernunft bricht das spirituelle Leben der klösterlichen Gemeinschaft in sich zusammen. Der Glaube begnügt sich mit rührseligen Gefühlslagen, die immer nur rückwärtsgewandt sind, versucht sich in geschlossenen Systemen abzuschotten, wendet sich von dem befreienden Flug der Überzeugungen und Grundsätze unserer großen Lehrer Albert und Eckhart ab. Ihr Denken muss Unterdrückung, Fälschung und Manipulation über sich ergehen lassen oder wird einfach ignoriert. Ihre Schriften werden auf verbotene Listen gesetzt, bald dürfen sie dem Studium nicht mehr zugrunde gelegt werden, ja, nicht einmal mehr gelesen werden. Wo immer man ihrer Bücher habhaft wird, werden sie vernichtet. An die Stelle von Vernunft und Frömmigkeit treten Voreingenommenheit und Irrglaube.

Was der geistigen Welt angetan wird, die uns mit ihren mächtigen Schwingen über die Mühen und Drangsale des Alltags erhebt, sich über ihn spannt, wie ein mächtiges Gewölbe, das Raum gibt für die Erfahrung von Glück und Freiheit, ist eine Sache, eine andere, was den Menschen selbst angetan wird. Schmerz und Leid, so wird nun plötzlich behauptet, führe die Existenz des

Menschen in sonderlicher Weise zu ihrer Bestimmung und Erfüllung. Warum nur? Das will mir ganz und gar nicht einleuchten. Die Brüder des Klosters dürfen sich nicht mehr frei bewegen, werden auf Schritt und Tritt gegängelt, zu Duckmäusern erzogen und schleichen nur noch durch die von Vornehmheit erkalteten Gänge, verstummen, kriechen wie Molche durch Morast. Mit wem sie umgehen, was sie lesen und sprechen, alles wird kontrolliert. Die wirklich Frommen, wie die Anhänger und Freunde Meister Eckharts, werden auf die Anklagebank zitiert, erleiden Schmach und Gefangenschaft, bald werden es Folter und Tod sein.

Der intrigante Ankläger Meister Eckharts, Erzbischof Heinrich – entschuldigt bitte meine Wortwahl, aber ich spreche nur die Wahrheit aus –, hat beim Subprior Gehör gefunden, der die Ordenshochschule zu dogmatischer Starrheit verpflichten will. Der Orden sucht mit der Knute Gehorsam zu erzwingen. Wer sich Gott als grausamen Imperator vorstellt, der den, den er liebt, knechtet, der liebt nicht mehr den Gott, den ich liebe.

Hoch verehrter Bruder Johannes, ich hoffe, dass Ihr meinen Schritt versteht, der mich dazu führt, noch diese Nacht meine Ordenstracht abzulegen und das Kloster, ja sogar den Orden zu verlassen. Ich habe mir zum Ziel gesetzt, mich künftig als Sachwalter Meister Eckharts zu verstehen, mich auf die Wege zu machen, die auch Eckhart gegangen ist, um sein Erbe zusammenzutragen, es, wo immer möglich, zu schützen und mich für seine Verbreitung zu verwenden.

Geliebter Vater und Freund, haltet mein ungestümes Vorgehen meiner jugendlichen Einfalt zugute, seid nicht zu streng mit mir, verzeiht, wenn ich jemanden unrechtmäßigerweise verunglimpft habe oder mich sogar im Irrtum befinden sollte. Segnet mich, wie auch ich immer an Euch denken und für Euch beten werde.

Euer Bruder Conrad von Halberstadt

Im Dunkel der Nacht suchte Conrad seine Habseligkeiten zusammen, hängte seine Ordenstracht an den Haken der Zellentür und schlüpfte in die alten Kleider, die seit seiner Einkleidung in der Truhe lagen. Hemd, Jacke und Hose war er längst entwachsen, so dass nun unter den Hosenbeinen die nackten Waden zum Vorschein kamen und die Arme aus der Jacke weit hervorragten. So warf er sich noch eine dicke Decke über die Schultern, die auf seinem Lager ausgebreitet lag. Er schnürte ein kleines Bündel und blickte noch ein letztes Mal zurück, um von den lieb gewordenen Räumen, der Stille und den Ritualen der Gemeinschaft Abschied zu nehmen. Wie fremd war ihm alles geworden, in nur wenigen Tagen.

Von den Dingen hatte er Abschied genommen, nicht aber von den Brüdern. Die wenigen, denen er sich hätte anvertrauen können, schliefen, und er wollte sie auch nicht in Gefahr bringen, mit seiner Flucht in Verbindung gebracht zu werden. Er schlich durch das Kloster, gerade noch rechtzeitig vor Beginn der Laudes. Auf Zehenspitzen tastete er sich vorbei an dem schlafenden Laienbruder, der zur Wache vor der Türe des Priors Position bezogen hatte, öffnete leise die Tür und ging zum Bett von Bruder Johannes, der sich unruhig auf seinem Lager hin und her wälzte. Schweißperlen standen ihm auf der Stirn. Conrad ergriff seine Hand, hielt sie, strich darüber und murmelte ein kurzes Gebet des Dankes, dem, wie von selbst, eine kleine Litanei von Bitten folgte, dann steckte er ihm seinen Brief zwischen Daumen und Finger einer Hand.

Conrad verließ den Raum, das Kloster, die Stadt. Prior Johannes von Griefenstein aber las den Brief nicht mehr. Als der Bruder Medikus eintrat, war Johannes verstorben. Er nahm ihm den Brief aus den Händen und steckte ihn zwischen die Pillen und Instrumente seiner Ledertasche.

GEISSHIRTELN

Conrad war das Gespür für Zeit abhandengekommen. Er konnte sich nicht erinnern, wann er von Köln losgezogen war, wusste nicht, wie lange er schon unterwegs war, zwei, drei oder gar schon vier Wochen. Noch immer hastete er davon, lief was das Zeug hielt, lief, so schnell er nur konnte, strauchelte, fiel, rappelte sich wieder auf. Bauern hatte er angesprochen, Bettler und Frauen, die selbst nichts zwischen den Zähnen hatten, um einen Kanten Brot oder ein Lager in der Scheune zu ergattern. Nur um Klöster, Kirchen und Pfarrhäuser hatte er weite Bogen gemacht. Die Leute beäugten ihn misstrauisch, wie er daherkam, in seinen zerschlissenen Kleidern, halb erfroren, ausgehungert, übernächtigt. Schließlich hatte er ihnen doch leid getan, hatte trotz ihres Misstrauens so viel zugesteckt bekommen, dass er sich gerade noch aufrecht halten konnte, nicht einfach umfiel, im Unterholz einschlief, um nie wieder aufzuwachen. Hätte sich die Sonne nicht gnädig gezeigt und ihn von Zeit zu Zeit mit etwas Wärme bedacht, Conrad hätte sich nicht durchschlagen können.

Am Tor des Burgfleckens bat er um Einlass: «Conrad von Halberstadt, Bürger der Stadt, hier geboren.» Der Wächter hielt ihn an, taxierte ihn von oben bis unten, stutzte, zögerte, rief schließlich erstaunt: «Mensch, Conrad, bist du es? Hast du dich aber verändert!» Er hätte ihn fast nicht wieder erkannt, ein Spielkamerad aus Kinderzeiten. Neugier regte sich in dem jungen Mann: «Wo hast du deine Kutte gelassen?» Doch Conrad drängte weiter, ließ sich nicht aufhalten, murmelte eine

Entschuldigung, die niemand verstehen konnte und auch nicht sollte, eilte zum Haus seines Vaters. Mehrmals atmete er tief durch, bevor er den eisernen Klöppel gegen die Eichentüre fallen ließ.

Umgehend öffnete ein Mann mit schlohweißem Haar die Türe, als hätte er schon auf ihn gewartet. Sie standen sich lange gegenüber, suchten sich wieder zu erkennen, die Zuneigung, Wärme und Innigkeit früherer Tage. Dann stammelte Conrad: «Vater, ich komme, weil…» Doch der Vater ließ ihn nicht weiterreden, ging auf ihn zu und schloss ihn in die Arme: «Jetzt komm erst einmal herein, in die warme Stube.»

Viel Zeit und Ruhe waren erforderlich, bis Conrad endlich wiederhergestellt war. Ein langer, unruhiger Schlaf entführte den Erschöpften und ängstigte ihn mit Furcht einflößenden Traumgestalten. Fiebrige Erregtheit wechselte mit Phasen der Lethargie und Niedergeschlagenheit. Er stützte den Kopf in die Hände und horchte in sich hinein, wanderte stundenlang im Zimmer auf und ab, innerlich aufgewühlt, und trug mit erhobener Stimme den geduldig stummen Wänden Monologe vor. Er suchte seine wirren Gedanken in fahrig skizzierten Zeichnungen zu bannen, brachte sein Wüten, seine Anschuldigungen, Vorwürfe, sein Lästern, Fluchen und Weinen, bis hin zum seelischen und körperlichen Zusammenbruch, in wilden Fetzen zur Sprache, zeichnete sie auf in Chiffren, Runen und absonderlichen Schriftzeichen.

Dem Vater hatte er alles gesagt, was gesagt werden musste. Mehr wollte er offenbar auch nicht wissen. Die ältere Schwester und der jüngere Bruder zeigten sich nur gelegentlich, viel zu sehr waren sie mit sich selbst befasst, den Geschäften und Arbeiten, die sie zu bewältigen hatten, die Schwester bei der Führung des Haushalts mit Mann und vier Kindern, der Bruder mit dem Kontor, das er vor zwei Jahren vom Vater übernommen hatte. Textilien wurden vertrieben, Weißwaren und Stoffe aus Wolle, Leinen, Seide und Barchent, Gewobenes, Gestricktes und Gesticktes, Filz, Garne, Fäden und Knöpfe. Die Mutter war bei der Geburt des Bruders im Kindbett gestorben. Conrad war damals gerade einmal drei Jahre alt gewesen. Die verwitwete Tante Sofie, eine Schwester des Vaters, hatte sich des Haushalts angenommen und die Kinder groß gezogen. Nun war sie selbst verwirrt und bettlägerig und musste vom Vater und einer Magd gepflegt werden.

Schwer lasteten auf Conrad die Ereignisse von Köln, die ihn zur Flucht getrieben hatten. Hatte er sich schuldig gemacht gegenüber dem Orden, dem ewigen Gelübde, gegenüber sich selbst? Oder durfte er sich loben, weil er standhaft zu seinen Überzeugungen gestanden war und Mut gezeigt hatte? Albträume verfolgten ihn bei Tag wie bei Nacht. Wenn er mit jemandem zu sprechen versuchte, schien sich ein grauer Schleier über seine Augen zu legen und eine eigentümliche Distanz und Unbeteiligtheit stellte sich ein. Nicht er selbst sprach, er stand wie neben sich, sah zu, wie eine andere Person mit seiner Stimme redete. Nur wenn es ihm gelang, Klarheit herzustellen, die einzelnen Fäden aus dem dichten Knäuel von Erinnerungen, Hoffnungen und Fantasien zu entwirren, würde er seinen Weg gehen können. Kaum mehr als zwei Monate war es her, dass Meister Eckhart begraben worden war und schon schienen ihm die Ereignisse Jahre zurück zu liegen. Konnte er seinen Ruf noch vernehmen, einen Ruf, der ihn aufrichtete und aus der Enge des Lebens führte? Oder zuckte er schon jetzt zurück, weil ihm das vertraute Antlitz fremd geworden war?

Bei dem Gedanken, dass die Zeit starb und mit ihr der Glaube an ein Leben nach dem Tod, dass der Raum starb und mit ihm der Glaube an einen Himmel, überfiel ihn das blanke Entsetzen. Er scheiterte in dem Bemühen, die Welt und sich selbst zu verstehen, geschweige denn zu erklären. Alles, was er wahrnahm und dachte, und alles, was je wahrgenommen und ausgedacht wurde, überstieg ein offener Horizont von Möglichkeiten. Aus der Zeit- und Ortlosigkeit einer nicht verfügbaren Wirklichkeit brach mit brachialer Wucht eine Totalität in ihn ein und erfüllte ihn mit Schrecken, zugleich aber auch eine Würde, nach der er sich schon immer gesehnt hatte.

Manchmal empfand er seine Gedanken als unerträgliche Last, das andere Mal ließ er sich gelassen auf die schwierigsten Fragen ein. War die Zeit an das Leben gebunden? Fand sein Dasein bei der Geburt ihren Anfang und im Tod ihr Ende? Oder erstreckte es sich über diese Begrenzungen hinweg in ein Sein ohne hier und dort, ohne gestern, heute und morgen? Sollte er nicht eher von einem Nichts sprechen, als von einem Sein? Es gab Momente, da schien Conrad aus der Zeit zu fallen. *Ich brauche nicht die Erfahrung des Todes, um mich der Zeitlosigkeit zu versichern. Wenn ich wissen will, wer ich bin, muss ich die Gegenwart des Unbedingten zulassen, hier und jetzt.* So hatte es, wenn er sich recht erinnerte, Meister Eckhart formuliert. Das Mögliche schien Conrad präsenter als alle Dinge und Ereignisse, denen er je begegnet war. Sogar sich selbst verlor er aus den Augen, als verdampfte er in die Unendlichkeit eines schwarzblauen Sternenhimmels.

Der Vater bat Conrad, noch sitzen zu bleiben und sich nicht ständig in seine Kammer zurückzuziehen. Er gehe nicht mehr aus dem Haus, was er ja grundsätzlich verstehen könne, doch müsse er sich endlich klar machen, wie es weitergehen solle. «Was hast du vor?», fragte er ihn, wurde dabei so aufgeregt, dass ihm das Blut ins Gesicht stieg. Sein Vater machte sich Sorgen, Sorgen um die Zukunft, aber auch den Gemütszustand des Sohnes, der zunehmend in Schwermut zu versinken drohte. «In Halberstadt kannst du nicht bleiben, wie ein Lauffeuer hat sich herumgesprochen, dass du den Dominikanern entlaufen bist. Die Leute lästern», sagte er, «du würdest keinen guten Stand in dem Flecken haben, wo jeder jeden kennt.» Er wolle ihm, so führte er aus, sein Erbe auszahlen. Damit könne er neu beginnen, zum Beispiel eine Schreibstube eröffnen oder Unterricht erteilen. Den größeren Teil des Erbes würde natürlich sein Bruder benötigen, um das Geschäft am Laufen zu halten. Aber seine Rücklagen würden ausreichen, um ihm zu einer neuen Existenz zu verhelfen. «Sag mir doch bitte, was du in Zukunft tun willst.»

Dankbar fiel Conrad seinem Vater um den Hals und herzte ihn. Nein, er wolle nicht sein Erbe ausbezahlt bekommen, ihm und den Geschwistern auf der Tasche liegen. Nach einiger Zeit aber hakte er doch nach und meinte, dass er schon wisse, was er machen wolle und dafür, nur dafür wäre es natürlich auch gut, wenn er über etwas Geld verfügen würde, um nicht betteln zu müssen. Er könne nicht seine ganze Vergangenheit hinter sich lassen und etwas ganz anderes, neues, anfangen. Er sei seinem Lehrer, aber auch sich selbst und seinen Überzeugungen schuldig, die Botschaft vom Geborenwerden des Unbegreiflichen in die Welt hinauszutragen, «die Botschaft von dem Durchbruch des absoluten Grundes, der sich Schlag auf Schlag, jetzt und jetzt und jetzt», er hämmerte mit der Faust auf den Tisch, «in jedem Menschen ereignet.»

Ratlos schaute der Vater auf seinen Sohn, verstand ihn nicht, wandte hilflos und von Zweifeln getrieben den Kopf zur Seite, nichts fiel ihm ein, was er hätte raten können.

«Ich werde alle Orte aufsuchen, wo sich Meister Eckhart aufgehalten hat», fuhr Conrad fort, «Erfurt, Tambach, Paris und Straßburg, um alles zu sammeln, was von ihm geblieben ist. Die Zukunft hat ein Recht auf dieses Erbe, das, wenn es sich überhaupt noch retten lässt, nur durch jemand aufgespürt, als echt erwiesen und vor verfälschenden Umdeutungen geschützt werden kann, der mit Eckhart aufs Engste vertraut war, der ihn als Person mit all seinen Eigenarten kannte, der genau weiß, wie er dachte, womit er sich Tag und Nacht beschäftigte, woran er litt oder Freude empfand, was er gerne aß und trank, den sein ausgelassenes, kindliches Lachen angesteckt hat und der mit dabei war, als er sich voll Wut und Abscheu gegen hohe Amtsträger wandte, die auf Untergebene herabblickten, sie missachteten und schikanierten, oder wie er reagierte, wenn ihm selbst ketzerische Äußerungen unterstellt wurden. Ich erinnere mich noch genau, wie ihm einmal die Schamröte ins Gesicht gestiegen war, als er sich bewusst machte, wie ungerecht er in seiner Unerfahrenheit ungebildeten Frauen ins Gewissen geredet hatte, ohne überhaupt zu merken, mit welcher Kraft und Ausschließlichkeit sich diese für ihre Sache stark gemacht und eingesetzt hatten. Wer, so habe ich mich tausend Mal gefragt, wer ist mit dem Denken und Leben Meister Eckharts, seinen Schwächen und Stärken, so vertraut, dass er sein Sachwalter sein könnte. Und was vielleicht noch entscheidender ist, wer würde sich tatsächlich der Mühe unterziehen wollen, gegen den Widerstand der Amtskirche sein Anliegen zu vertreten? Alle Freunde Eckharts, die ich kenne, stehen unter dem massiven Druck kirchlicher Amtsträger oder der Ordensleitung, andere, die sich ihre Unabhängigkeit bewahren konnten, sind in einem Alter, in dem sie sich den Strapazen, die Nachforschungen mit sich bringen, nicht mehr unterziehen können, oft sind sie krank und gebrechlich – und manchen fehlt ganz einfach der erforderliche Mut. Ohne dass ich mich darum bemüht hätte, ist mir das schwergewichtige Erbe Eckharts auf die Schultern gebürdet und wie mit Riemen festgezurrt, dass ich es selbst durch Purzelbäume nicht abschütteln könnte. Es macht keinen Sinn, mich dagegen zu sperren und zur Wehr zu setzen. Die Zahl derer, die Eckhart brauchen, um ihrer Sehnsucht eine Sprache zu verleihen, sie in Worte zu fassen, ist zu groß, ihre Erwartungen sind zu übermächtig. Zu viele Blicke sind auf mich gerichtet. All die Jahre, die letzten seines Lebens, war ich täglich bei Bruder Eckhart, habe ihm geholfen, wo ich nur konnte, war seine rechte Hand, habe jede seiner Predigten gehört und jede Zeile, die er geschrieben hat, gelesen. Seine Gedanken erheben sich mit den gewaltigen Fittichen eines Adlers in den Himmel, sie sind so außergewöhnlich, dass sie nie vergessen werden dürfen.»

*

Die imposante Anlage des Erfurter Dominikanerklosters setzte Conrad in Erstaunen. Die Klosterkirche und das östliche Konventsgebäude waren fertig gestellt, nur nach Süden hin, auf der Seite, die der Stadt abgewandt lag, keuchte noch eine stattliche Zahl von Männern – gelegentlich als Gehilfinnen auch Frauen – unter schweren Lasten. Die Handwerker atmeten beim mühsamen Schleifen von Steinplatten feinen Polierstaub ein, hoben feuchte Lehmgruben aus, stiegen über hohe Leitern aufs Dach eines Rohbaus, balancierten über den First, richteten Mauern auf, verputzten Wände und ebneten Wege.

In der frischen Frühlingsluft verschafften sich gebeugte und hustende Arbeiter kurze Pausen, um zwischendurch einmal tief durchzuatmen und ihre Kräfte zu sammeln. Ein Ochsengespann karrte einen gewaltigen Felsbrocken aus gelbem Sandstein heran. Zwei junge Predigerbrüder verknüpften schlanke Fichtenstämme mit Flachsstricken zu einem Gerüst, andere wuchteten schwere Steinplatten auf eigens angefertigten Tragegeräte und transportierten sie in die Gebäude, um den Boden von Kreuzgängen oder repräsentativen Sälen auszulegen, und wieder andere meißelten aus Sandstein kunstvoll Figuren, gespenstische Ungeheuer und abschreckende Fratzen.

Das östliche Kollegiengebäude des Klosters lehnte sich an die Kirche an, die, wie die meisten Kirchen der Dominikaner, streng nach den Prinzipien und Vorgaben des Ordens errichtet war: Schlichtheit, Funktionalität, ein kleiner Dachreiter anstelle eines Glockenturms.

Conrad wandte sich zunächst der Nordseite zu, um von dort die Klosteranlage in Augenschein zu nehmen. Nun erst bemerkte er, dass die neue Kirche an ein älteres, kleiner und niedriger gehaltenes Kirchenschiff angebaut war. Der neue Chor richtete sich hoch auf, streckte ein steiles Dach zum Himmel empor, die schlanken Seitenwände schmückten Fenster, deren schlichtes Maßwerk ein dichtes Netz aus Bleibändern durchzog, das der Verglasung Halt gab. An der Seite des Mittelschiffes klebten niedere Vorbauten, unter denen Seitenschiffe verborgen sein mußten.

Ein schmaler Fluss grenzte das Terrain des Klosters von der Stadt Erfurt ab. Sein Wasser war braun verfärbt und stank, da Metzger, Gerber und andere Bürger es für ihre Zwecke nutzten, Unrat und Abfall hineinwarfen. Träge und schwerfällig schwamm die Brühe einem Wehr zu.

Conrad ging eine mannshohe Mauer entlang, ohne einen Blick in das Gelände werfen zu können. So freute er sich, dass ihm eine Leiter, die an ein Baugerüst gelehnt war, gute Dienste leisten konnte. Er stieg so weit nach oben, bis er den Klosterhof einigermaßen überblicken konnte. Das Klosterareal zeigte sich hier in seiner ganzen Weitläufigkeit. Vor ihm lag eine idyllische

Wiese mit Obstbäumen, unter denen vereinzelt Grabkreuze aufgestellt waren. Ein gepflegter Gemüse- und Kräutergarten grenzte direkt an die Mauer. An dem groß angelegten Kollegiengebäude lehnten provisorische Hütten, in denen die Küche, Waschanlagen und Latrinen untergebracht waren. Sie würden abgerissen werden, wenn die südlich gelegenen Wirtschaftsgebäude mit Speicherräumen, Scheuern und Ställen fertiggestellt sein würden.

Da Conrad nicht mehr durch einen Habit als Dominikaner zu erkennen war, musste er sich gut überlegen, wie er mit den Brüdern Kontakt aufnehmen konnte. Nicht alle würden ihm gut gesinnt sein. Zögernd ging er zur Pforte, die sich gleich neben der Toreinfahrt befand, klopfte und fragte nach Bruder Athanasius, dessen Namen Eckhart gelegentlich erwähnt hatte. «Wen darf ich melden?», fragte der Pförtner. «Conrad von Halberstadt, ich habe eine Nachricht zu überbringen.» Der Pförtner schloss ohne weiteren Kommentar das kleine Fenster, das in die Tür geschnitten war. Lange musste Conrad warten, bis sich endlich die Pforte öffnete und ein vom Alter gebeugter Predigerbruder heraustrat. Er stützte sich auf den derben Stock eines Haselnussstrauches.

«Bruder Athanas!», knurrte der Prediger mürrisch. «Wer seid Ihr?» «Ich bin Conrad von Halberstadt und komme aus Köln. Bruder Eckhart hat mir Euren Namen genannt und so möchte ich Euch von ihm erzählen und von den Vorgängen, die sich seither ereignet haben. Ich habe die letzten Jahre an seiner Seite verbracht, war seine rechte Hand und habe ihn nach Avignon begleitet.» Bruder Athanas wurde zunehmend unruhig, bat Conrad jedoch nicht durch die Pforte ins Kloster, wie bei einem Besuch üblich, sondern drängte ihn mit Bestimmtheit außer Hörweite des Pförtners. «Wie könnt Ihr Eckharts rechte Hand gewesen sein, wenn Ihr nicht einmal seinem Orden angehört?» «Ich habe dem Orden angehört», entgegnete Conrad, «doch bin ich aus dem Kölner Predigerkloster geflohen, habe vor meiner Flucht den dortigen Prior Johannes von Griefenstein schriftlich um Dispens gebeten, musste jedoch Hals über Kopf abreisen, da ich mit Reglementierungen zu rechnen hatte, mit einem Predigt- und Lehrverbot, sogar mit Arrest. Ich weiß nicht, was seither dort geschehen ist. Als ich wegging, herrschte ein heftiger Kampf zwischen Anhängern und Gegnern Eckharts. Doch seine Gegner sind in der Überzahl, der Subprior intrigiert gegen eine Reform des Ordens und der Erzbischof, der gegen Eckhart prozessierte, hat Oberwasser.»

Bruder Athanas hörte stumm zu und brauchte lange, bis er endlich begriff, was ihm zugeraunt worden war. Schließlich setzten sich beide auf den Stamm eines morsch gewordenen Apfelbaums, der gefällt auf der Erde lag und sich ihnen als Ruhebank anbot. Die wärmenden Strahlen der Frühlingssonne taten ihnen gut. «Auch hier in Erfurt gibt es nicht nur Freunde Eckharts», fing Bruder Athanas zu sprechen an. «Doch immerhin ist dies hier sein Heimatkloster, hier hat er studiert, war Prior und Provinzial. Eine große Zahl von Predigerbrüdern, aber auch viele Leute außerhalb der Klöster verehren ihn, mir war er über lange Jahre Freund und Gefährte. Ohne ihn hätte ich mein Noviziat im Kloster überhaupt nicht durchgehalten.» Nach einer langen Pause, in der Bruder Athanas seine Gedanken zu ordnen suchte, was ihn erheblich anzustrengen schien, fuhr er fort: «Gestern jedoch wurde ein unerhörtes Ansinnen an uns gestellt, alle Brüder wurden aufgefordert, Kopien und Auszüge von Eckharts Schrift ‹Reden der Unterweisung› beim Bibliothekar abzugeben, da sie von einer allgemeinen Nutzung ausgeschlossen werden soll. Ich habe mich geweigert und bin, wie andere auch, empört über eine solche Zumutung. Ich werde mein Exemplar, das mir ans Herz gewachsen ist und viel bedeutet, nicht herausrücken! – Doch», wieder trat eine Pause ein, «nun bitte ich dich, mir von Eckhart zu erzählen.» Bruder Athanas war unversehens vom «Ihr» ins vertraulichere «Du» übergewechselt. «Wann ist er gestorben? Wer war bei ihm, in seinen letzten Stunden? Hat er widerrufen? Man hat ihn doch hoffentlich nicht gefoltert!»

✣

«Meister Eckhart verstarb in Avignon, am 28. Januar. Er war gerade 68 Jahre alt geworden. Nur wenige Personen waren zu seinem Begräbnis gekommen, doch immerhin Gerhard de Podahns, der Vertreter des Dominikanerordens an der Kurie, und wir, seine Freunde aus Deutschland waren da, Heinrich de Cigno, der Vorsteher der Provinz Teutonia, Johannes von Griefenstein, der Prior des Predigerklosters zu Köln, Nikolaus von Straßburg, Lektor des Konvents von Köln und päpstlicher Visitator der Teutonia. Letzterer war selbst angeklagt, wegen Behinderung des Inquisitionsprozesses gegen Eckhart. Otto von Schauenburg war noch zugegen, einer von Eckharts Schülern und Lektor aus Koblenz, und ich selbst, Conrad von Halberstadt. Von der gegnerischen Seite war niemand erschienen. In Vertretung von Papst Johannes waren einige Würdenträger und Sekretäre der Kurie anwesend, die in das Verfahren gegen Eckhart involviert waren, darunter die Kardinäle Jacques Fournier, dem nachgesagt wird, dass er Papst Johannes nachfolgen wolle, und Guillelmus Petri, der schon vor über 30 Jahren in Paris an den Vorlesungen Eckharts teilgenommen hatte. Insgesamt also weniger als ein Dutzend Männer.

Ohne viel Umstände zu machen, versenkten zwei Totengräber den Leinensack mit dem Leichnam in einer Grube. Ans Kopfende steckten sie ein hölzernes Kreuz:

Eckhart von Hochheim
Dominikaner, Magister der Theologie
geboren um 1260 in Tambach bei Gotha
gestorben 1328 in Avignon

Am frühen Morgen, in noch kleinerem Kreis, hatte ein Gottesdienst mit Requiem stattgefunden. Am Grab verrichteten wir einige Gebete, der Provinzial Heinrich de Cigno sprach den Segen, niemand hielt eine Ansprache, keiner stimmte ein Lied an – und schon, noch bevor wir uns vom Grab abwendeten, begannen die Totengräber das Grab zuzuschütten. Ich selbst kramte aus meiner Kutte eine Tontafel hervor, die mir eine fromme Frau geschenkt hatte, und lehnte sie an das Kreuz:

In dem begin
hô uber sin
Ist ie daz wort.
ô rîcher hort,
dâ ie begin begin gebâr!
ô vader brust,
ûz der mit lust
daz wort ie vlôz!
doch hat der schôz
daz wort behalden, daz ist
    wâr.

In dem Beginn
hoch über alles Begreifen
ist das Wort.
O reicher Hort,
da stets Beginn Beginn gebar!
O Vaterbrust,
aus der mit Lust
das Wort stets floss!
Doch hat der Schoß
das Wort behalten, das ist
    wahrlich so.

Wirt als ein kind
wirt toup, wirt blint!
dîn selbes icht
mûz werden nicht,
al icht, al nicht trîb uber hôr!
lâ stat, lâ zît,
ouch bilde mît!
genk âne wek
Den smalen stek,
sô kums du an der wûste spôr.

Werde wie ein Kind,
werde taub, werde blind!
Dein eigenes Ich
muß zunichte werden,
alles Etwas und alles Nichts
    treibe hinweg!
Lass Raum, lass Zeit,
meide auch das Bild!
Gehe ohne Weg
Den schmalen Pfad,
dann findest du der Wüste
    Spur.

Die hohen Herren verharrten noch kurze Zeit am Grab und suchten den Text zu entziffern. Kein Wort, nicht einmal eine Frage
kam ihnen über die Lippen. Die Vertreter der Kurie wiegten die
Köpfe, dann endlich zogen sie auf getrennten Wegen ab. Kardinal
Fournier zog am Friedhofstor einen Sekretär zu sich und flüsterte
ihm etwas ins Ohr. Dieser kehrte zum Grab zurück, blickte nach
allen Seiten um sich, versicherte sich, dass ihn niemand beobach-
te, und zerschlug dann mit einem dicken Knüppel, mit dem ansonsten Hunde verjagt werden, meine Tontafel. Als er sich wieder
auf den Weg machte, bemerkte er mich und sah, dass ich ihn beobachtet hatte. Das Blut stieg uns beiden ins Gesicht, doch wich er
aus und entfernte sich in entgegengesetzter Richtung.»

Die Blicke von Conrad und Athanas schweiften in die Ferne. Kein Wort kam über ihre Lippen. Da stand Athanas auf und wandte sich zum Gehen. «Was wirst du nun tun?», fragte er Conrad zum Abschied. «Ich habe eine Bitte», antwortete dieser. «Schenkt mir Euer Buch mit den ‹Reden der Unterweisung›. Ich will Sachwalter Eckharts sein. Das klingt vielleicht etwas hochtrabend, doch werde ich alle Orte aufsuchen, wo sich Meister Eckhart längere Zeit aufgehalten hat, um zu sammeln, was von seinen Schriften übrig geblieben ist und auch, was ich über seinen Lebensweg herausfinden kann. Da ich mich nun einmal entschlossen habe, das Kloster zu verlassen, bin ich vielleicht der Einzige, der in der Lage ist, seine Sache zu vertreten, ohne Schaden zu nehmen. Alle Predigerbrüder stehen unter massivem Druck. Eckharts Denken und Leben ist so außergewöhnlich, dass es nie vergessen werden darf.» Bruder Athanas hörte ihm aufmerksam zu und blickte ihn dabei liebevoll, anerkennend und ermunternd an: «Das mit dem Buch, deine Bitte meine ich, werde ich mir überlegen. Komm doch in ein paar Tagen noch einmal vorbei. Ich werde einige Brüder zusammenrufen, von denen ich genau weiß, dass sie zu Eckharts Freunden zählen. Wir warten auf dich!» Damit wandte er sich um, ging zurück und verschwand hinter der Klosterpforte.

∗

Trotz der Bitte von Bruder Athanas, in einigen Tagen nochmals vorzusprechen, machte sich Conrad schon am nächsten Morgen auf den Weg nach Tambach, in den Geburtsort von Meister Eckhart. Er schaffte es nicht, tagelang herumzusitzen, nur um auf einen Termin zu warten, der geheim gehalten werden musste. Er wollte sich Zeit lassen. Auf dem Rückweg von Tambach konnte er immer noch an der Pforte klopfen.

Kräftig schritt Conrad aus, um die auf einem Gutshof verheiratete Schwester von Bruder Eckhart aufzusuchen. Der kleine Ort Tambach war nicht weit von Erfurt entfernt, in zwei Tagen konnte der Weg leicht bewältigt werden. Das letzte Stück Weg nahm ihn ein Karren mit, der mit einem Pflug und anderen Gerätschaften für die Feldarbeit beladen war. Da die Ochsen das Fuhrwerk so gemächlich über den holprigen Feldweg zogen, dass jeder Fußgänger leicht hätte Schritt halten können, war es dem Fuhrknecht zu langweilig geworden, so dass er Unterhaltung suchte. Schon zuvor hatte er zwei weitere Reisende auf einem quer gelegten Brett seines Wagens Platz nehmen lassen und lud nun auch noch Conrad ein, zwischen einem städtischen Angestellten aus Schmalkalden und dem Dorfpfarrer eines winzigen Dorfes bei Quedlinburg Platz zu nehmen. Die beiden Mitreisenden unterhielten sich denn auch schon trefflich: «Ich versichere Ihnen», sagte der Herr aus Schmalkalden, «dass die Einnahmen unserer Stadt um die Hälfte abgenommen haben und gleichzeitig das Leben über alle Maßen teuer geworden ist, viele Bewohner unserer Stadt nagen am Hungertuch…» Conrad war überaus froh, als sie endlich in Tambach ankamen. Er verabschiedete sich, sprang vom Wagen und versuchte den ununterbrochenen Redeschwall seiner Reisegefährten von sich abzuschütteln.

Lange blieb er stehen und ließ die Landschaft von Eckharts Heimat auf sich wirken. Beim Anblick des Gutshofs mit dem Herrenhaus, der Ställe und Scheunen, Weiden, Äcker und bewaldeten Hügel, über die sich ein weiter Frühlingshimmel spannte, überkam ihn eine tiefe Ruhe und innere Aufgeräumtheit. Die Anspannung, die seinen Kopf seit Erfurt besetzt hatte, verflüchtigte sich. Wie frisches Quellwasser in einem Gefäß hochsteigt, es allmählich bis zum Rand füllt, so erfüllte ihn die Leichtigkeit der Landschaft, stieg ihm ins Gesicht und öffnete ihn für alles, was auf ihn zukommen mochte. Bereitwillig würde er alle Gedanken, die ihm in den Kopf kamen, zulassen und sich alle Eindrücke, die auf ihn zukommen würden, sorgsam einprägen.

Vom Fenster aus hatte Anna von Wangenheim, geborene von Hochheim, Conrads Ankunft beobachtet, kam aus dem Haus und begrüßte ihn. Sie schien zu ahnen, dass der Besucher eine Botschaft zu überbringen hatte: «Haben Sie Nachricht von meinem Bruder?» Conrad senkte die Augen, erhob sie dann aber doch schnell wieder, erwartete Ähnlichkeiten zwischen ihren Gesichtszügen und denen Eckharts. Dieselbe Ernsthaftigkeit und Entschlossenheit der freundlichen Augen, die Stirn offen und frei, doch um den Mund feine Falten, eine gewisse Verhärmtheit. Auch sie war schlank, dennoch kräftig, hatte denselben aufrechten Gang, den Kopf leicht nach vorne gebeugt.

Conrad wusste nicht, wie Anna auf den Tod ihres Bruders reagieren würde, zögerte, stammelte. Doch diese hatte die schlimme Nachricht bereits von seinem Gesicht abgelesen. Gefasst bat sie ihn ins Haus und bewirtete ihn an einem großen Eichentisch mit einem einfachen Mahl. Dann erzählte Conrad lange und ausführlich von dem Prozess, der gegen Eckhart in Köln geführt worden war, den Intrigen und Verleumdungen, von der Reise nach Avignon und dem päpstlichen Verfahren und schließlich auch von dem Nahen des Todes und dem Abschiednehmen. Auch von sich selbst sprach er, von seiner Freundschaft zu Bruder Eckhart und wie es ihm nach dessen Tod in Köln ergangen war.

*

Am späten Abend eines anstrengenden Tages war ein Ordensbruder zu Nikolaus von Straßburg, dem päpstlichen Visitator der Ordensprovinz, gekommen, um ihm über einige Auffälligkeiten zu berichten, die ihm zu Ohren gekommen waren und die seit geraumer Zeit das spirituelle Leben im Kölner Konvent in eine gefährliche Schieflage drängten. Er trat sehr selbstsicher und geschäftig auf und trug einen dicken Siegelring an der Hand, was für ein Mitglied des Bettelordens äußerst ungewöhnlich ist. Es würde behauptet, erklärte er, dass der Mensch, wenn er sich völlig auf Gott ausrichte, tun und lassen könne, was er wolle. Sünden wären keine Sünden, und wer Gott lästere, der lobe Gott. Ebenso würde behauptet werden, dass der

Mensch völlig in Gott umgeformt und in ihn verwandelt würde, auf gleiche Weise, wie im Sakrament das Brot in den Leib Christi. Er würde so verwandelt werden, als ob Gott ihn selbst hervorbrächte, als sein Sein und er mit ihm eins sei, so dass kein Unterschied bestehe. So manches, was in der Ordenshochschule gelehrt würde, sei mit dem Glauben der Kirche nicht in Einklang zu bringen. Eine ganze Liste solcher Ketzereien könne er vorlegen.

Nikolaus von Straßburg erschrak. Ähnliche Vorhaltungen hatte er schon mehrfach als Vorwürfe gegen die Brüder vom Freien Geist vernommen. Wer im Konvent, in Gottes Namen, sollte zu solchen Ketzereien fähig sein? Der Besucher zierte sich, bis er schließlich mit dem Namen herausrückte: «Meister Eckhart, der Leiter des Generalstudiums». Nikolaus empörte sich: «Das ist ja die Höhe. Meister Eckhart ist ein im ganzen Orden hoch angesehener Magister, der sich sehr differenziert ausdrückt, er ist fromm, unbescholten und niemand kann gegen seine untadelige Lebensführung etwas einwenden.» «Ich sage ja nur, was ich gehört habe», nahm sich der Bettelbruder, von der Heftigkeit der Empörung etwas überrascht, zurück, gab sich sogar umgänglich und generös, machte dabei auf den Visitator jedoch einen äußerst verschlagenen Eindruck. «Mag sein, dass ich mich täusche, aber eine Überprüfung wäre es doch wohl wert», schob der Ankläger unterwürfig nach. Nikolaus rief seinen Sekretär und ließ die Behauptungen und Vorwürfe zu Protokoll nehmen.

Der Kläger war Hermann de Summo, Sohn eines Bäckers, der die Domkirche in Köln belieferte. Seine Mutter, die ihm nach dem Tod ihres Mannes ihr Haus vermacht hatte, dann aber, als Zweifel an seinem Lebenswandel aufkamen, die Schenkung zurücknahm, ließ ihrer Tochter, einer Begine, das Haus zum Leben in einer geistlichen Gemeinschaft zukommen. Auch der Bruder von Hermann war Priester. Die Familie war eng mit Heinrich von Grüningen befreundet, dem kurz zuvor demissionierten Provinzial der Teutonia.

Am nächsten Vormittag erschien ein weiterer Ordensbruder, Wilhelm von Nidecke, vor dem Visitator, und trug ähnliche Bedenken gegen Meister Eckhart vor, wie sie zuvor Hermann de Summo vorgetragen hatte. «Der Vorsteher des Generalstudiums vertritt, aus einer verständlichen Sehnsucht nach Vereinigung der individuellen Seele mit Gott, die Auffassung, dass Gott mit der Welt und allem, was in ihr existiert, identisch ist. Die Grenze zwischen Gott und dem Menschen wird leichtsinnig aufgehoben. Was der Mensch auch immer tut, ist göttlich und daher ohne Sünde. Gott braucht es, streng genommen, überhaupt nicht. Deshalb wird auch die Dreifaltigkeit Gottes und die Göttlichkeit Jesu Christi geleugnet. Die Kirche ist überflüssig, da sie nicht die Gnade Gottes vermittelt, weder in ihren vielfältigen Einrichtungen noch in ihren Lehrsätzen. Gott senkt sich vielmehr, so wird gelehrt, unmittelbar und auf natürliche Weise in die Seele jedes Menschen. Schon allein an der Lehrweise Eckharts kann man bemerken, wo dieser steht, denn die Offenbarung Christi spielt in seinen Vorlesungen und Predigten eine sehr untergeordnete Rolle.»

Wieder rief Nikolaus seinen Sekretär und ordnete an, dass auch die Aussagen dieses Klägers und alles, was er Meister Eckhart vorzuwerfen habe, zu Protokoll genommen werde. Wilhelm von Nidecke stammte aus einem kleinen Burgflecken in den Vogesen, westlich von Straßburg und verfügte noch immer über beste Beziehungen zu weltlichen und geistlichen Freunden in der Elsassregion. Sein Leumund, den er sich in Straßburg und Köln erworben hatte, ließ allerdings zu wünschen übrig.

Nikolaus von Straßburg bestellte daraufhin Meister Eckhart ein und teilte ihm die gegen ihn erhobenen Vorwürfe mit.

※

Wer den Charakter von Hermann de Summo und Wilhelm von Nidecke richtig einschätzen will, muss auch die Vergnügungen und Laster kennen, die in der Stadt Köln angeboten werden. Die Straße der Liebe kennt und findet jeder. Wer vom alten

Hafen zum Dom geht, hört schon von ferne die Musik, die aus den Spelunken tönt. Vor den Häusern sitzen die Frauen, dick und ohne Alter. Sie verkaufen ihre Leiber, am Tag und in der Nacht. Lose Trupps von je zehn bis fünfzehn Mann ziehen die Straße hoch und verlieren sich nach und nach in den Häusern. Vorhänge aus Rupfen fallen vor schmutzigen Pritschen.

Vor den Türen halten so manche Verkäuferinnen der billigen Liebe Kinder auf dem Schoß, nehmen teilnahmslos hin, wie sie im Schmutz der Straße mit Muscheln, Kieselsteinen oder krätzigen Katzen spielen. Seit sie das Licht ihrer grauen Welt erblickt haben, kennen sie das Geschäft mit der Liebe, lange schon, bevor die Geheimnisse des Lebens ihren Augen Glanz verleiht. Schwere Vorhänge fallen über die banalen Beweggründe von Geburt und Tod, entblößen mehr als sie bedecken.

Die Frauen dieser Straße stieren mit Augen, deren Pupillen geweitet sind, und warten auf den nächsten Mann, den ihnen der Zufall zuführt. Ihre Wangen und Schläfen, Brauen und Lippen sind bemalt, das Haar ergraut nie.

Unter vorgehaltener Hand gab es unglaubliche Gerüchte, auch in den Kreuzgängen der Klöster. So manche Nacht, so erzählte man, hätten sich Hermann de Summo und Wilhelm von Nidecke ihrer Habite entledigt und sich Straßenkleider übergeworfen. Wenn sich ihre Mitbrüder niedergelegt hatten, machten sie sich auf den Weg, berichtete ein Laienbruder, der sie beobachtet hatte. Sie schlichen quer durch den Klostergarten, zwischen den verstreuten Obstbäumen und Gräbern hindurch, zu der kleinen Pforte an der rückwärtigen Mauer des Klostergartens, die sich seit langem als Schlupfloch in den ungezügelten Taumel des Leichtsinns bewährt hatte. Sie verließen das Kloster, schlugen sich wechselseitig vor Übermut auf die Schultern und selbst auf die Schenkel. Scherzend und zuweilen sogar laut singend zogen sie zu einem armseligen Haus einer Nebengasse der Straße der Liebe. Der Weg muss ihnen bestens vertraut gewesen sein.

Die Tür des Gasthauses «Zur Fledermaus», die durch eine flackernde Ölfunzel und einen verwelkten Strauß roter Mohnblüten auf sich aufmerksam macht, öffnete der Wirt selbst, eine

verwegene Gestalt. Hermann und Wilhelm waren hier wohlbekannt, durften jedoch erst eintreten, als sie versprachen, keinen Krawall anzuzetteln und im Voraus zu bezahlen.

Der Boden dieser Wirtsstube war von Unrat bedeckt und die
Luft so von Qualm erfüllt, dass das Licht der wenigen Öllampen und des Feuers aus einem offenen Herd kaum durchdrang.
Dicht an dicht drängten sich verwegene Männergestalten und
freizügige Damen. Letztere reichten von jungen Mädchen, die
noch kaum dem Rockzipfel ihrer Mütter entflohen waren, bis
hin zu alten, heruntergekommenen Weibern, die geil grinsten
und jedem Ankömmling ihre gelben Zahnstummel entgegen-
streckten. Aus dunklen Augenhöhlen starrten sie auf die Gäste
und suchten deren Nähe. Der säuerliche Dunst eines dunklen
Gebräus zog durch die stickige Luft.

Die Wände der Stube waren schwarz von Ruß und mit un-
flätigen Zeichnungen und Schriftzügen beschmiert. Hermann
und Wilhelm setzten sich zwischen andere Männer, vor sich
ein Fass, auf das der Wirt unaufgefordert Bier stellte und in
regelmäßigen Abständen die Krüge wechselte, egal, ob sie leer
waren oder noch nicht. In den Ecken begrapschten Männer
pralle, rotbackige Frauen, daneben wurden ungeniert junge
Burschen in die Kunst der Liebe eingeführt.

Bänkelsänger spielten auf ihren Instrumenten: «Hallo Gesellen, wir spielen euch auf!» Eine junge Frau spielte Tamburin
und bewegte ihre Füße in leichten Tanzbewegungen, ein kräf-
tiger Kerl, weit in die Jahre gekommen, spielte die Drehorgel,
während ein weiterer mit heiserer Stimme einen frivolen Gesang anstimmte:

Die Tochter des Wirts, ich hab sie genossen
und ihr dabei das Herz gebrochen.
Kommt, stecht ein Fass an,
denn bald schon ist die nächste dran,
noch eh sie den Braten gerochen.

Die Frau mit dem Tamburin stieß theatralische Seufzer aus
und kommentierte:

Er hat mich genommen,
gestoßen, gehämmert, geschlagen,
grad, wie er wollte und wagte.

Wie dem auch sei, Wilhelm von Nidecke hatte sich einer jungen Bedienung genähert, einem frühreifen Mädchen mit bleichen, eingefallenen Wangen und einem zu eng geschnürten Busen, der den Eindruck von Üppigkeit und Prallheit hinterlassen sollte, und sie in ein vertrauliches Gespräch verstrickt. Anfangs hatte sie sich geziert, doch als er ihr einen Rosenkranz mit roten Perlen, goldenem Kruzifix, perlmuttbesetzt, in den Ausschnitt ihres Kleides versenkte, entzog sie sich ihm nicht, war bereit. Wilhelm phantasierte, Rosette sei eine schlanke und biegsame Gerte, mit einer Haut, weiß wie Alabaster. Doch ihre großen schwarzen Augen, hinter langen Wimpern versteckt, waren in dunkle Schatten gebettet. Ihre stumpfen, fetten Haare lösten sich aus einem Band hellblauer Perlen und schienen nunmehr nur noch für ihn, Wilhelm von Nidecke, schwarz wie die Flügel eines Raben zu glänzen, so dass ihm sein Herz, wie wild, bis zum Halse pochte.

Rosette fasste ihren Freier an der Hand, zog ihn, hinter dem Rücken des Wirts vorbei, doch über ein Augenzwinkern mit dessen Einverständnis, über eine schmale hölzerne Treppe in das Dachgeschoss und sang ihm ihr Lied.

Hermann de Summo hingegen gelangte wieder einmal nicht ans Ziel seiner Wünsche. Er kehrte schon kurz nach Mitternacht in seine Zelle zurück. Als er am frühen Morgen durch ein Lärmen und Gezerre auf den Gängen geweckt wurde, traute er seinen Augen nicht, die durch den Türspalt direkt in das erregte und dunkelrot erhitzte Gesicht Wilhelms blickten. Schnell zog er die Tür wieder zu und lehnte sich von innen gegen sie. Wilhelm war kurz vor Dämmerung durch die Pforte in der Gartenmauer geschlichen, hatte in seiner Zelle die Kutte übergestülpt, um sich sodann unter die Mönche zu mischen, die auf dem Weg zur Laudes in die Kirche waren, um mit ihnen gemeinsam, wie ein unschuldiges Kind, das Morgenlob anzustimmen. Doch hatten einige Laienbrüder im Kreuzgang bereits auf ihn gewartet, ihn aus der Prozession gezerrt und so lange festgehalten, bis ihr Prior, Johannes von Griefenstein, vom Stundengebet zurückgekehrt war. Bruder Wilhelm von Nidecke, bleich wie Kalk und mit kaltem Angstschweiß auf der Stirn, schwieg und verweigerte dem Prior jede Auskunft. So gingen sie zusammen zu Nikolaus von Straßburg, dem päpstlichen Visitator, doch wieder schwieg der Ausreißer und verweigerte, obwohl er zur Auskunft verpflichtet gewesen wäre, auch diesmal jede Aussage. Plötzlich jedoch, als er die Herrschaft über seine Gefühle verlor, brachen aus ihm, wie ein Schwall Gülle aus einem übervollen Fass, verleumderische Reden und Vorwürfe, die sich gegen den Visitator selbst richteten, aber noch mehr gegen Eckhart, den Ketzer und Wortverdreher, der überall begünstigt und in Schutz genommen werde. Nikolaus ordnete an, dass Wilhelm in Haft genommen wurde. Zudem stellte er ihn wegen offensichtlicher Kontakte zu übel beleumundeten Frauen und verleumderischer Aussagen gegen Eckhart unter Anklage.

⁂

Anna, die Schwester Meister Eckharts, erzählte nun ihrerseits von ihrem Bruder. Er war zum letzten Mal vor etwa vierzehn Jahren in Tambach gewesen. Der Vater hatte ihm, kurz vor seinem Tod, einen Brief zukommen lassen, einen Brief, wie er typisch war für den Vater.

Mein lieber Sohn Eckhart, hiermit erfülle ich eine meiner letzten Pflichten und setze dich, meinen ältesten Sohn, solange ich noch meinem alten Diener und Freund Friedrich in die Feder diktieren kann, in Kenntnis, dass mit meinem baldigen Ableben zu rechnen ist. Wie mir mein Medikus versichert, bleibt mir nicht mehr viel Zeit, eine Woche vielleicht oder zwei. Bei meiner Beerdigung brauchst du nicht anwesend zu sein. Es genügt, dass du mich der Gnade Gottes empfiehlst.

Wenn du es aber irgendwie bewerkstelligen kannst, so kümmere dich um deine Schwester Anna. Wie du weißt, trauert sie noch immer um ihren geliebten Mann, der so früh verstorben ist, und kommt mit ihrem Ehemann in zweiter Ehe einfach nicht zurecht. Obwohl er ohne Zweifel sehr erfolgreich und angesehen ist. Es hat mir immer sehr leid getan, dass sie keine Nachkommen haben. Was ich bei dir akzeptieren muss, will mir bei deiner Schwester einfach nicht in den Sinn.

In meiner Schublade liegt ein Testament, in dem alles Notwendige geregelt ist. Gehab dich wohl und verzeihe mir, dass ich dir den Weg ins Kloster so schwer gemacht habe. Aber, wie man hört, sollst du es ja auch dort zu etwas gebracht haben.

Dein Vater, Eckhart von Hochheim

Eckhart hatte sich nach Erhalt des Briefes auf den Weg nach Tambach gemacht. Obwohl er sich beeilte, war der Vater bei seiner Ankunft bereits tot gewesen. Er war einfach eingeschlafen. Pater Beda aus Georgenthal, selbst schon ein alter Herr, hatte eine Messe gelesen und ihn dann auf dem Kirchhof eingesegnet. Zuvor war er von den Zisterziensern in der Kapelle aufgebahrt worden. Dem Sarg folgte ein langer Trauerzug. Die Leute kamen aus der ganzen Umgebung und zum Teil auch von weit her. Sogar der alte Herr von Wangenheim ließ sich herkutschieren, die Verwalter aus Bufheim waren gekommen, ein Ministeriale des Grafen von Henneberg, der Prior und ein knappes Dutzend Mönche aus Georgenthal, auch alle Gutsleute aus Tambach waren da und sogar eine kleine Abordnung des Dominikanerkonvents aus Erfurt.

Gott sei Dank regelte das Testament des Vaters bis aufs Kleinste die Eigentumsverhältnisse und alle Angelegenheiten, welche die Verwaltung der Güter betrafen. Nichts, woran er nicht gedacht hätte. Während Eckhart wenige Tage später wieder in sein Kloster abreiste und für ihn alles beim Alten blieb, war sie, Anna, von da an viel allein gewesen. Die Welt, in der sich ein gelehrter Ordensbruder bewegte, vertrug sich schlecht mit der Enge, die einer Frau auf dem flachen Land zugestanden wurde. Sie musste sich mit einer komplizierten und kaum zu bereinigenden Situation arrangieren, ging einer Zukunft entgegen, in der alles, was zu tun und zu lassen war, durch ihren Mann auf das Genaueste vorgezeichnet und reglementiert wurde. Eigene Interessen, die sie seit ihren frühen Mädchenjahren sorgfältig aufgebaut, gepflegt und auch gehütet hatte, musste sie zurückstellen. Mit Unterstützung und dem Einverständnis ihres Vaters hatte sie in dem Schuppen, der früher Kaninchen vorbehalten war, einen Schulraum eingerichtet, um die Kinder von Tambach in der Kunst des Lesens, Schreibens und Rechnens zu unterweisen. Die Kraft dazu gewann sie aus einem Briefwechsel, den sie mit gelehrten Freundinnen und Freunden über die Kunst, Kinder zu erziehen und zu bilden, führte. Regelmäßig und ausführlich schrieb sie ihre Gedanken nieder und ließ sie von reisenden Bettelbrüdern überbringen.

Probleme hatte sie sich dabei zu Genüge eingehandelt, von ihrem Ehemann, aber auch von Geistlichen und Vertretern der weltlichen Obrigkeit. Warum sie sich mit Kinderkram befasse, da sie ja selbst keine Kinder habe, hatte sie ihr Mann gefragt, und sowohl die Grafen von Henneberg wie der Konvent von Georgenthal hatten vermelden lassen, dass Bildung eine teure Angelegenheit sei, die nur Kindern ermöglicht werden solle, deren Eltern auch über die notwendigen finanziellen Mittel verfügten. Geistige Reichtümer seien an materielle gebunden. Und im Übrigen sei Intelligenz ein kostbares Erbe der Vorfahren, ebenso wie Dummheit einen unausrottbaren Makel darstelle. Geradezu gehässig wurde sie jedoch erst angegangen, auch von Leuten aus der einfachen und einfachsten Bevölkerung, für die sie sich besonders eingesetzt hatte, als bekannt wurde, dass sie nicht nur religiöse Inhalte unterrichtete, sondern auch auf natürliche Dinge, öffentliche Angelegenheiten und die Handhabung alltäglicher Verrichtungen einging. Ein besonderer Mangel sei schließlich, so wurde ihr vorgeworfen, dass ausschließlich in deutscher Volkssprache unterrichtet würde. Seitdem stand ihr kein Raum mehr zur Verfügung,

in dem sie sich hätte frei entfalten und Verantwortung übernehmen können. Ihr Vater stand nicht mehr hinter ihr und ihr
Mann hatte wohl schon lange darauf gewartet, ihr endgültig
das ohnehin eng begrenzte Wirkungsfeld zu entziehen.

✻

Die Vorfahren Meister Eckharts waren Ministeriale gewesen, Verwaltungsbeamte der Herren von Wangenheim. Auch
diese hießen meist ‹Eckhart› und lebten nur wenige Minuten
von Wangenheim entfernt in Hochheim, einer Ansammlung
kleiner Bauernhöfe mit Gärten und Tennen für Hühner und
Enten, jeweils eine Hufe im Geviert, die von niederen Mauern aus aufgeschichteten Steinen eingerahmt sind. Dank ihrer
treuen Dienste genossen sie das Vertrauen der adligen Herrschaft, stiegen in den Ritterstand auf, erhielten in dem nahe
gelegenen Örtchen Bufheim Ländereien zu Lehen und nahmen
den Familiennamen ‹von Hochheim› an. Einer dieser Vorfahren bewährte sich besonders als Schlichter in Grenzstreitigkei-
ten zwischen dem Grafen Hermann von Henneberg und dem
Kloster Georgenthal. Letzterem blieben die ‹von Hochheim›
von nun an eng verbunden.

Sowohl seinem Großvater wie auch seinem Vater wurden
verantwortungsvolle Aufgaben übertragen. Der Großvater
wurde schon vor etwa achtzig Jahren Vogt des Klosters Georgenthal, sein Vater vor nunmehr fünfzig Jahren Vogt der Burg
Waldenfels. Im Zuge ihrer beruflichen Laufbahnen verlegten
sie ihre Wohnsitze von Hochheim, im Norden von Gotha, auf
zwei größere adlige Höfe in Tambach, südlich von Gotha, am
Rande des Thüringer Waldes. Dem Vogt der Burg Waldenfels
oblag es, den Reisenden auf der wichtigen Straße durch die
Berge des Thüringer Waldes nach Schmalkalden Schutz zu ge-
währen, aber auch den Weg nach Norden in das Werratal zu
sichern. Zoll war einzufordern. Während vom Oberhof aus das
Geleit organisiert wurde, diente der Unterhof mit seinen aus-

gedehnten Ländereien der landwirtschaftlichen Versorgung. Es war ein ‹freier Hof›, da zwar Steuern zu leisten waren und die zugehörenden Ritter verpflichtet waren, bei Bedarf dem Heer, fürstlichen Hof oder Gericht zur Verfügung zu stehen, der Hof sonst aber unbelastet war. Hier wurde Eckhart geboren.

Eckhart war ein Kind wie andere kleine Kinder auch, er saß vor dem Feuer auf dem Schoß der Mutter, nährte sich von ihrer Milch und kaute beim Zahnen auf einer harten Brotkruste, damit die Schmerzen gelindert würden. Er hielt sich an Stühlen, ging nahe bei den Wänden, labte sich an Milch.

Auf die Eltern machte es großen Eindruck, wie er im Alter von etwa sieben Jahren seine Umgebung erkundete, Geißhirteln stibitzte, jene kleinen Birnen, aus denen seine Mutter so köstliche Hutzeln machen konnte, voll konzentriert maß er Entfernungen ab, wog mit Gewichten, wie schwer die Dinge seien, baute Baumhütten, schnitzte Pfeifen aus Weidenholz, tummelte sich im Dorfweiher und zündelte mit Feuer, erprobte seine Tapferkeit mit selbst gebasteltem Pfeil und Bogen und kämpfte in Turnieren seiner Freunde mit Holzschwertern. Alles wollte er besonders gut machen, um mit sich zufrieden sein zu können.

Das Gesicht Eckharts überzog sich über und über rot, als er sich von seinem Vater dabei ertappt fühlte, wie er als etwa Vierzehnjähriger vor dem Spiegel eine Locke drapierte, um einem Mädchen aus der Nachbarschaft zu gefallen. Zu dieser Zeit nahm ihn sein Vater zum ersten Mal mit auf die Jagd, er durfte auf dem Pferd reiten und trug einmal sogar stolz einen gezähmten Falken auf dem Lederhandschuh. Es ging fröhlich zu, wenn die Jäger wagemutig, ja draufgängerisch, Wildschweine, Rehe und Hasen erlegten.

Doch daneben gab es noch einen anderen Eckhart. Er war fromm und ging mit den Eltern und Geschwistern regelmäßig zu den Zisterziensern nach Georgenthal zur Messe. Oft suchte er die Einsamkeit – unter dem Gebüsch am Waldesrand oder hinter einem Verschlag im Schuppen für Brennholz. Dort konzentrierte er sich auf Dinge, von denen er gehört, die er aber nicht verstanden hatte. Er sprach laut vor sich hin und gestikulierte heftig. Dann wieder vertiefte er sich in Bücher, die in einer Holzlade der guten Stube sorgsam verstaut waren und nur mit besonderer Genehmigung der Mutter eingesehen werden durften.

Die Zeit verging wie im Fluge. Seine Mutter hatte ihn schon früh in die Kunst des Lesens und Schreibens eingeführt, noch bevor Eckhart gemeinsam mit seinen Geschwistern und einigen weiteren Kindern aus Tambach nach Georgenthal lief, um von dem Zisterzienserpater Beda unterrichtet zu werden. Auf dem Stundenplan standen die Fächer Lesen, Schreiben, Latein und Heilige Schrift, aber auch der Umgang mit natürlichen Dingen, Hausregeln und mancherlei weltliche Angelegenheiten.

Im Laufe der Jugendjahre reifte in Eckhart der Entschluss, auf den ritterlichen Status, auf den er als ältester Sohn Anspruch hatte, zu verzichten und eine Gelehrtenlaufbahn anzustreben, in der er sich als Schriftsteller und Prediger mit Theologie und Philosophie beschäftigen konnte. Dies war nur im Rahmen eines kirchlichen Ordens möglich. Während ihm jedoch die alten Orden der Benediktiner, Augustiner und Zisterzienser zu beschaulich und vermittelnd angelegt waren, faszinierte ihn die geheimnisvolle Aura der Bettelorden, die Franziskaner und die Dominikaner, die nur noch von den Kartäusern an Strenge übertroffen wurden. Die Franziskaner machten ihm einen etwas zu missionarischen und in Glaubensfragen zu chaotischen Eindruck, sie wollten glauben machen, das Seelenheil könne durch Anstrengungen des Willens und Verzicht auf Besitz erzwungen werden. So blieben für Eckhart nur mehr die Dominikaner, bei denen er wissenschaftliches Studium mit praktischer Theologie und politischer Einflussnahme verknüpft sah.

Eckhart, das hatte sich bereits beim Unterricht bei Pater Beda gezeigt, besaß Ausdauer und Fleiß, war überaus begabt, entwickelte zunehmend Freude im Umgang mit gesprochener und geschriebener Sprache und zeigte sich an der Auslegung heiliger Schriften interessiert, deren Aussagen, davon war er überzeugt, mit vernünftigen Gründen als wahr erwiesen werden konnten.

Eckhart träumte von dem weit über Thüringen hinaus berühmten Dominikanerkloster zu Erfurt, von dessen ebenso frommen wie gelehrten Predigern er schon viel gehört hatte. Obwohl er noch keine 15 Jahre alt war, wollte er sich möglichst sofort auf die Reise machen und in das Kloster eintreten. Selbst die Georgenthaler Lehrer unterstützten dieses Anliegen bei einem Besuch der Eltern im Kloster. Doch diese konnten sich damit nicht einverstanden erklären. Eckhart sei noch viel zu jung, sagten sie, und überhaupt erschien ihnen das Vorhaben nicht geheuer.

Eines Abends, die Geschwister waren bereits zu Bett gegangen, redete der Vater auf Eckhart ein: «Bei den Bettelmönchen gelobst du Gehorsam, Armut und Keuschheit. Wie aber kann man einem Klostervorsteher blind gehorchen? Auch du musst doch bemerkt haben, wie dumm und korrupt Obrigkeiten sein können. Aus freien Stücken gibt man seine Freiheit nicht auf!»

Eckhart unterbrach und erklärte, dass es ihm darauf nicht ankäme: «Mir geht es weder um Gehorsam gegenüber dem Orden, noch sonst um irgendeine Tugend. Erst, wenn der Mensch von keinem eigenen Willen mehr bewegt ist, seine Selbstbezogenheit aufgibt, herrscht Gottes Wille. In ihm will ich ganz aufgehen. Ich will nicht um dieses oder jenes bitten, sondern mich völlig in die Hand Gottes geben.»

«Träumer!», erwiderte der Vater und bemerkte, wie er in die Defensive geriet. Doch noch einmal nahm er einen Anlauf: «Ich habe wohl bemerkt, dass du dich für die Arbeit auf dem Hof und in der Burg nicht begeistern kannst. Aber willst du deshalb auf allen Besitz verzichten, nur um der Handarbeit davonzulaufen? Du hast beste Aussichten auf eine gute und tüchtige Frau. Freiwillige Armut hat ihre Grenzen. Sie ist kein Selbstzweck. Die Menschen sollen nicht arm sein, sondern die Reichtümer, die vorhanden sind, gerecht verteilen, das wäre die eigentliche Aufgabe von Staat und Kirche. Alle Kinder sollten zur Schule gehen dürfen, das wäre gerecht! Und für die Forderung nach Keuschheit gilt, dass sie sich gegen die natürliche Ordnung der Welt richtet. Der Mann braucht eine verlässliche

Frau an seiner Seite und Kinder sind das größte Geschenk, das Gott dem Menschen überhaupt machen kann.»

«Vater, du verstehst mich nicht!», antwortete Eckhart. «Wie es mir nicht um Gehorsam gegenüber dem Orden geht, so auch nicht um Verzicht auf äußeren Reichtum und Enthaltsamkeit. Ich liebe die Menschen. Wer sich aber von allen Dingen und allem Vermögen frei macht, gewinnt die Ewigkeit.»

Der Vater sprang energisch auf, so dass der Stuhl nach hinten kippte. Er brauste auf: «Ich verstehe dich nicht. Kein Mensch kann dich verstehen. Pass auf, wenn du so weiter machst, dass sie dich nicht eines Tages wegen Ketzerei auf den Scheiterhaufen stellen!»

Da griff die Mutter erschrocken ein: «Er kann es ja einmal versuchen», suchte sie den Vater zu beruhigen, «und wenn es nicht das Richtige ist, kann er vor dem ewigen Gelübde wieder nach Hause zurückkehren und etwas anderes werden.» Dann wandte sie sich Eckhart zu: «Willst du nicht lieber doch zu den Zisterziensern nach Georgenthal, als Dominikaner nämlich wärest du ständig unterwegs und stets auf die Barmherzigkeit anderer Menschen angewiesen. Und – in Georgenthal wärst du in unserer Nähe.»

«Wenn du schon gar nicht anders willst», schloss der Vater das Gespräch abrupt ab, «dann versuch es meinetwegen in Erfurt, aber erst, wenn du 18 Jahre alt bist, keinen Tag früher.»

STEINE

Für die Rückkehr nach Erfurt hatte sich Conrad Zeit gelassen. Zu viel ging ihm durch den Kopf. Am Kloster angekommen, ging er zur Pforte und fragte nach Bruder Athanas. Wieder musste er lange warten, bis endlich der Bruder Pförtner heraustrat und ihm, ohne ein Wort zu verlieren, eine kleine Wachstafel in die Hand drückte. Mühsam entzifferte Conrad die eilig geritzten Zeichen: «Heute Abend, eine Stunde vor der Komplet.» Keine Anrede, keine Unterschrift, nichts. Er war enttäuscht, hatte gute Lust weiterzureisen, heim, zum Vater nach Halberstadt, rang sich dann aber durch, blieb, wartete und war am Abend rechtzeitig zur Stelle.

Auch Bruder Athanas war pünktlich, eilte, so schnell es sein Stock zuließ, aus der Pforte und trug ein Bündel unterm Arm. «Verzeiht», flüsterte er, Conrad konnte ihn kaum verstehen und musste nachfragen. «Verzeih», flüsterte er nochmals, und ließ endgültig die Höflichkeitsanrede hinter sich. Er drängte weiter, suchte offensichtlich einen größeren Abstand zum Kloster und machte schließlich bei einer kleinen Gruppe mächtiger Eiben Halt. Im Schutz ihrer dicken Stämme begann Bruder Athanas auf Conrad einzureden: «Ich habe mich mit anderen Predigerbrüdern verständigt. Alles gute Freunde Eckharts. Wir dachten uns, du ziehst diese Kutte an, die ich dir mitgebracht habe, dann kannst du dich frei im Kloster bewegen und wir haben genügend Zeit, um ungestört miteinander zu reden.» Er lachte verschmitzt in sich hinein und drückte Conrad die Kleider in die Arme. Doch dieser fühlte sich überrumpelt, war empört und lehnte dieses Ansinnen aufs heftigste ab: «Ich bin doch kein Scharlatan», rief er und wies die Kleider zurück. «Erst vor wenigen Wochen habe ich den Habit der Predigerbrüder an den Nagel gehängt und nun willst du, dass ich ihn wieder anziehe, zur Schau sozusagen, um nicht entdeckt zu werden. Ich bin kein Komödiant. Du solltest dich schämen. Der Habit ist kein Kostüm, um sich zu verkleiden.» «Nein, nein», eiferte nun wiederum der von der Heftigkeit der Vorwürfe erschreckte Bruder Athanas, «ich wollte dich nicht kränken, doch glaub mir, auch in unserem Kloster gibt es Leute, denen es gerade recht wäre, wenn sie dich anzeigen, verleumden und wegsperren könnten. Schließlich hast du dich unerlaubt von deinem Kloster entfernt und bisher noch keinerlei Dispens erhalten. Grund genug also, dass du dich bedeckt hältst. Wenn erst einmal die Nachricht von deiner Flucht hier angekommen ist, musst du ohnehin unverzüglich verschwinden und du bist deine Kutte wieder los. Was wir zu bereden haben, kann nicht hier erfolgen, so auf die Schnelle zwischen den Bäumen und auch nicht nur zwischen uns beiden allein. Nein, wir sollten uns Zeit nehmen und gemeinsam überlegen, wie wir der Sache Eckharts am besten nützen können. – Und noch etwas, was du da eben gesagt hast, von wegen Kostüm und so, lass dir von jemand sagen, der nun bald fünfzig Jahre diesem Orden angehört, wenn ich diesen Habit nicht immer wieder auch als Kostüm begriffen hätte, in dem ich mich vor mir selber und vor anderen hätte verstecken können, wahrhaftig ich hätte dieses Klosterleben nicht ausgehalten.» Knurrend und brummend wandte er sich um, drückte Conrad das Gewand nochmals unter den Arm und wartete hinter dem Stamm einer Eibe.

Um Zeit zu gewinnen rannte Conrad mehrfach zwischen den anderen Eiben hin und her, schimpfte misslaunig vor sich hin, blieb endlich stehen und zog sich, wie hätte es anders sein können, ohne ein weiteres Wort zu verlieren, den Habit über. So kam es, dass Conrad wieder in die Gemeinschaft von Predigerbrüdern zurückkehrte.

Bruder Athanas stellte Conrad dem Prior vor: «Besuch aus Köln, Bruder Conrad von Halberstadt.» Der Prior reihte ihn freundlich in die Reihe der wartenden Brüder ein, die sich im Kreuzgang aufgestellt hatten. So sehr er sich auch Mühe gab, Conrad konnte nicht erkennen, ob der Prior über ihn Bescheid wusste oder nicht. Dann zogen sie in einer Prozession zur Kirche, um gemeinsam das Abendgebet zu verrichten.

Conrad wurde zu einem Platz in der vorderen Reihe des Chorgestühls geführt. Da die Kirche nur durch wenige Kerzen erhellt war, fand er sich nur schwer zurecht. Der Altar, die Säulen und Betpulte warfen bizarre Schatten an die Wände und auf den Boden aus Kalksteinplatten. Die hageren Gesichter der Bettelbrüder schauten spitz aus den Kapuzen hervor, lehnten sich zurück ins Gestühl und versanken in andächtiger Stille. Conrad kam sich fremd vor, mitten unter der scheinbar verschworenen Gruppe schwarz-weiß gekleideter Predigerbrüder. Stille und Dunkelheit beherrschte den Raum. Nur das Gebälk knackste, wenn jemand das Gewicht von einem Fuß auf den anderen verlagerte. Plötzlich erklang der trockene Schlag eines hölzernen Hämmerchens. Auf dieses Zeichen hin neigten sich die Brüder nach vorne und stimmten einen Gesang an, der sich in sanften Wogen hob und senkte, anschwoll und wieder verebbte. Wie ein wärmender Mantel legte sich eine rhythmische Atmosphäre der Sammlung, die Schutz gewährte, um seine Schultern.

Wer aber bei Gott zu Hause ist und im Schatten des Herrn schläft, sage zu ihm: Du bist die Rettung für mich! Ich vertraue Dir. Du bist mein Gott! Ja, er ist es, der dich herausgezogen hat wie aus der Schlinge eines Jägers und dich immer wieder gerettet hat. Auf Flügeln trägt er dich. Unter seinen Schwingen bist du beschirmt. In seiner Hand bist du sicher und versichert. Also musst du keine Angst haben vor dem Schrecken der Nacht und auch nicht vor dem Anschlag am hellen Tag. Keine Angst haben wie vor einer tödlichen Krankheit oder vor dem Ausbruch einer Seuche. Denn mag es auch Tausende treffen an deiner Seite oder Zehntausende, du wirst nicht dabei sein.

Conrad wohnte nun für eine begrenzte Zeit im Kloster zu Erfurt und nahm an allen gemeinsamen Verrichtungen teil. Für kurze Augenblicke meinte er, für immer in sein früheres Leben zurückgekehrt zu sein und freute sich daran. Er schritt mit Bruder Athanas durch die hellen Gänge und über Treppen, weite Säle und dunkle Kammern. Entlang des Kreuzgangs war eine lange Reihe niederer Türen angebracht, hinter denen die Predigerbrüder beteten und arbeiteten. Vor einer blieben sie stehen, Athanas klopfte, wartete, bis sie mit einem munteren «Ave!» begrüßt wurden. – Conrad musste dabei lächeln, da ihm einfiel, wie Eckhart einmal gesagt hatte, dass ‹Ave› ‹Ohne Weh› bedeute. Wer am wenigsten von der Welt besitze, der habe am wenigsten Weh und Schmerz. – Sie traten in einen kleinen Raum. Vor ihnen stand ein großer asketischer Bettelbruder, der ihnen freundlich die Hand reichte. Die Hand war viel zu groß und kräftig für einen Prediger. «Du also bist Conrad von Halberstadt!» Dann stellte er sich selbst vor und erklärte seine Aufgaben im Kloster. Er sei Novizenmeister und für die Organisation des Studiums der Neuzugänge verantwortlich. «Nicht immer eine leichte Aufgabe», seufzte er. Doch da klopfte es schon wieder an der Tür, der Subprior kam vorbei und stellte sich bei Conrad vor. Dann ging es Schlag auf Schlag, mehr als ein Dutzend Predigerbrüder klopfte an, einer nach dem andern, nur um Conrad zu begrüßen und sich kurz vorzustellen, Lehrer der Lateinschule, gelehrte Bücherkundige, Brüder, die für die verschiedensten Aufgaben zuständig waren, Novizen und alte Mönche, die viel im Land herumgekommen waren und die Welt zu kennen schienen. Schließlich, die Vorstellungsrunde schien beendet zu sein, erklärte Athanas: «Damit du die Leute schon mal kennst, mit denen du es zu tun haben wirst. Heute Abend, eine Stunde nach der Komplet, treffen wir uns im Kapitelsaal.»

Das Essen wurde im Refektorium eingenommen. Conrad bekam einen Platz in der Mitte des Saales zugewiesen, am Tisch für Gäste. An einem Nagel hingen ein Löffel und ein schmales Tuch aus Leinen, womit er sein Essenswerkzeug abwischen konnte.

Die Brüder standen entlang der Tische, verneigten sich zum Gebet, das im Wechsel gesungen wurde. Dann gab es Grütze aus Haferschrot, ein Stück dunkles Roggenbrot und für jeden Tisch einen Krug mit Wein, der mit Honig und Zimt verfeinert war, und einen mit Wasser. Jeder konnte sich nach Belieben bedienen. Während des Essens las ein junger Mönch aus einem Buch Bonaventuras vor: Pilgerbuch der Seele zu Gott.

Als Conrad am Abend, von Bruder Athanas geführt, in den Kapitelsaal trat, hatten zwanzig Predigerbrüder, fast alle waren am Vormittag in der Zelle des Novizenmeisters gewesen, an einer Tischreihe Platz genommen. Er wurde aufgefordert, sich zu ihnen zu setzen. Alle standen im fortgeschrittenen Alter, nur drei jugendliche Gesichter hoben sich deutlich ab. Bruder Anton, dem Conrad gegenüber saß, ergriff als erster das Wort: «Meister Eckhart war einer von uns», begann er, «wir Älteren kannten ihn alle, waren mit ihm befreundet oder hatten doch wenigstens ein gutes Verhältnis zu ihm.»

✢

«Vor fast fünfzig Jahren trat Eckhart in dieses Kloster ein, studierte hier, war Prior, Vikar von Thüringen und leitete von hier aus die Provinz Saxonia. Keiner, der nicht stolz auf ihn gewesen wäre.

Eckhart durchlief die Ausbildung des Ordens, wie sie in den Regeln festgelegt ist. Er legte die Gelübde ab, zunächst die zeitlichen, dann die ewigen, versprach Gehorsam, Armut und Keuschheit, wurde zum Subdiakon geweiht und verpflichtete sich damit zum Zölibat, empfing die Diakonweihe und durfte von da an taufen, Kommunion austeilen, den Segen sprechen und, was ihm besonders wichtig war, das Evangelium verkünden und selbständig predigen. Als er zum ersten Mal die Kanzel bestieg, es war der Tag der Erscheinung des Herrn im Jahre 1283, wussten auf einen Schlag alle Anwesenden, der ganze Konvent, dass mit ihm ein sprachgewaltiger Prediger an die Öffentlichkeit trat. Er trug die Schriftstellen des Tages vor, legte sie zunächst Wort für Wort aus, bevor er eigene Gedanken formulierte, Gedanken, die durch ihre Prägnanz und Kühnheit alle Hörer in Bann schlugen.

> *Wenn man mich fragte: Warum beten wir, warum fasten wir, warum tun wir alle unsere Werke, warum sind wir getauft, warum ist Gott Mensch geworden? – Ich würde sagen: darum, auf dass Gott in der Seele geboren werde und die Seele wiederum in Gott geboren werde. – Alle Zeit muss dort weg sein, wo diese Geburt anhebt, denn nichts gibt es, was diese Geburt so sehr behindert wie Zeit und Kreatur. – Wo Gott in der Seele geboren werden soll, da muss alle Zeit abfallen, sie muss der Zeit entfallen sein….*

Eckhart brachte sein Studium in Erfurt zu Ende und wurde zum Priester geweiht. Er hat eine gediegene Grundausbildung erhalten, denn immer war streng darauf geachtet worden, dass die Novizen logisch denken lernten, Begriffe klar und prägnant verwendeten, im Stande waren, sicher Urteile zu fällen und schlüssig stimmige Folgerungen zu ziehen. In lebendigen Gesprächen mit erfahrenen Lehrern und bei langen Disputationen lernte er die Sentenzen des Petrus Lombardus auszulegen. Da in der Bibliothek meist nur einzelne Exemplare von Büchern zur Verfügung standen, lasen sich die Schüler wechselseitig aus ihnen vor oder reichten die Folianten, oftmals mehrmals am Tag, von Hand zu Hand weiter. Wichtig war natürlich die Bibel, das Buch der Bücher, aber auch deren Auslegungen und Kommentare durch Kirchenväter, berühmte Theologen und Magister der hohen Schulen.

Da die Herausforderungen, die an Prediger, Seelsorger und Theologen gestellt wurden, immer mehr zunahmen, schickte ihn der damalige Prior zu Bruder Albert nach Köln. Albert war ein Gelehrter, der nicht nur in der Theologie und Philosophie zu Hause war, sondern auch in den Naturwissenschaften. Als ein wirklicher Universalgelehrter hatte er vor fast vierzig Jahren, 1248, das Studium Generale gegründet, das dann so berühmt geworden war, dass aus ihm die berühmtesten Theologen der Zeit hervorgingen: Provinziale, Magister und Professoren. Besonders dort aber, wo die deutsche Sprache gesprochen wird, hat Albert der Große, wie sie ihn fortan nannten, die Menschen geprägt, so sehr, dass, wäre er nicht gewesen, die Deutschen Esel geblieben wären. Eckhart erlebte Albert dann allerdings doch nicht mehr, er war soeben im Alter von über 80 Jahren verstorben.

In Köln erwarb Eckhart den akademischen Grad eines ‹Bakkalar der Theologie›, der ihm erlaubte, in Vorlesungen die Heilige Schrift auszulegen. Damit begann für ihn eine Laufbahn, wie sie nur wenigen Predigerbrüdern möglich war: Der Provinzial der Teutonia empfahl Eckhart für ein weiterführendes Studium an die Universität von Paris. Dank der außergewöhnlichen Begabung, exzellenten Fähigkeiten und untadeligen Haltung erhielt er, als Delegierter der deutschen Provinz, einen Studienplatz am Generalstudium des Ordens. Der Generalmagister der Dominikaner entsprach bereitwillig der Empfehlung des Provinzials. Eckhart zog nach Paris.

Eckhart ist in Paris, das ist meine ganz persönliche Meinung, unter Neider und Besserwisser gefallen, die ihn letztlich zugrunde gerichtet haben», schloss Bruder Anton seine Ausführungen. Diese waren etwas zu lange geraten, so dass die Runde immer unruhiger geworden war.

Bruder Athanas ergriff das Wort: «Vielen Dank Bruder Anton, du hast uns allen aus dem Herzen gesprochen. Es gibt niemand, der so voll Weisheit war und uns allen ein so gutes Vorbild, wie Bruder Eckhart. Wir lassen nicht daran rütteln, dass er uns einen Weg aus den Verkrustungen unserer Zeit aufgezeigt hat, und ich wage sogar zu prophezeien, dass unser Glaube seinen Weg gehen muss, wenn die Kirche nicht zugrunde gehen soll. Doch noch wissen wir zu wenig, wie der Inquisitionsprozess gelaufen ist. Ich bitte dich daher, lieber Bruder

Conrad», bei dem Wort ‹Bruder› kam er ins Straucheln, «und bin mir sicher, dass alle Anwesenden den Wunsch verspüren, mehr über die Ereignisse in Köln zu erfahren.»

«Lieber Bruder Athanas, liebe Predigerbrüder», begann Conrad, «es ist sicher bis Erfurt gedrungen, wie es zu dem Prozess des Erzbischofs Heinrich von Virneburg gegen Meister Eckhart gekommen ist. Gottlob hat Eckhart durch eine feierliche Erklärung und einen öffentlichen Widerruf in der Dominikanerkirche von Köln eine strafrechtliche Verurteilung als Häretiker verhindert.» Schon regte sich im Raum ein Geraune. Mehrere der Anwesenden unterbrachen ihn und fragten erregt: «Widerruf? Was hat er widerrufen? Stand er denn nicht zu seinen Überzeugungen?» Conrad beruhigte: «Eckhart widerrief in Köln und dann später in Avignon ein zweites Mal nur das, was in den Gemütern der Gläubigen einen häretischen oder irrtümlichen und dem wahren Glauben widerstreitenden Sinn hätte erzeugen können. Er tat dies, um eine bevorstehende Verurteilung als Häretiker zu unterbinden. Er hat nicht seine Lehre widerrufen, sondern nur ihre missverständliche Deutung. Der Erzbischof von Köln gab sich damit zwar nicht zufrieden, wohl aber der Papst in Avignon. Ich kenne den Wortlaut der Kölner Erklärung noch genau, denn ich selbst habe sie in Eckharts Namen von der Kanzel verlesen.

«Ich, Meister Eckhart, Doktor der heiligen Theologie, erkläre, Gott zum Zeugen aufrufend, dass ich jeglichen Irrtum im Glauben und jede Abirrung im Lebenswandel immer, so viel es mir möglich war, verabscheut habe, da Irrtümer dieser Art meinem akademischen Status und Ordensstand widerstreiten. Aus diesem Grunde widerrufe ich, sofern ich etwas Irrtümliches in dem finden sollte, was ich geschrieben, gesprochen oder gepredigt hätte, privat oder öffentlich, wo und wann immer, unmittelbar oder mittelbar, sei es aus schlechter Einsicht oder verkehrten Sinnes. Das widerrufe ich hier öffentlich vor Euch allen, die hier gegenwärtig und versammelt sind, weil ich dieses von nun an als nicht gesagt oder geschrie-

ben betrachtet haben will. Das gilt besonders, weil ich vernehme, dass man mich übel verstanden hat: so, als hätte ich z.B. gepredigt, mein kleiner Finger habe alles geschaffen. Das habe ich weder gemeint noch gesagt.»

*

Conrad bemerkte, wie er sich unversehens wieder in den Rhythmus des Klosterlebens einklinkte. Er hatte sich damals in Köln oft schwer getan, sich an den rigiden Zeitplan, an den sich alle zu halten hatten, zu gewöhnen. Das enge Beieinander der Gemeinschaft war ihm bis zuletzt besonders schwer gefallen. Im Grunde war er über Jahre hinweg keinen Augenblick für sich allein, stets waren andere um ihn herum und konnten ihn beobachten. Er erinnerte sich noch gut an den Schrecken, der ihn überfiel, als er, kaum war er ins Kloster aufgenommen worden, aufgefordert wurde, Briefe, die er an seine Eltern oder Freunde schicken wollte, unverschlossen beim Novizenmeister abzugeben, und noch mehr, als er bemerkte, dass an ihn gerichtete Post zuvor vom Prior geöffnet und vielleicht sogar gelesen wurde.

Und nun pendelte sich wieder, nach und nach, im ständig wiederkehrenden Wechsel der alltäglichen Verrichtungen – Schlafen, Essen, Beten, Studieren – ein meditativer Rhythmus ein, durch den sich eine erhöhte Aufmerksamkeitshaltung einstellte. Wieder drang alles, was Conrad zu Ohren oder vor Augen kam, mit ungewöhnlicher Intensität auf ihn ein und forderte seine Nachdenklichkeit heraus. Kleine, unscheinbare Dinge, zum Beispiel ein Schmetterling, der sich in die Bibliothek verirrt hatte, oder die Maserung des Schreibpults aus Fichtenholz, gewannen unter seiner Aufmerksamkeit neue und beinahe ins Unermessliche gesteigerte Bedeutung. Es war ihm wie damals in Köln, als habe sich sein Auge eingefärbt und könne deshalb Dinge nur noch durch den Filter zuvor gespeicherter Farben, Formen und Begriffe wahrnehmen. Kopf und

Herz waren erfüllt von einer lichten Atmosphäre der Konzentration. Manchmal schien ihm, als bewege er sich in rasender Geschwindigkeit auf konzentrischen Kreisen um ein Etwas, das er nicht zu Gesicht bekam, um eine unbegreifliche und geheime Mitte. Nicht wie ein Strohhalm, der von einem Strudel unter Wasser gezogen wird, fühlte er sich, sondern eher wie von einem Wirbelsturm erfasst, der in sich selbst kreist und mit unermesslicher Kraft alles, was ihm ins Auge fällt, aufsaugt und über alle Wipfel hebt.

Die Erfurter Kirche aber war es, die Conrad in besonderer Weise in ihren Bann zog. Johannes der Evangelist war ihr Patron. Conrad freute sich auf den festlichen Gottesdienst am folgenden Sonntag, den Palmsonntag, wo die Einkleidung einiger neu aufgenommener Brüder vorgenommen werden sollte. Seit Wochen schon hatten die jungen Männer ihre ganze Aufmerksamkeit auf diesen Termin gerichtet, ihre Gedanken und Gefühle gesammelt, sofern noch welche frei schweiften und auf äußere Dinge bedacht waren. Mit großem Ernst unterzogen sie sich geistlichen Übungen: Es durfte nicht gesprochen werden, Besuch war untersagt, bei Tisch blieben die Schüsseln fast voll, die Gebete und Meditationen dauerten länger, für Schlaf blieb wenig Zeit.

Am frühen Morgen des Festtages sammelte sich der gesamte Konvent im Kreuzgang. Auch Conrad reihte sich ein. Durch die Getsemanepforte des südlichen Seitenschiffs betraten sie den Hohen Chor von Sankt Johannes. Gleich hinter dem Kruzifix, das Bruder Dominik auf einer hohen Stange voran trug, schritten die jungen Männer der Aufnahme in eine neue Lebensform entgegen. Dann kamen die Predigerbrüder und am Schluss endlich der ehrwürdige Prior. Eine schlichte Pforte führte ins Innere des Chores, der ausschließlich für die Brüder vorgesehen war. Gedämpft klang durch drei Zugänge, die mit schmiedeeisernen Gittertüren von der alten Kirche abgetrennt waren, der Gesang der Gläubigen aus der Stadt, mit denen gleichzeitig Messe gefeiert wurde.

Der Chor empfing Conrad wie einen seit langem vertrauten Freund. In beschwingten Rhythmen spielten sich Licht und

Schatten ein Ineinander von Bewegung und Ruhe, Lebendigkeit und Stillstand zu. Conrad ging das Herz auf, sein Gemüt kam ins Schweben. Mit seinen Augen folgte er den schlanken Fensteröffnungen, die sich zum Gewölbe emporreckten. Klares, rot und blau gefärbtes Glas war in ein Netz von Blei gefasst und mit Schwarzlot zu einem Teppich geometrischer Formen und pflanzlicher Muster bemalt: Akanthus-, Rosen- und Palmblätter. Das gebrochene Licht legte sich nüchtern und kühl über den Altar, dessen Seiten mit Blendwerk aus Spitzbögen, Säulchen und Kapitellen versehen waren.

Die Predigerbrüder verteilten sich im Chorgestühl ihrer Kirche und feierten ein festliches Hochamt. Das dunkle Holz unterschied sich kaum von den schwarzen Mantelüberwürfen der Brüder. Die Novizen legten sich in Demut flach auf den Steinboden und warteten, bis sie gerufen und vor den Prior geführt wurden. In einer kurzen Ansprache erläuterte ihnen dieser nochmals die Regel des Ordens, ermahnte zu Gehorsam, Armut und Keuschheit. Er erteilte ihnen die niederen Weihen und damit das Recht, Kirchentüren zu bewachen, Glocken zu läuten, aus der Heiligen Schrift vorzulesen, Besessene zu heilen – dies allerdings nur mit besonderer Erlaubnis –, für Licht und Wein zu sorgen sowie bei der Messe dem Subdiakon oder Diakon zu helfen. Anschließend erhielten die jungen Konventsmitglieder als Mahnung für ein beschauliches Leben die Tonsur geschnitten.

Conrad griff sich an den Kopf und bemerkte, dass seine Haare viel zu lang gewachsen waren. Sollte er sich nochmals die Tonsur schneiden lassen? Nein, sagte er sich, das kommt dann doch nicht in Frage. In kurzer Zeit würde er seinen Habit wieder ablegen und die Klostermauern hinter sich lassen. Dennoch erinnerte er sich noch gut daran, wie traurig seine Mutter gewesen war, damals, als seine Locken zu Boden fielen, bis nur noch ein schmaler Kranz übrig geblieben war.

Zur Erinnerung an ihr Armutsversprechen bekamen die neuen Brüder einen Habit übergezogen: ein helles, ungefärbtes, sonnengebleichtes Gewand und einen schwarzen Überwurf mit Kapuze.

✣

Am Nachmittag, nach dem Vespergottesdienst, fassten Athanas und dessen Freund, Bruder Clemens, der ebenfalls schon
ein hohes Alter erreicht hatte, Conrad freundschaftlich unter
und nahmen ihn mit zu einem Gang durch die Wiesen und Felder, die sich gleich hinter der Klostermauer weit in die Landschaft hinein ausdehnten. Sie ließen sich schließlich auf einem
Haufen locker aufgeschichteter Steine nieder, der sich am Rande eines Dinkelfeldes befand. Frühjahr um Frühjahr sind in der
Gegend Bauersleute damit beschäftigt, die Steine, die Schnee
und Regen während der Winterszeit frei gespült und über die
Oberfläche verstreut liegen gelassen haben, von den Äckern zu
lesen, um den Ertrag ihrer Felder zu erhöhen. Eine harte Arbeit,
bei der sich, durch das andauernde mühsame Bücken die Rücken der Männer und Frauen zu krummen Buckeln auswach-
sen. Eidechsen und Blindschleichen lieben diese Plätze, sonnen
sich auf den warmen Steinen und huschen bei der geringsten
Bewegung oder wenn sich ein Schatten über sie legt, durch die
Fugen und Ritzen in dunkle Verstecke. Hier verbrachten die
Brüder in fröhlicher Unterhaltung die Zeit, die ihnen verblieb,
bis die Glocke zum Abendgebet rufen würde.

«Erinnerst du dich», fragte Athanas seinen Freund, «wie
Eckhart nach zehn langen Jahren vom Studium aus Paris zu-
rückkam? Wir umringten und umarmten ihn, führten ihn in
die Kirche, um in stiller Besinnung und gemeinsamem Chor-
gesang für seine gesunde Wiederkehr zu danken.» «Natürlich
erinnere ich mich», antwortete dieser, „so gut, als wäre es heute
erst gewesen.» «Ich hatte die Lesung bei Tisch zu übernehmen.»
«Ja, und ich bediente, weiß noch genau, wie ich ihm zulächelte,
um mich bei ihm in Erinnerung zu rufen.» «Im Klostergarten
umringten wir ihn, fragten ihn aus, nach seinen Erlebnissen an
der Ordenshochschule und der hohen Schule zu Paris, ließen
uns von theologischen Streitgesprächen berichten, von den
politischen Intrigen und Strategien der Herrscherhäuser, den
Unruhen in den Städten und auf dem Lande. Wir redeten über

Alltägliches, erzählten uns Anekdoten und erinnerten uns an gemeinsame Erlebnisse.»

✳

Nach der Rückkehr Eckharts aus Paris überschlugen sich die Ereignisse. Im Kloster warteten vielfältige organisatorische Aufgaben auf ihre Bewältigung, Aufgaben, die vor allem mit dem Bau der Kirche und den Kollegiengebäuden zu tun hatten, aber auch mit den Beziehungen zur Stadt Erfurt. Außerdem bestand im Konvent eine tiefe Sehnsucht nach religiöser Erneuerung. Von frommen Frauen und Männern aus umliegenden Klöstern, der Stadt und dem Umland wurden Erwartungen an die Dominikaner gestellt, denen sie häufig hilflos gegenüberstanden.

Als es dann darum ging, einen neuen Prior zu wählen, entschied sich der Konvent einstimmig für Bruder Eckhart von Hochheim. Nur, damit war noch kein Ende der Belastungen abzusehen, denn noch waren die Feierlichkeiten in vollem Gange, da erhielt Eckhart auch schon eine Nachricht vom Provinzial der Teutonia, das war damals Bruder Dietrich von Freiberg. Sie kannten sich vom Studium an der Sorbonne und waren eng miteinander befreundet. Und nun war Dietrich der Vorgesetzte von Eckhart. Der Provinzial bat Eckhart, unverzüglich das Amt eines Vikars von Thüringen anzutreten und damit sein Stellvertreter zu werden. Der Arbeitsaufwand beider Ämter, Prior und Vikar, war riesig und überstieg die Arbeitskraft einer Person. Eine der Aufgaben musste notgedrungen zu kurz kommen. Dennoch ließ sich Eckhart dazu bewegen, wenigstens vorübergehend beide Ämter zu übernehmen, doch nur unter der Voraussetzung, dass ihm ein verlässlicher Bruder als Subprior zur Seite gestellt würde, und das war dann Bruder Clemens.

Voll Energie machte sich Eckhart an die Arbeit. Als Prior rief er regelmäßig die Mitbrüder im Kapitelsaal zusammen. Dort saßen sie im lockeren Gespräch beieinander und er redete zu ihnen über das rechte Leben im Kloster. Vor allem die Jüngeren stellten viele Fragen, auf die er zu antworten suchte. Er sprach in deutscher Sprache, da viele Laienbrüder und Schüler anwesend waren, die Latein noch nicht so gut beherrschten. ‹Nim dîn selbes war›, ermahnte er, höre darauf, was dir dein eigner Verstand zu verstehen gibt, traue deinem Gewissen und vertraue dir selbst.

Als Vikar von Thüringen war Eckhart auch Stellvertreter des Provinzials und musste die Visitation der Ordensklöster in der ganzen Region übernehmen. Er zog von Kloster zu Kloster, predigte, achtete darauf, dass die Ordensregeln eingehalten wurden, gab Ratschläge, schlichtete Streitigkeiten und half bei organisatorischen Aufgaben. Er besuchte die jährlichen Provinzialkapitel in Eisenach, Jena, Mühlhausen und Nordhausen und arbeitete an deren Vorbereitung mit. Ständig war er in Begleitung eines Bruders aus seinem Konvent unterwegs. Hinzu kam die Verantwortung für die Ausbildung des Ordensnachwuchses, die Eckhart durch einige Reformen verbessern wollte. Es entstand eine richtige Aufbruchstimmung, von der sich die Predigerbrüder, nicht nur des Erfurter Konvents, mitreißen ließen.

Solche Mehrfachbelastungen mussten nicht nur von Eckhart geschultert werden, in anderen Konventen und Regionen des Dominikanerordens sah es genauso aus. Es fehlte einfach kompetentes Personal. Dennoch duldete das Generalkapitel, die Versammlung aller Klostervorsteher, solche Ämterhäufungen nicht länger und legte fest, dass das Amt eines Priors mit dem eines Provinzialvikars nicht mehr vereinbar sein sollte. Gleichzeitig wurde Dietrich von Freiberg als Provinzial von der deutschen Ordensprovinz abberufen und als Magister der Theologie nach Paris bestellt. So ergab sich für Eckhart die Notwendigkeit, aus Gründen der Kontinuität auf das Priorat in Erfurt zu verzichten und nur noch das Amt des Vikars wahrzunehmen.

*

Die nachmittäglichen Gespräche fanden auch an den folgenden Tagen eine Fortsetzung und wurden zu einer liebgewordenen Gewohnheit. Die beiden älteren Predigerbrüder schwelgten in Erinnerungen und für den Jüngeren, Conrad, schälte sich ein zunehmend genaueres Bild von Eckhart, als er ein noch junger Mann war, heraus. Er sog die Erzählungen begierig in sich auf. Einmal berichteten Athanas und Clemens auch von den Lehrgesprächen, die Eckhart im Konvent von Erfurt angeboten hatte. «Sie waren mit großem Interesse angenommen worden», berichtete Athanas. «Anfangs sprach er darüber, wie man ein gutes Leben führt, wem der Mensch Gehorsam schuldig ist, wie er Abschied nehmen kann von aller Selbstsucht, sprach von der Gegenwart Gottes in der Vernunft und der Haltung, aus der heraus der Mensch handeln soll.» Clemens war dann noch besonders in Erinnerung geblieben, dass zunehmend dringlicher Fragen gestellt wurden, die der persönlichen Not der jungen Leute entsprungen waren. Die Zeit verging wie im Fluge und Eckhart blieb keine Zeit, um jede Frage im Detail zu beantworten.»

Die beiden alten Männer versanken nahezu im Übermaß ihrer Erinnerungen. Einer fasste schließlich seine Erinnerungen zusammen: «Plötzlich, während der Gespräche, lösten sich die Unterschiede zwischen klösterlicher und weltlicher Lebensführung auf.»

Glaubt nur nicht, dass ihr etwas Besonderes seid, nur weil ihr das klösterliche Gelübde abgelegt habt, jede Frau und jeder Mann, wer immer sich auf Gott ausrichtet, untersteht denselben Anforderungen und Geboten.

Alle, die Eckhart zuhörten, waren von der Ernsthaftigkeit und Eindringlichkeit seiner Rede fasziniert und gefangen. So erhob sich der dringende Wunsch, Eckhart möge seine Gedanken aufschreiben, damit sie jederzeit wieder ins Gedächtnis gerufen werden könnten. Er selbst merkte auch schnell, dass ihm diese Bitte gar nicht so ungelegen kam, denn er schuf sich dadurch die Möglichkeit, beim Besuch anderer Konvente seine

Vorstellungen und Erwartungen ohne Mühe vorzutragen und weiter zu verbreiten.

Conrad fand bei der Rückkehr in seine Zelle eine Handschrift vor, die einer seiner neuen Freunde hinterlegt hatte, die «Reden der Unterweisung».

*

Es macht einen Unterschied, ob es dem Menschen immer nur um sich selbst und sein individuelles Glück geht, wie landauf landab gehandelt, oder ob durch ein ins Äußerste gesteigertes Wahrnehmen und Erkennen, alles Individuelle verabschiedet wird, alle vermeintlichen Leistungen und Verdienste. Richte dein Augenmerk so auf dich selbst und nehme dich so wahr, dass du die Wurzel deiner selbst, und nur sie, wahrnimmst!

Fang zuerst bei dir selbst an und lass dich los! Die Leute, die mit den äußeren Dingen Frieden schließen, sei es an bestimmten Orten oder in der Art einer Lebensweise, mit anderen Leuten oder durch gute Werke, sei es in der Fremde oder durch Armut und eigene Erniedrigungen – wie eindrucksvoll das auch immer ist, das ist alles nichts und schenkt keinen wirklichen Frieden. Sie suchen verkehrt. Je weiter sie in die Ferne schweifen, umso weniger finden sie, was sie suchen. Sie gehen wie einer, der den Weg verfehlt: Je weiter er geht, umso mehr geht er in die Irre. Was aber sollt ihr denn tun? Ihr sollt zuerst euch selbst lassen, dann habt ihr alles gelassen.

Habt ihr von euch selbst Abschied genommen, wenn ihr dem klösterlichen Gehorsam folgt? Doch wer von euch hätte nicht schon am eigenen Leib verspürt, dass Vorgesetzte und Obere Weisungen geben, die unangemessen, willkürlich, schlecht und manchmal sogar undurchführbar sind. Einen solchen Gehorsam kann unser Ordensgründer, der heilige Dominikus, nicht gemeint haben. Für mich ist der Gehorsam, der von Menschen eingefordert wird, sei es missbräuchlich oder nicht, nicht ernst zu nehmen. Gehorsam ist eine Tugend vor allen Tugenden. In wahrem Gehorsam darf kein Eigenwille gefunden werden, sondern nur vollkommener Verzicht. Blinden Gehorsam darf es nur in der Loslösung von allen Autoritäten geben, auch von den Ansprüchen des eigenen Selbst. In der Einsamkeit und Blindheit der Abgeschiedenheit allein kann der Mensch darauf vertrauen, aufgefangen zu werden, wenn er sich fallen lässt: Da erst ist Gehorsam gerechtfertigt.

Wie beim Gehorsam, so verhält es sich auch mit der Armut. In der Abgeschiedenheit von allem Äußeren und Inneren gerät der Mensch in eine solche Armut, dass eine Leere entsteht, die einen solchen Druck erzeugt, dass sie mit gleichsam naturgesetzlicher Notwendigkeit ausgefüllt werden muss. Wenn jemand aller Dinge ledig ist, nichts will und nichts ist, dringt mit unbedingter Notwendigkeit in ihn ein, was sich dem Zugriff und der Machbarkeit entzieht. Gott füllt die Leere der Seele vollkommen aus.

Der freiwillige Verzicht auf Reichtümer, den wir Brüder dem Orden geloben, ist lediglich ein erster Schritt auf dem Weg zur Vollkommenheit. Die wahre Armut jedoch kommt weder aus einem freien Willen noch aus Zwang und verdankt sich weder einer persönlichen Leistung noch einem Verdienst. Wahre Armut steht über dem Willen. Das gesamte Gemüt und die geistige Haltung des Menschen wenden sich Gott zu. Der Mensch muss lernen, den Schein der Dinge zu durchbrechen, um Gott ganz eigen und gegenwärtig zu sein.

Ist eine solche geistige Haltung überhaupt jemals zu erreichen? Manche Leute ziehen sich von den Menschen zurück, sind immerzu allein und gehen zur Kirche, daran liegt ihr ganzer Friede. Dies aber ist nicht das Beste. Mit wem es recht steht, dem ist's an allen Stätten und unter allen Leuten recht. Mit wem es aber unrecht steht, für den ist's an allen Stätten und unter allen Leuten unrecht. Rechte Leute haben Gott überall, auf der Straße, bei allen Menschen, in der Kirche ebenso gut wie in der Einöde oder in der Zelle.

Wenn wir sündigen, wurde ich gefragt, erwarten uns dann schreckliche Strafen und Qualen? Wer in den Willen Gottes versetzt ist, der sollte nicht wollen, dass die Sünde, in die er gefallen ist, nicht geschehen wäre. Wenn es uns leid tut, ist Sündigen nicht Sünde, denn die Neigung zur Sünde ist nicht Sünde, sündigen wollen, das ist Sünde.

Wer meint seine Sünden in asketischer Strenge, durch Selbstbestrafungen, Bußübungen und andere Anstrengungen bereuen und tilgen zu müssen und ständig mit sich selbst hadert, der zieht sich immerfort hinab in noch größeres Leid und versetzt sich in einen solchen Jammer, als ob er gleich verzweifeln müsste. Die Reue verharrt dabei im Leid und kommt nicht weiter. Aus dem allem wird nichts.

Wahre Reue ist ganz anders. Der Mensch wendet sich Gott zu, vertraut ihm und gewinnt dadurch Sicherheit. Daraus kommt eine geistige Freude, die die Seele aus allem Leid und Jammer erhebt und sie fest an Gott bindet.

Einmal kam jammernd ein Novize zu mir: Ach, Herr, ich finde mich so leer und kalt und träge, darum getraue ich mich nicht, zu unserem Herrn hinzugehen. Ich tröstete ihn und sprach ihm Mut zu: Je gebrechlicher sich der Mensch findet und je mehr er gefehlt hat, desto mehr Ursache hat er, sich mit ungeteilter Liebe an Gott zu binden, bei dem es keine Sünden und Gebrechen gibt. Hab keine Angst, dein Dasein ist von Gott getragen. Sünde und Leid zerstören dich nicht. Wie groß ein Leiden auch sei, es kommt zuerst immer über Gott, so dass zuerst er darunter leidet.

Manche frommen Frauen geraten durch ihre asketischen Übungen und innigen Gebete in solche Verzückungen, dass sie sogar die Herrlichkeit Gottes schauen.

Sollten wir auch so weit kommen? Mitnichten! Ich er-
achtete es für weit besser, du ließest aus Liebe von der
Verzückung ab und dientest dem Bedürftigen in größerer
Liebe. Wäre der Mensch so in Verzückung, wie's Sankt
Paulus war, und wüsste einen kranken Menschen, der
eine Suppe von ihm bedürfte, ich erachtete es für weit
besser, er ließe aus Liebe von der Verzückung ab und
diente dem Bedürftigen in größerer Liebe.

Ein Mensch, der seine Eigenliebe gänzlich verworfen
hat, den hüllt Gott in seinen Mantel und schützt ihn.
Wie eine Kappe das Haupt umschließt, ist er rundum in
Gott und Gott ist um ihn herum. Er hat den Geschmack
und die Farbe Gottes angenommen. Was an ihn rührt,
das rührt notwendigerweise durch Gott hindurch an
ihn, und wer ihn anfassen will, der muss zuerst Gott be-
rühren. Das ist so, wie wenn ich trinke: der Trank muss
zuerst über die Zunge fließen, dort empfängt der Trank
seinen Geschmack. Ist die Zunge mit Bitterkeit überzo-
gen, fürwahr, wie süß der Wein an sich auch sein mag,
er muss stets bitter werden von dem, durch das hindurch
er an mich gelangt.

✣

Im September 1303 wurde Eckhart zum Provinzial der neu
gegründeten Saxonia gewählt. Sie umfasste das gewaltige Gebiet der Nationen Meißen, Thüringen, Hessen, Sachsen, Mark
Brandenburg und Sclavonia, das von Hamburg bis Stralsund
reichte. Anfang April machte er sich auf den Weg zum Generalkapitel nach Toulouse. Gemeinsam mit seinem Freund Dietrich von Freiberg, zur selben Zeit Provinzial der Teutonia, eilte
er zu Fuß in über 40 Tagesmärschen nach Südfrankreich. Nur
drei Tage dauerte das Kapitel, danach ging es wieder 40 Tage
zurück, durch den Süden von Frankreich, an der Rhone aufwärts, durch Burgund, entlang des Rheins und dann nach Os-

ten bis Thüringen. Anfang Juli in Erfurt angekommen, musste er auf den 8. September, zum Fest Mariä Geburt, ein Provinzialkapitel in Halberstadt planen und ausrichten, das für die Provinz Saxonia erstmals stattfand.

Um sich persönlich vorzustellen und den Zuhörern eine Richtung vorzugeben, die seine künftige Amtsführung verdeutlichte, ergriff Eckhart im Eröffnungsgottesdienst selbst das Wort und predigte. Das war zwar ungewohnt, doch bot sich ihm so eine gute Gelegenheit, seine Kompetenz unter Beweis zu stellen, seine Autorität zu stärken und zugleich die Bedeutung der Predigt als zentrale Aufgabe des Ordens zu betonen.

Der Verstand des Predigers ist ein mächtiger Adler, der die Dinge im Wipfel ihrer Ursachen erfasst, dort, wo sie in ihrem reinen und geistigen Sein verborgen sind.

Jahr für Jahr folgten solche Provinzialkapitel. Zunächst in Rostock, dann in Halle, Minden, Seehausen, Norden und Hamburg. Da war es ein Glücksfall, dass das Generalkapitel von 1307 in Straßburg stattfand, die Reise also nur einen knappen Monat in Anspruch nahm. Doch sofort türmten sich neue Aufgaben vor Eckhart auf, er wurde zusätzlich zum Generalvikar für die böhmischen Provinzen bestellt. Schnellst möglich machte er sich auf den Weg nach Böhmen und visitierte einige Konvente, um dringend notwendige Reformen einzuleiten. Doch kaum war er wieder abgereist, brachen dort unerquickliche Konflikte aus zwischen Reformbefürwortern und Reformgegnern.

Neben seinen Bemühungen um Reformen in der eigenen Provinz wie auch als Vikar in Böhmen holten Eckhart auf Schritt und Tritt administrative Aufgaben ein, die aus Konflikten mit weltlichen Obrigkeiten resultierten. Eine besondere Schwierigkeit ergab sich daraus, dass die Bettelmönche, Franziskaner wie Dominikaner, ihre Klöster nicht mehr, wie von den alten Orden gewohnt, vor den Toren der Stadt errichteten, sondern mitten in den Städten, um ihrer hauptsächlichen Aufgabe, der Seelsorge der Bevölkerung, besser nachgehen zu können. Die Franziskaner widmeten ihre Aufmerksamkeit eher der niederen Bevölkerung, während die Dominikaner sich mehr des gebildeten Bürgertums in den Städten annahmen. Die Magistrate wiederum sorgten sich um die begrenzte Zahl ihrer Grundstücke und um den wirtschaftlichen Aufschwung ihrer Städte, da fromme Leute häufig den Bettelbrüdern Grundstücke und Häuser schenkten oder billig verkauften. In der Auseinandersetzung zwischen den städtischen Räten und den Klostervorstehern wurde den Bettelorden das Versprechen abgenommen, das Klosterareal nicht über den bestehenden Besitz hinaus zu erweitern. Wenn dieses Versprechen dem Rat nicht genügte, musste der Provinzial zu Nutz und Frommen späterer Geschlechter Brief und Siegel geben, so auch Eckhart.

Mit ähnlichen Schwierigkeiten kämpfte Eckhart auch bei der Neugründung der Klöster in Braunschweig, Dortmund und Groningen. Braunschweig war als größtes Kloster auf sechzig Brüder ausgelegt, Dortmund und Groningen auf jeweils dreißig. Schon wenige Jahre später beschwerte sich der Stadtrat von Braunschweig, die Dominikaner sollten gefälligst nicht so viel predigen, damit die Leute nicht von der Arbeit abgehalten würden.

Meister Eckhart war somit Bauherr von drei neuen Häusern und hatte dabei mit allen Instanzen zu verhandeln, mit Bischöfen, den Territorialherren, den Stadträten und sogar dem Papst, war für die Finanzen ebenso zuständig wie für die Planung der gesamten Anlagen.

Die Jahre, in denen Eckhart als Provinzial in der Saxonia agierte, waren gefüllt mit administrativen und organisatorischen Aufgaben, jedoch auch mit der Sorge um die 47 Konvente, für die er verantwortlich war und die er, neben einer größeren Anzahl von Frauenklöstern, zu betreuen hatte. Allein schon die weitgesteckte Reisetätigkeit nahm einen wesentlichen Teil seiner Zeit in Anspruch. Für eine wissenschaftliche Tätigkeit blieb da nicht viel Zeit. Doch dank seines Vikars Walter von Erfurt, der ihm mit Umsicht und großem Fleiß zur Seite stand, genoss Eckhart in seinem Orden immer ein hohes Ansehen, nicht nur als gelehrter Meister, sondern auch als guter Organisator und Verwalter.

❖

Vor dem Refektorium stand eine Gruppe von Predigerbrüdern, die mit gerade erst angekommenen Gästen diskutierte. Conrad achtete zunächst nicht weiter auf sie, erst, als er nur noch wenige Schritte von ihnen entfernt stand, bemerkte er, wie erregt sie alle waren. Nun schaute er genauer hin, erschrak und erbleichte. Er kannte sie, die Gäste. Es waren die Kölner Domherrn Reyner von Friesland, Doktor der Theologie, und Albert von Mailand, Kustos der Minderbrüder in Köln. Beide waren Inquisitoren im Prozess gegen Eckhart gewesen. Neben ihnen stand auch Bruder Anselm, der zur selben Zeit, wie er, Conrad, das Hausstudium in Köln absolviert hatte.

Es ging heftig hin und her, manches konnte Conrad verstehen. Die Hinterlassenschaften Meister Eckharts sollten herausgegeben werden. Sie stellten, so die Domherren, eine Gefahr für den rechten Glauben dar. Und aus dem Kloster in Köln sei ein Mitbruder entlaufen, Conrad von Halberstadt, der hinter Eckharts Handschriften her sei, sie in unerlaubter Weise vervielfältige und weiter verbreite. Jetzt trat der Prior hinzu, mischte sich unter die aggressiv Streitenden. Immer mehr Brüder umringten die Abordnung des Kölner Erzbischofs.

Bruder Anton näherte sich Conrad ganz unscheinbar und unauffällig, der sich umwandte, bückte und verlegen an seiner Sandale nestelte, um nicht aufzufallen. Conrad schaute scheu nach oben, sah sich von immer mehr Brüdern umringt, die sich so zwischen ihn und die Domherren stellten, dass ihn diese nicht sehen konnten. Anton zog Conrad die Kapuze über den Kopf, richtete ihn mit einem entschlossenen Griff auf und drückte ihm dann doch den Kopf wieder etwas nach unten. Zusammen, wie auf Kommando, machte die kleine Gruppe sich auf den Weg durch den Kreuzgang, Conrad immer mitten unter ihnen, sie schoben ihn unbemerkt in seine Zelle und gingen, als wäre nichts weiter geschehen, weiter zur Kirche.

Auch alle anderen Brüder verliefen sich, so dass zuletzt nur noch der Prior bei den Gästen stand. Reyner blickte erstaunt um sich: «Was ist jetzt los? Warum gehen auf einmal alle?» «Sie gehen zum Mittagsgebet in die Kirche», antwortete der Prior. «Ich dachte, das hätte schon stattgefunden», wunderte sich Reyner. «Heute findet es zweimal statt», entgegnete der Prior, wandte sich um und folgte seinen Brüdern. Reyner, Albert und Anselm blieben allein zurück, waren zu stolz, um den anderen zu folgen. Die Tür zum Refektorium war noch verschlossen, niemand hatte sie zum Essen eingeladen, so zogen sie ab und kehrten in einer Erfurter Herberge ein.

Bruder Clemens brachte Conrad etwas zum Essen vorbei und ermahnte ihn, ja nicht seine Zelle zu verlassen. Noch sei alles in Ordnung. Erst spät am Abend, die Komplet musste schon lange zu Ende gegangen sein, öffnete sich die Türe und seine Zelle füllte sich so dicht mit Predigerbrüdern, dass kein einziger Platz mehr frei war. Kein Wort fiel, es herrschte vollkommene Stille, bis Bruder Anton das Wort ergriff: «Wir haben einen Entschluss gefasst, der uns nicht leicht gefallen ist», sagte er und atmete tief. «Wir haben dich beobachtet, haben mit dir gesprochen, sehr persönlich und vertraulich, und wir haben dich als jemand kennen gelernt, auf den wir unsere Hoffnung setzen können. Hier in Erfurt sind die Schriften Eckharts nicht mehr sicher. Der Druck von Seiten der Bischöfe, der Minoriten und auch der Ordensleitung wird immer größer, wir werden uns nicht mehr lange wehren können. Daher haben wir uns entschlossen, dir die Bücher und Handschriften anzuvertrauen, die unsere Bibliothek von Meister Eckhart besitzt. Es ist nicht viel, Eckhart war ja schon lange nicht mehr in Erfurt.» Bruder Anton nahm einem der jungen Prediger ein in schwarz gefärbtes Linnen gewickeltes Bündel ab und überreichte es Conrad. «Das ist alles, was wir haben. Die Abschrift der ‹Reden der Unterweisung› hast du ja schon bekommen. Die von Bruder Clemens schon vor Monaten zusammengestellte Sammlung von 64 Predigten, er hat ihr den Namen ‹Paradisus anime intelligentis› gegeben, enthält allerdings auch Predigten anderer Ordensbrüder, nur die Hälfte von ihnen stammt von Eckhart.» Conrad wurde zunehmend erregt, nahm eine feierliche Haltung ein und stammelte etwas von Vertrauen,

Überforderung und Dankbarkeit. «Überlege dir genau, wo du die Handschriften aufbewahrst, hüte sie wie deinen Augapfel und sorge dafür, dass sie eines Tages, wenn sich die Zeiten geändert haben, jeder zur Hand nehmen kann, der sich dafür interessiert.» Bruder Anton nahm Conrad in die Arme, berührte mit der einen Wange die seinige und mit der anderen seine andere, wandte sich schweigend um und verließ die Zelle. Und ebenso verabschiedeten ihn auch alle anderen Predigerbrüder, bis er allein in seiner Kammer war.

Wieder packte Conrad seine paar Habseligkeiten und legte sie zur Abreise bereit. Dann streckte er sich nochmals auf dem Bett aus, um auszuruhen und Kräfte zu sammeln, doch er konnte kein Auge zutun. Zu vieles ging ihm durch den Kopf, weniger, was in den letzten Tagen passiert war, als vielmehr, was wohl in den nächsten Tagen auf ihn zukommen würde.

Lange vor der Laudes, in der die Brüder das Morgenlob anstimmen, stand Conrad auf, hängte seinen geliehenen Habit über den Stuhl, bekleidete sich mit Hose, Hemd und Jacke, alles Kleider, die der Vater in der neuesten Mode für ihn hatte herstellen lassen, und verließ das Kloster in Richtung Halberstadt. Er wurde zunehmend aufgeräumt, fröhlich und zuversichtlich, eilte durch das taufrische Gras, ließ sich von weißen Nebeln einhüllen, bis sie von der Sonne vertrieben wurden, die den Himmel mit feurigen Streifen erhellte. In drei Tagen würde er das Haus seines Vaters erreichen.

IRRGÄRTEN

ALS SICH AM HORIZONT DIE SILHOUETTE der Türme und Mauern von Halberstadt abzeichnete, holte Conrad die vertraute Atmosphäre der Kindheit ein. Und doch war ihm bereits jetzt bewusst, dass es ihn schon bald wieder forttreiben würde, hinaus in die Fremde. Denn die Enge der Häuser und Gassen hielt er nur schwer aus. Auch der Vater und die Geschwister, so sagte er sich, würden froh sein, wenn er sich wieder auf den Weg machte. Wie heißt es so treffend: Am dritten Tage stinkt der Fisch, aber auch der Gast.

Der Umgang mit den Freunden aus seiner Kindheit bedrückte ihn. Sie hatten sich neue, ihm ungewohnte Lebensformen angewöhnt, orientierten sich am Erfolg ihrer Handels- und Geschäftsbeziehungen oder waren gezwungen, schlicht auf das Überleben ihrer Familien zu achten. Oder hatte nur er selbst sich verändert, sich an Überkommenes gehängt, das andere längst hinter sich gelassen hatten?

Der Wandel in den Beziehungen spiegelte die Umwälzungen im Leben von Halberstadt wider. Freiheiten, die Menschen neu hinzugewonnen hatten, zogen unerwartete Zwänge nach sich, glückliche Aufbrüche verkehrten sich in schmerzhafte Erfahrungen, zwangen zum Rückzug und führten nicht selten ins Elend.

In früher Kindheit hatte sich das Tagwerk Conrads an die Vorgaben der Natur gehalten, an die Kraft der Sonne, die Dauer und Heftigkeit des Regens, an Unwetter, Schnee und Eis, an die Üppigkeit der Wiesen, die Fruchtbarkeit von Feldern und die Frische des zur Verfügung stehenden Wassers. Inzwischen aber hatte sich vieles verändert. Seit einigen Jahrzehnten, Conrads Vater wusste genau darüber zu berichten, überzogen das Land eisige Temperaturen. Innerhalb von zwei Generationen war es immer kälter geworden, mit schlimmen Folgen für die Landwirtschaft. Die Bauern mussten bei ihren Ernten Einbußen hinnehmen, Getreide und Wein wurden immer rarer und teurer. Da gleichzeitig die Zahl der Menschen zunahm, fehlte es überall an Nahrungsmitteln. Auch in Halberstadt hungerten viele und kamen zu Tode.

Doch nach wie vor gaben die Kirchenglocken den Takt der Arbeitsabläufe vor, die Zeiten für Mahlzeiten, Gebete, für Geselligkeit und Schlaf. Die räumliche Beengtheit forderte eine vertrauensvolle Offenheit zwischen Eltern und Kindern, Großeltern und Bediensteten, Frauen und Männern, Gesunden und Kranken, Heimischen und Fremden und selbst zwischen Menschen und Tieren.

Neben dieser Wetterlage im Kleinen mit ihren intimen Beziehungsgeflechten gab es auch eine Großwetterlage, die in Gestalt von Staat und Kirche den Menschen einen unverwechselbaren Stempel aufdrückte. Vor allem der mächtige französische König gab den politischen Rahmen vor. Philipp dem Schönen war es gelungen, das Papsttum seinen machtpolitischen Interessen zu unterwerfen und den Papst nach Avignon zu zwingen. Die Päpste Bonifaz, Clemens und Johannes waren unter die Kuratel des französischen Königs geraten. Die römisch-deutschen Könige hingegen mussten sich mit der Würde der Kaiserkrone begnügen, ohne einen vergleichbaren Machtanspruch entfalten zu können.

Die Umwälzungen der abendländischen Welt übten auf die Menschen – nicht nur wegen der Schrecknisse, die es Tag für Tag gab – eine überwältigende Faszination aus. Oftmals wurden die Fesseln des Hergebrachten gebrochen, weite Teile der Bevölkerung bäumten sich gegen soziale Barrieren und Übereinkünfte auf, gebärdeten sich ungestüm, wie wild geworden, überrannten Schlagbäume und überquerten Grenzen, die seit Menschengedenken ihre Reviere abgesteckt hatten, setzten sich riskanten Abenteuern und Gefahren aus, unternahmen

Reisen und Expeditionen in ferne Ecken der Welt, stiegen auf hohe Berge, fuhren mit Schiffen über die Meere oder ritten auf Kamelen durch Wüsten. Nach ihrer Rückkehr berichteten sie an Königshöfen, Universitäten und oft sogar vor dem interessierten Volk auf Marktplätzen von absonderlichen Entdeckungen, führten fremdartige Metalle, Pflanzen, Früchte, Tiere und sogar Menschen vor. Und sofort wurden damit auch Geschäfte gemacht. Schiffe, Tiere und Menschen wurden mit Handelswaren beladen und aus dem Orient, aus Indien und sogar aus China in die Länder des Abendlandes geschleppt, selbst hierher nach Halberstadt. Es war nicht zu fassen, Christen trieben einen regen Handel mit Ungläubigen.

Was war das nur für eine Welt, in der Conrad lebte? Wie er von vertrauenswürdigen Zeugen gehört hatte, suchten Wissenschaftler in verdunkelten Räumen die Geheimnisse der Natur zu erkunden, Ärzte bohrten in die Hirnschalen von geistig verwirrten Menschen oder schlitzten Leichen auf, um zu sehen, wie es im Inneren aussah, ob irgendwo die Seele zu entdecken wäre. In Experimenten mit komplizierten technischen Gerätschaften entstanden wundersame Dinge, Gläser, die man in Gestelle zwängen und dann vor den Augen tragen konnte, so dass man Gegenstände sehen und erkennen konnte, die oft schon vor Jahren im Grauschleier halb erblindeter Augen verschwunden waren, so mancher konnte sogar nach langer Zeit wieder lesen. Oder, um ein anderes Beispiel zu nennen, aus Italien hatte jemand ein Instrument mitgebracht, in dem sich ständig unzählige Rädchen drehten und auf dem eine Scheibe angebracht war, auf der jederzeit, bei Tag wie bei Nacht, die genaue Zeit abgelesen werden konnte. Ein Theologe und Naturforscher aus Oxford, Roger Bacon, versprach, dass in nicht sehr ferner Zeit Schiffe konstruiert werden könnten, die von einem einzigen Menschen gesteuert, mit größerer Schnelligkeit über Flüsse und Meere segeln, als wenn sie voll von Ruderern wären. Desgleichen könnten Wagen mit unglaublicher Schnelligkeit ohne Zugtiere auf den Straßen dahinsausen, Flugzeuge durchquerten die Luft mittels künstlicher Flügel. Mit Hilfe weniger Instrumente könnten ungeheure Lasten gehoben oder

Gefangene aus dem Kerker befreit werden. Ein einziger Mann könne unter Zuhilfenahme eines Apparates hundert Menschen ohne deren Wollen an sich ziehen. Die Menschen lernten in speziellen Kammern gefahrlos in die Tiefe des Meeres und der Flüsse zu tauchen, über breite Flüsse Brücken ohne einen einzigen Pfeiler zu konstruieren und durch geschickte Aneinanderreihung von Gläsern kleine Buchstaben aus großer Ferne zu lesen. Die Fantasie spannte ihre Flügel aus und malte bunte Utopien von wundervollen technischen Erfindungen und einem besseren Leben an das Firmament der Geschichte.

Innerhalb nur weniger Jahre sahen sich auch die Bewohner von Halberstadt ihrer vertrauten Lebensumstände und Sicherheiten beraubt. Verunsicherung machte sich breit. Eine innere Unruhe scheuchte die Leute auf und trieb sie um. Auf die ländliche Bevölkerung übte das städtische Leben eine große Anziehungskraft aus. Die einen versprachen sich bessere Berufsaussichten und mehr Wohlstand, andere erwarteten Teilhabe an den aktuellen Ereignissen, am politischen und religiösen Geschehen, an Bildung und Kultur.

Die neue Freiheit, die lauthals verkündet wurde, faszinierte auch Conrad, das Glück eines selbstbestimmten Lebens. Er sah sich dabei jedoch unversehens vielfältigen Gefahren, Verlockungen und Versuchungen ausgesetzt, die vor allem seine ihm lieb gewordenen Glaubensüberzeugungen und -gewohnheiten attackierten.

Bei solchen Umbrüchen musste auch die Kirche und der Glaube in Frage gestellt werden. Die Erklärungen der Welt durch die Bibel wurden nicht mehr selbstverständlich für wahr genommen. Die Kirche musste sich um ihren Bestand sorgen und alle Einflüsse abwehren, die ihre Lehre verfremdeten, verfälschten und in Frage stellten. Das nächstliegende, scheinbar leichteste und wirkungsvollste Mittel bestand darin, Außenseiter zu verfolgen und zu verbrennen, Ketzer und Juden zum Beispiel. Jede andere Vorgehensweise, die den Blick nach vorne gerichtet und entschieden einen anderen Weg eingeschlagen hätte, wäre beschwerlicher gewesen, risikoreicher und auf sehr viel längere Fristen ausgelegt.

✳

Die Türe war verschlossen und öffnete sich auch nicht, als er den schmiedeeisernen Klöppel gegen die Türe fallen ließ. Der Vater war nicht zuhause. Conrad wandte sich dem Seiteneingang zu, um durch das Kontor des Bruders Zugang zur Wohnung zu bekommen. Mehrfach pochte er mit der Faust gegen die Tür, bis endlich eine ihm fremde Frauenstimme zu hören war und ihn zurechtwies, das Kontor sei heute geschlossen. Conrad gab nicht auf: «Ich bin's, Conrad, gehöre zur Familie, bin der Bruder des Meisters!» Wiederum verging eine geraume Zeitspanne, bis endlich im Schloss ein Schlüssel umgedreht wurde und die Tür sich öffnete. Eine junge Frau streckte ihren Kopf ins Freie, «Ach, du bist es!», und ließ ihn eintreten. «Habe jetzt keine Zeit, sitze über der Abrechnung», raunzte sie vor sich hin, schloss hinter ihm die Tür, wies ihm den Weg zur Wohnung und beugte sich sogleich wieder über den Tisch, auf dem ein großes Pergament lag, über und über mit Zahlen bedeckt, fein säuberlich aufgereiht. Conrad jedoch blieb mitten im Raum stehen und ließ seinen Blick über die Türme von Schachteln, Tuchballen und Pergamenten streifen, die sich auf und in den Möbelstücken stapelten. Ich kenne die Frau doch, dachte er. Ganz schwach konnte er sich erinnern, sie schon einmal gesehen zu haben. Nach einer Weile schaute ein lebendig jugendliches Gesicht zu Conrad auf: «Was ist? Ich habe jetzt wirklich keine Zeit!» «Wer seid Ihr überhaupt?», fragte Conrad zurück. «Der Herr kennt mich nicht?» Die spitzbübischen Augen wurden ganz klein, verbargen nur unzulänglich ihr Grinsen und sandten spöttische Blicke aus. «Er hat wohl ein kurzes Gedächtnis! Ich kenne dich noch sehr gut. Helfe deinem Bruder bei der Abrechnung, wie du siehst.» Dunkle Augen schauten ihn angriffslustig an, von einem lichten flackernden Spiegelpunkt belebt, wach, klar und lebendig, von schmalen, lang gezogenen Augenbrauen überdeckt. Und schon wieder senkte sie ihre Augen auf die Zahlen und schien fest entschlossen, sich nicht mehr um den Ankömmling zu kümmern.

Für einen Moment fühlte sich Conrad dem Spott und der vermutlich vorgetäuschten Empörung ausgeliefert. Der schmucklose Arbeitsraum, in dem sich Kisten türmten und bunte Stoffballen griffbereit zurechtgelegt waren, bot ihm keinerlei Schutz. Ihr dichtes Haar lag am Kopf an, dunkelbraun, fast schwarz, wie von Feuer versengt, wellte sich im Nacken, kräuselte sich um die Schläfe, bevor es eine klare Stirn freigab. Eine bunt bestickte Bluse schaute am Hals und vorn, an den Ärmeln, aus dem locker über die Schultern fallenden Kittel aus dunkelblauer Seide. Der lange dunkelbraune Rock reichte bis zu den Füßen. Für einen Augenblick hatte er vergessen weiter zu atmen.

Mit übertrieben vorsichtigen Bewegungen ging Conrad der Tür zu, rückwärts, Schritt für Schritt, stieß dabei so heftig gegen einen Hocker, auf dem eine Kiste mit verschiedenen Applizierbändern gestanden hatte, dass sie herunterfiel und umkippte. Rot bis über beide Ohren bückte er sich und schichtete die Ware in die Kiste zurück. Das amüsierte Lächeln der Frau streifte ihn nur nebenbei. Er zog beide Schultern hoch, versuchte sich an einem entschuldigenden Lächeln und verließ kommentarlos den Raum.

Als Conrad die Kammer betrat, die ihm sein Vater vor der Reise nach Erfurt zur Verfügung gestellt hatte, fand er sie unverändert, nur die Schriftstücke auf der Ablage neben dem Tisch waren durcheinander geraten. Wer hatte sich dafür interessiert? Vorsichtshalber schaute er nach, ob nicht etwas verlorengegangen sei. Es fehlte nichts. In Ruhe packte er die aus Erfurt mitgebrachten Schriften aus und legte sie auf einen gesonderten Platz im Regal. Er war stolz auf seine kleine Bibliothek.

Wieder ergriffen Erinnerungen von ihm Besitz. Er sah sich unter der Tür stehen, dort in Avignon, in Eckharts Sterbezimmer, sah sich einen letzten Blick zurückwerfen auf die wenigen Habseligkeiten, die der Meister hinterlassen hatte, auf die letzten Überbleibsel der Buchablage. Er war zurückgekehrt, hatte einen kleinen Stapel von Handschriften zurechtgerückt. Einige Blätter waren ihm in der Hand liegengeblieben. Sie waren zuunterst gelegen und hatten etwas über die anderen Blätter hinausgeragt. Er hatte sie hervorgezogen, aber nur einen oberflächlichen Blick darauf geworfen, da sie nicht in der Handschrift des Meisters geschrieben waren und noch dazu in französischer Sprache.

Wo waren diese Blätter nur geblieben? Conrad durchsuchte die Handschriften und, tatsächlich, da lag ein verschnürtes Bündel. Weder er noch sonst jemand hatte sich bisher dafür interessiert. Conrad schnürte das kleine Paket auf und entzifferte den Titel: ‹Le Mirouer des simples ames anienties› de Marguerite Porète. Wer mochte sich hinter dem Namen verstecken? Eckhart hatte auf dem Sterbebett den Namen Marguerite genannt, daran konnte er sich noch erinnern.

Auf einmal vernahm Conrad an der Wand ein zaghaftes Klopfen. Wie lange schon hatte er es überhört? Schmerzhaft fiel ihm ein, dass nebenan seine kranke Tante Sofie ihr Zimmer hatte. Conrad legte das Buch aus der Hand und ging in das Nachbarzimmer. Tante Sofie hatte ihn selbstlos groß gezogen. Hilflos lag sie am Bettrand und hatte nicht mehr die Kraft, sich alleine umzudrehen. Die dünnen weißen Haare standen wirr vom Kopf ab. Das Bett war verschmutzt. Tränen liefen ihr über die Wangen. Sie jammerte. Conrad strich ihr die Tränen aus dem Gesicht, versuchte sie zu trösten und machte sich an die ungewohnte Arbeit, seine Tante frisch zu betten. Am Ende richtete er sie etwas auf, reichte ihr einen Becher Wasser. Unterdessen sprach Conrad unentwegt vor sich hin, erzählte ihr von sich selbst, erinnerte an früher und suchte seine Tante zu trösten, doch diese nickte immer nur mit dem Kopf, schien nichts zu verstehen. Und dennoch glaubte Conrad ein feines, zufriedenes Lächeln über ihr Gesicht huschen zu sehen.

Der Vater kam die Treppe herauf geeilt, außer Atem, und betrat das Zimmer von Tante Sofie. Erleichtert holte er Luft, als er seinen Sohn sah, der die alte Frau schon versorgt hatte. «Tut mir leid», entschuldigte er sich, «ich musste dringend zum Magistrat und habe mich verspätet. Die Magd kann heute auch nicht da sein, ihre Eltern verheiraten am Wochenende ihre älteste Tochter und benötigen zur Vorbereitung der Hochzeitsfeierlichkeiten ihre Unterstützung. – Schön, dass du wieder da bist, Conrad. – Wie geht es Tante Sofie?» Der Vater beugte sich liebevoll über das Bett und versprach der Tante einen Teller warmer Suppe.

✣

Am Abend saß die Familie zusammen, der Vater, die Schwester mit ihrem Mann, der Bruder mit seiner Verlobten und Conrad. Etwas verspätet kam noch die junge Frau aus dem Kontor vorbei und legte dem Bruder die fertiggestellte Wochenabrechnung vor. Der Vater lud sie ein, am Tisch Platz zu nehmen, zuzugreifen und ein Glas Wein mit zu trinken. Ob Conrad Hannah noch kenne, fragte er, sie arbeite jede Woche für einige Stunden im Kontor und helfe bei den Bestellungen und Abrechnungen. «Oh ja», erwiderte Conrad, «wir haben uns heute Nachmittag schon gesehen und kurz miteinander zu tun gehabt.» «Ihr müsstet euch doch noch von früher kennen», wandte der Bruder ein. «Als Kinder haben wir im Hof miteinander gespielt.» Ein munteres Gespräch kam auf: Erinnerungen, Anekdoten, Erlebnisse.

Dann aber unterbrach der Vater die lustige Unterhaltung und meinte, er müsse noch eine ernste Sache ansprechen. Er sei am Mittag beim Magistrat gewesen, um wegen einer ungeheuerlichen Zumutung Einspruch einzulegen. «Doch ich muss weiter ausholen», meinte er und schaute Conrad lange an. «Vor einer Woche hat es an unsere Tür geklopft und drei Männer standen davor, ein Monsignore, ein Minoritenbruder und ein Dominikaner.» Conrad wurde blass und folgte mit angestrengter Miene den Ausführungen seines Vaters. «Die Geistlichen erklärten, dass sie alle drei aus Köln kämen, und fragten, ob ich der Vater von Bruder Conrad von Halberstadt sei. Ich bejahte und fragte nach ihrem Begehren. Da stellte sich der Monsignore vor: ‹Reyner von Friesland, Beauftragter des Erzbischofs von Köln›, und fragte, ob mein Sohn anwesend sei. Ich verneinte.

‹Aber, er war in letzter Zeit doch da?› ‹Ja, er war da›, entgegnete ich, ‹er ist jedoch vor einigen Tagen wieder abgereist›. ‹Wo ist er denn hingereist?›, bohrte er weiter, ‹wann kommt er wieder?› Als ich den Fragen auswich und erklärte, dass ich keine Auskunft geben könne, kam der Höhepunkt der Unverschämtheit. Er hatte die Frechheit, mich auf die Seite zu drängen, um ins Haus zu gelangen und das Zimmer von Conrad zu inspizieren, wie er sagte. Auf Anweisung des Erzbischofs habe er nach konspirativem Material zu suchen, das bei meinem Sohn vermutet werde. Ich drängte ihn zur Tür, sagte, der Erzbischof habe hier überhaupt nichts zu sagen, und schloss die Türe vor seiner Nase.»

Die Geschwister und ihre Angehörigen waren still geworden und hatten aufmerksam zugehört. Nun brach ein Durcheinander los, sie redeten erregt aufeinander ein, waren empört und zeigten Drohgebärden. Schließlich bat Conrad um Ruhe und versuchte die Situation zu erklären. «Die drei Geistlichen habe ich auch gesehen. Es waren Reyner von Friesland, ein Advokat des Erzbischofs, Albert von Mailand, ein Franziskanerbruder, und Bruder Anselm, ein Dominikanerbruder des Kölner Predigerklosters. Nachdem sie von dir fortgegangen sind, Vater, haben sie sich auf den Weg nach Erfurt gemacht und wollten dort die Brüder zwingen, die Handschriften Eckharts herauszugeben. Allerdings ohne Erfolg. Albert und Reyner sind vom Kölner Erzbischof im Verfahren gegen Meister Eckhart zu Inquisitoren ernannt worden. Nachdem nun Eckhart verstorben ist und das zweite Verfahren in Avignon ebenfalls zu einem Ende zu kommen scheint, wird versucht, gegen Eckhart und seinen Reformkurs durch Verbot seiner Schriften vorzugehen. An den Hochschulen darf die Lehre Eckharts nicht mehr gelehrt werden, alle seine Schriften werden aus den Bibliotheken entfernt. Eckhart soll totgeschwiegen werden. Dagegen aber werde ich mit all meinen Kräften ankämpfen.»

Conrads Vater bat nochmals um Aufmerksamkeit: «Ich bin mit meiner Erzählung noch nicht zu Ende. Als ich die Kölner Delegation abgewimmelt hatte, standen sie eine gute Stunde später nochmals vor der Tür, diesmal jedoch begleitet von Pfarrer Gotthardt, den ich im Allgemeinen schätze, und vom Büttel des Halberstadter Magistrats. Die Letzteren begannen nun auf mich einzureden und in dem Streit zu vermitteln. Ich möge die Herren doch wenigstens einen Blick in das Zimmer von Conrad werfen lassen, schließlich liege hier eine Angelegenheit von großer Wichtigkeit vor, die auf Veranlassung kirchlicher Autoritäten durchgeführt werde und nicht einfach ignoriert werden dürfe. Kurzum, ich ließ mich überreden und ging mit den fünf Männern in dein Zimmer, Conrad. Dort begannen sie auch sofort alle Schriftstücke durchzusehen und durcheinander zu bringen. Wie ich erwartet hatte, fanden sie nichts, so dass ich sie schnell wieder hinauskomplimentieren konnte.»

«Deshalb also waren meine Unterlagen durcheinander gebracht», warf Conrad ein. «Entschuldigung, aber ich konnte nicht anders und war ja auch sicher, dass sie nichts finden würden», antwortete der Vater. «Jetzt aber würden sie etwas finden», entgegnete Conrad, «die Brüder aus Erfurt haben mir ein Buch von Eckhart mitgegeben und auch eine Predigtsammlung, die dort nicht mehr sicher gewesen wäre.»

«Die Sachen müssen sofort aus dem Haus!», verlangte der Schwager und verwies damit auf die Brisanz des Problems. Und nochmals ging der Vater dazwischen, er habe noch etwas hinzuzufügen: Der Magistrat habe ihn heute auf das Amt bestellt und ihm mitgeteilt, dass er die Umtriebe seines Sohnes umgehend unterbinden solle, und sobald er wieder in Halberstadt sei, dies dem Magistrat zu melden habe. Als er sich auf den Rückweg gemacht habe, habe ihn der Büttel an der Jacke gezupft, den Finger auf den Mund gelegt und unter dem Versprechen absoluter Verschwiegenheit gesagt, er selbst sei verpflichtet, sein Haus zu observieren und die eventuelle Ankunft von Conrad sofort zu melden. Auch sei die Wiederkehr der Kölner Delegation bereits in den nächsten Tagen zu erwarten.

Aufs Höchste erregt, entschuldigte sich Conrad: «Ich mache euch Probleme, will euch aber nicht länger zur Last fallen. Noch diese Nacht werde ich mich auf den Weg machen, möglichst weit weg, vielleicht nach Paris. Die Handschriften nehme ich mit mir.» Der Vater legte ihm beruhigend die Hand auf den Arm und mahnte zur Gelassenheit, zu Ruhe und überlegtem Handeln.

Da meldete sich Hannah zu Wort und schlug vor, die Handschriften vorläufig bei ihr zu verwahren, sie allein, von allen Anwesenden, sei unverdächtig, niemand würde ihre Wohnung nach theologischen Schriften durchsuchen. Conrad wehrte spontan ab und auch die Geschwister brachten vielfältige Bedenken vor. Nach längerer Besinnung schob Hannah jedoch einen weiteren Vorschlag nach: «Ich könnte die Handschriften auch abschreiben, damit sie im Falle eines möglichen Verlustes wenigstens als Kopie noch zur Verfügung stünden.» Conrad war verblüfft über die Entschlossenheit und den Mut der jungen Frau für eine so gefährliche Angelegenheit, die ihr von der Sache her fremd sein musste. Auch die Bedenken des Bruders stiegen bei diesem Vorschlag deutlich an, doch musste auch er zugeben, dass Hannah die Feder in ausgezeichneter Weise zu führen wusste und schon manches Dokument sorgfältig kopiert hatte.

Die Mitte der Nacht lag nicht mehr fern, als sich die Runde, die um den Tisch versammelt war, zu einem Entschluss durchgerungen hatte. Conrad holte alle Handschriften von Eckhart aus seinem Zimmer und überreichte sie Hannah zu treuen Händen. Das Herz schlug ihm vor Aufregung bis zum Hals. Nur wenige Tage hatte er die Blätter bei sich aufbewahren können und nun schon gab er sie weiter, vertraute sie einer ihm kaum bekannten jungen Frau an. Gemeinsam begleiteten sie Hannah, die nun eine geheime Akte unter den Arm geklemmt hatte, zu sich nach Hause. Conrad aber machte sich noch vor Aufgang der Sonne auf den Weg in Richtung Frankreich.

Nur wenige Tage später, Hannah hatte noch nicht mit ihrer Arbeit als Kopistin begonnen, kam sie mit geröteten Augen in das Kontor der Textilhandlung, setzte sich mit den Hausherren zusammen und berichtete, dass ihr Bruder aus Schlettstadt gekommen sei, einer kleinen Stadt im Elsass, um sie zu sich zu nehmen. Wie ein böser Schicksalsschlag habe ihn der plötzliche Tod seiner Ehefrau getroffen, er stehe nun mit seinen vier Kindern alleine da. Er habe sie, Hannah, gebeten, mit ihm zu kommen, um die Kinder und den Haushalt zu versorgen. Ohne Verzug müssten sie aufbrechen, schon morgen früh, denn die Geschäfte und die Schwiegermutter, die im Augenblick aushelfe und den Haushalt führe, dürften nicht länger als unbedingt erforderlich allein gelassen werden.

Betroffen blickten sich Vater und Sohn an. Letzterem tat es vor allem um seine tüchtige Mitarbeiterin im Kontor leid, der Vater aber war ratlos, was mit den Handschriften Meister Eckharts geschehen sollte. So war er dankbar, als Hannah anbot, die Handschriften mit nach Schlettstadt zu nehmen, um sie dort zu kopieren und aufzubewahren. Es blieb ihnen keine andere Wahl. Wichtig war nur, dass das Schriftenbündel während der Reise sorgfältig verstaut würde.

⁎

Wie hatte Meister Eckhart das bewältigen können? Mehrmals war er von Erfurt nach Paris und zurück gewandert. Und in Frankreich führte ihn sein Weg nach Toulouse, Piacenza und Avignon. Stets war er zu Fuß unterwegs, ohne Lasttier, so wie es die Regel der Dominikaner vorschreibt! Er lief quer durch Deutschland, von Erfurt, Köln und Straßburg nach Hamburg und Zürich, Colmar und Böhmen.

Auch für Conrad zog sich die Reise in die Länge. Von Halberstadt führte sie in westliche Richtung, am nördlichen Rand des Harz vorbei, nach Goslar, dann nach Süden über Kassel, Wildungen, Marburg, den Westerwald, nach Koblenz. Von hier aus hielt sich Conrad an den Lauf der Mosel, zog sie aufwärts, über Trier nach Metz und schwenkte von dort geradenwegs nach Westen, über den Argonner Wald, die Champagne, und schließlich direkt auf Paris zu.

Anfangs hatte Conrad den Kontakt zu Menschen gemieden, besonders Köln hatte er weiträumig umgangen, dann aber, als nur noch Französisch gesprochen wurde, suchte er geradezu die Begegnung von Menschen, einerseits um die französische

Sprache besser beherrschen zu lernen und zum anderen, um den Gefahren auf den langen einsamen Wegen nicht völlig ausgeliefert zu sein.

In Metz war es gewesen, als er einem Mann begegnete, der ihm bis kurz vor Paris die Reise kurzweilig werden ließ. Conrad war bei herrlichem Sonnenschein in einer Herberge im Hof gesessen und hatte eine Mahlzeit zu sich genommen, als ihn eine Auseinandersetzung des Wirtes mit einem Gast amüsierte. Ein vornehm bekleideter Mann in den Fünfzigern – dunkelviolettes Barett, dunkler Mantelüberwurf, helle Gamaschenhosen, ein weißes, jedoch leicht schmuddeliges Hemd, lange rote Strümpfe und zierliche Schuhe, die ihm für weite Reisen nicht sonderlich geeignet erschienen –, ein gewisser Monsieur Juppé, wollte sich seine Mahlzeit anschreiben lassen, da er im Augenblick nicht hinlänglich potent sei, wie er sagte, was der Wirt wiederum nicht akzeptierte. Der Streit wurde zunehmend heftiger, lauter und verbissener. Während Monsieur Juppé seine Taschen umdrehte, um zu beweisen, dass er keinen Heller bei sich habe, rief der Wirt nach dem Büttel und forderte den unrechtmäßigen Esser schließlich sogar auf, bei ihm in den Stallungen so lange auszumisten, bis er seinen Verzehr abgearbeitet habe. Irgendwie war Conrad, er wusste selbst nicht warum, von der vornehmen Art, der gewählten Sprechweise, dem Witz, der offensichtlichen Bildung und dem Allgemeinwissen des Mannes so angetan, dass er sich erbarmte, zu der Gruppe trat und Monsieur Juppé auslöste, wofür sich dieser herzlich bedankte und hoch und heilig die Erstattung der Schuld versprach.

Monsieur Juppé war ein bunter Paradiesvogel, der trotz seines fortgeschrittenen Alters noch durchaus in der Lage war, wie ein groß gewordener Junge herumzutollen, auf Händen zu gehen und, wie sich noch herausstellen sollte, munter das Tanzbein zu schwingen. Ständig, wenn er nicht gerade redete, pfiff er irgendwelche freche Lieder vor sich hin. Auch er sei auf dem Weg nach Paris, versicherte er und bot sich an, Conrad zu begleiten. «Nein, du brauchst keine Sorge haben, ich werde dir nicht auf der Tasche liegen. Zunächst gehen wir zu meinem

Freund, dem Baron von Quercy, er hat ein Gut vor der Stadt und wird mir weiterhelfen. Er ist mir noch etwas schuldig.» Und in der Tat, Monsieur Juppé hielt, was er versprochen hatte. Überall kannte er irgendjemand, der ihm weiterhalf, traf hier einen Freund und dort einen Bekannten, wurde zum Essen, Übernachten oder einem Festgelage eingeladen und war, dank seines fröhlichen und unbekümmerten Wesens überall ein herzlich willkommener Gast. Kein Rock überquerte seinen Weg, dem er nicht genüsslich nachschaute. Und Conrad war überall dabei und genoss die Vergünstigungen seines neuen Freundes.

Monsieur Juppé war am königlichen Hof zu Paris ein hoher Beamter gewesen, bevor er wegen irgendwelcher Unregelmäßigkeiten, von Begünstigungen und Respektlosigkeiten war die Rede, die Gunst seiner Vorgesetzten verloren hatte und im Trubel wechselnder Machtverhältnisse Hals über Kopf fliehen musste.

Voll in seinem Element war Monsieur Juppé, wenn er über die Eindrücke am königlichen Hof berichtete, wobei nicht immer genau zu unterscheiden war, ob er gerade die Wahrheit sagte oder frei fabulierte. Doch Conrad lernte viel von ihm und wurde geradezu ingeniös in die Kunst des französischen Lebens eingeführt. Doch als Conrad seinerseits seine Vergangenheit auch nur andeutete, konnte sich sein Begleiter kaum mehr halten vor sarkastischen Auslassungen. Besonders das Leben der so genannten frommen Gesellschaft nahm er, wo immer er nur konnte, auf die Schippe.

Dennoch erzählte ihm Conrad von seinem Meister, wohl auch in der Absicht, ihn zu einer ernsteren und respektvolleren Einstellung zu den Wissenschaften, besonders zu Theologie und Philosophie, hinzuführen.

«Meister Eckhart war ein angesehener Theologe. Er hatte zweimal den berühmten Lehrstuhl an der Sorbonne inne, auf dem vierzig Jahre zuvor Albert der Große Platz genommen hatte, dreißig Jahre zuvor Thomas von Aquin und erst fünf Jahre vorher Dietrich von Freiberg. Beim zweiten Mal, weil für den Dominikanerorden eine prekäre Situation eingetreten war. Ihm drohte der Verlust des Lehrstuhls, da der Südfranzose Berengar de Landora, von Haus aus ein sehr betriebsamer Mensch, so sehr mit Verwaltungsaufgaben beschäftigt war, dass er seine Lehrverpflichtungen als Ordinarius vernachlässigt hatte. Die Universität wehrte sich und drohte den Dominikanern den Lehrstuhl zu entziehen. Berengar de Landora verzichtete auf den Lehrstuhl und überließ ihn Meister Eckhart. Nur kurze Zeit später wählte das Generalkapitel Bruder Berengar zum Generalmagister.»

Wieder lachte Monsieur Juppé aus vollem Halse: «Typisch, diese Administratoren des Himmels! Immer wenn sie einen Wagen in den Graben gefahren haben, stehen sie unverletzt wieder auf und fallen in der Hierarchie nach oben. Ich habe da Dinge erlebt, die sind kaum zu glauben.»

❉

«Vor nunmehr 26 Jahren, im November des Jahres 1302, erließ Papst Bonifaz VIII. die Bulle ‹Unam sanctam›. Darin wollte er alle Gläubigen, besonders aber alle Herrscher der Christenheit, darauf einschwören, seinen Machtanspruch zu akzeptieren. Die Kirche, behauptete er, verfüge über zwei Schwerter, ein geistliches und ein weltliches. Das eine liege in der Hand der Priester, das andere in der Hand der Könige und Ritter, letzteres allerdings nur, wenn und solange die Priester es zuließen. Das weltliche Schwert sei also dem geistlichen untergeordnet, die weltliche Macht der geistlichen, da diese an Würde und Adel jede weltliche überrage und das Geistliche mehr wert sei als das Weltliche. Aus diesem Grunde habe die geistliche Macht die weltliche in ihre Ämter einzusetzen und sei Richterin über deren Amtsführung. Letzten Endes steigerte der Papst seine Ansprüche geradezu ins Unermessliche, indem er forderte, dass alle menschlichen Kreaturen dem Papst zu gehorchen hätten, sonst verlören sie ihre Seligkeit.

Eine Woge der Empörung wälzte sich über das Abendland. Der König von Frankreich, Philipp der Schöne, dachte gar nicht daran, einen solchen Machtanspruch des Papstes hinzunehmen, und setzte alle Mittel in Bewegung, um dem Papst und aller Welt zu zeigen, wer letzten Endes das Sagen hatte. Zunächst forderte er die Dominikaner auf, an den Papst zu appellieren und ein allgemeines Konzil einzuberufen. Viele folgten dem Aufruf und schlugen sich auf seine Seite. Doch der König war viel zu ungeduldig, als dass er das Verfahren einer Konzilsentscheidung hätte abwarten wollen.

Schon bald griff er zu härteren Mitteln: Sein Minister Wilhelm von Nogaret, königlicher Großsiegelbewahrer, erhielt den Auftrag, den Papst, der sich in seiner Sommerresidenz in Anagni aufhielt, zu überfallen. Zusammen mit einigen Komplizen setzte Nogaret den Papst fest und malträtierte ihn aufs Jämmerlichste. Bonifaz VIII. erholte sich von der Demütigung dieses Attentats nicht wieder und verstarb kurze Zeit später.»

«Wie viel an Wut und Hass muss in diesem Wilhelm von Nogaret gesteckt haben?», unterbrach Conrad entsetzt seinen Freund. Doch Monsieur Juppé beschwichtigte und meinte, er wolle Nogaret zwar nicht verteidigen, doch sei durchaus nachvollziehbar, dass er in König Philipp einen Verbündeten gesucht und gefunden habe, der über hinreichende Mittel und die erforderliche Macht verfügt habe, um Rache üben zu können an der Willkür und Unmenschlichkeit der Kirche.

«Der Vater Wilhelms von Nogaret wollte in den Ritterorden der Templer aufgenommen werden, wurde jedoch nach der Intervention eines Bischofs wegen angeblich religiöser Unzuverlässigkeit zurückgewiesen. Vor allem aber der Großvater Wilhelms war ein frommer Mann gewesen, ein Katharer. Er war bei der Inquisition als Ketzer denunziert worden und landete auf dem Scheiterhaufen. Nie konnte sein Enkel vergessen, wie verzweifelt die Männer und Frauen über die Anschuldigungen und Verurteilungen waren, wie geduldig und demütig sie auf der Burg Queribus ausharrten und sich doch schließlich den Angriffen der königlichen Garden ergeben mussten. Monatelang waren sie belagert worden, hatten Hunger und Durst gelitten, so dass sie sich nicht mehr wehren konnten, in Ketten geschlagen und in Verliese geworfen wurden. Im Alter von nur sieben Jahren hatte dann der kleine Junge mit ansehen müssen, wie sein geliebter Großvater, zusammen mit vielen weiteren Glaubensgenossen, auf dem Markt von Béziers hingerichtet wurde. Auf dem Weg zum Scheiterhaufen, als der Großvater seinen kleinen Enkel weinend bei den gaffenden Menschen stehen sah, war der von Folterungen gezeichnete Mann stehen geblieben, hatte ihm lange in die Augen geblickt und geflüstert, so dass er es kaum verstehen konnte: ‹Vergiss nie, was du heute zu sehen bekommst!›»

Conrad war verstummt. Mit hängendem Kopf trottete er hinter Monsieur Juppé her. «Die Katharer wollten besonders fromm und gottesfürchtig sein», setzt Monsieur Juppé seine Anklage fort, «doch gerade deshalb sahen fanatisierte Kleriker in ihnen eine Gefahr. Im Namen der Kirche und des Kreuzes fanden sich mordlustige Kriegsknechte, die die Schuld ihrer eigenen Gräueltaten dadurch von sich weg zu schieben versuchten, indem sie den Katharern Ketzerei vorwarfen, sie anklagten, quälten, vernichteten – genau so, wie vor wenigen Jahren bei den Templern, wie ich es noch selbst miterlebt habe. Immer wieder aufs Neue rechtfertigen Menschen ihre unsäglichen Verbrechen, indem sie anders Denkenden das Recht auf Existenz absprechen.» «Die Templer, wieso die Templer», rief Conrad erstaunt dazwischen, «gerade sie haben sich doch besonders verdient gemacht im Kampf um das Heilige Land, wie der Deutschritterorden auch und die Johanniter. Die Deutschherren sichern sogar noch heute das christliche Abendland vor den Angriffen der Polen, Balten und Slawen im Osten des Heiligen Römischen Reiches.» «Ja, der Deutsche Orden hat nach dem Verlust des Heiligen Landes an die Muslime und nach dem Fall von Akkon im Jahr 1291, ein neues Betätigungsfeld gefunden, nicht aber die Templer in Frankreich.»

※

Auch Conrad war die unsägliche Logik nicht unbekannt, nach der politisch Verantwortliche oder kirchliche Würdenträger, die sich von widerstreitenden und dem eigenen Weltbild entgegenstehenden Zumutungen bedrängt fühlen, sich dadurch ins Recht setzen, dass sie andere verunglimpften. Sie glauben Gut und Böse klar unterscheiden zu können, sprechen die einen heilig und verketzern die anderen. Untergeordnete Geister sind häufig dienstbar, sie fühlen sich vom Wohlwollen ihrer Herren abhängig und sind dankbar, wenn sie sich erkenntlich zeigen dürfen. So hatte Meister Eckhart das Pech, vom Kölner Erzbischof den Mächten des Bösen zugerechnet zu werden, und Wilhelm von Nidecke und Hermann de Summo standen als willfährige Helfer bereit, sich zur Entlastung des Bischofs die Hände schmutzig zu machen, suchten dabei aber zugleich ihre eigene Eitelkeit zu befriedigen.

«Ich selbst habe erlebt», ereiferte sich Conrad, «wie der Erzbischof von Köln, Heinrich von Virneburg, erst vor gut vier Jahren anordnete, dass jeder, der der Häresie verdächtig ist, anzuzeigen und auszuliefern sei. Eine große Zahl von Denunzianten pilgerte daraufhin hinauf in das bischöfliche Palais und brachte Beobachtungen, Verdächtigungen und Vorwürfe zur Anzeige, unter ihnen auch Hermann de Summo und Wilhelm von Nidecke. Sie klagten Eckhart an, warfen ihm vor, dem frommen, aber ungebildeten Gottesvolk, besonders Frauen, gotteslästerliche Dinge ins Ohr geflüstert zu haben, aber auch vom Katheter herab die jungen Männer, die in Zukunft für die Bildung der Jugend im gesamten christlichen Abendland Verantwortung zeigen sollte, zur Leugnung des dreieinigen Gottes und überhaupt zum Unglauben zu verführen. Phantasievoll schmückten sie ihre Vorwürfe aus und erklärten sich bereit, als Zeugen zur Verfügung zu stehen.»

Monsieur Juppé suchte das Gespräch in eine andere Richtung zu lenken: «Nicht schon wieder diese alten Geschichten über diesen Meister Eckhart! Das geht mir an die Nerven. Mich erinnert das alles an eine ketzerische Sekte, die sich ‹Brüder und Schwestern vom Freien Geist› nannte!» Noch einmal suchte Conrad zu unterbrechen und auf Meister Eckhart zu sprechen zu kommen, doch sein Begleiter beharrte darauf, erst einmal seine Kenntnisse über die fanatisierte Volksfröm- migkeit an den Mann zu bringen: «Ein misstrauischer und ei- fersüchtiger Ehemann, der seiner Frau, als sie still und leise das Haus verließ, heimlich gefolgt war, hatte Anklage erhoben und die Inquisition zu einem nächtlichen Treffen in ein unter- irdisches Versteck geführt. Dort beobachteten die heimlichen Späher eine hohe Gestalt, die in blutrotem Gewand, mit einem langen grauen Bart und weit ausholenden Gesten eher an einen Magier erinnerte als an einen Priester. Sie verfolgten mit Ent- setzen, wie er eine Gruppe Frauen und Männer beschwor, alles, was in ihrem Besitz sei, in seine Hände zu legen, ihr Hab, Gut und Geld, ihre Kleider, die Gedanken, ja sogar ihre Seele. ‹Wer wahrhaft arm ist, hat nichts Eigenes›, sagte er, ‹er ist entblößt von allen zeitlichen Dingen, ebenso bloß wie Christus, als er am Kreuze hing.› Dann mussten sich die Brüder und Schwes- tern vom Freien Geist nackt vor ihn hinstellen, sich mit Wasser aus einem mit geheimen Runen beschrifteten Krug benetzen, mehrmals niederknien und sich wieder aufrichten, sich umar- men und küssen, Treue schwören und schließlich mit rotem Pulver ein Zeichen ihrer Zugehörigkeit zu der Gemeinschaft auf Brust und Rücken malen. Nach diesen Ritualen erlaubte ihnen der Priester, ein Hemd aus tausend Flicken anzuziehen, das auf einem Haufen neben ihnen gelegen hatte. ‹Mit diesem Hemd sollt ihr wie Christus mit Spott und Verachtung beklei- det sein. Nehmt geduldig die Verachtung der Menschen auf euch. Je mehr Verachtung ihr aushaltet, desto heiliger werdet ihr sein. Wenn euch morgen jemand einen Ketzer nennt, euch stößt, schlägt oder sonst wie belästigt, ertragt es geduldig. Er- hebt nicht die Augen, wenn ihr um Brot bettelt, sondern richtet sie unter der Kapuze zu Boden. Wenn euch unterwegs Schwä- che oder Hunger ankommt, so stärkt euch, indem ihr heimlich unter der Kapuze esst.›»

«Was soll das?», warf Conrad dazwischen, «das hat doch nichts damit zu tun, weshalb Meister Eckhart einen Inquisi- tionsprozess an den Hals gehängt bekam.» «Doch! Pass nur auf, wie die Geschichte weiterging», entgegnete Monsieur Juppé, «auch diese Leute wurden angeklagt und zum Teil sogar zum Tode auf dem Scheiterhaufen verurteilt. Ganz zu Recht, wenn du mich fragst. Während des Prozesses, der gegen die ‹Freigeistler› geführt wurde, gab ein ehemaliger Schuster aus Brünn, der zwanzig Jahre lang in der Gemeinschaft gelebt hatte, an, dass er nach einer mehrere Jahre dauernden Bewährung für seine Treue belohnt worden sei. ‹Der Priester›, sagte er, ‹sprach mich frei und erklärte mir, dass ich alles erreicht hätte, was zum Stand der Armut gehöre. Ich sei auf der höchsten Stufe der Freiheit angekommen. Alles könne ich mir von nun an nehmen, was auch immer ich begehre, es mir aneignen und besitzen. Nicht einmal zu beichten bräuchte ich mehr, da mich die Priester ohnehin nur zum Narren halten würden. Bis zu meinem Tode wirke fortan die göttliche Natur und Wahrheit in mir.› Der Zeuge war, als ich ihm vor Gericht begegnet bin, dick, feist und reich geworden, besaß ein stattliches Haus im Zentrum der Stadt, auf dem Lande einen Bauerhof mit einem guten Dutzend Vieh im Stall, der von einem Verwalter geführt wurde, eine schöne junge Frau im Stadthaus und eine fleißige Magd und Liebschaft auf dem Landgut.

Der ehemalige Schuster gab auch an, die Heilige Schrift auszulegen und leidenschaftlich gerne zu predigen, in kleinem, intimem Kreis, versteht sich. Dort pflegte er zu sagen, dass ein freier Mensch die göttliche Wahrheit ebenso klar erkenne wie ein gelehrter Theologe, ja oft noch klarer. Als er dann gefragt wurde, woher er denn so gut über die Wahrheit Bescheid wisse, da er nicht einmal lesen könne, antwortete er, dass es besser sei, die Heilige Schrift und die Wahrheit zu sehen als sie zu lesen. Er lebe in der Wahrheit, sei aus sich heraus getreten und habe sich selbst und alles Kreatürliche verlassen. Er gebe allem nach, was seine Natur begehre, denn sein Geist sei frei. Das sei die wahre, vollkommene Freiheit, wenn die Hand alles ergreife, was das Auge sieht und begehrt. ‹Stellt sich jemand in den Weg, so darf er aus dem Weg geräumt werden. Wer in diesen Status der Freiheit gelangt ist, verwandelt sich vollständig, selbst körperlich, und wird eins mit Gott.›

Die ‹Brüder und Schwestern vom Freien Geist› wurden der

Häresie schuldig gesprochen. Einige bekehrten sich zum wahren Glauben, wurden aber trotzdem, zum Zwecke ihrer Läuterung und zum Schutz der Frommen in der Kirche, in lebenslange Verwahrung genommen. Der Hohe Priester jedoch wurde bei lebendigem Leibe verbrannt.»

Conrad hörte dem Bericht des Monsieur Juppé halb interessiert, halb empört zu: Wie konnte es sein, dass Monsieur Juppé die Philosophie und Theologie Meister Eckharts mit den wirren Gedankengängen dieser irregeleiteten Geheimlehre verglich, die sich angeblich auf die buchstabengetreue Auslegung des Evangeliums berief und zugleich völlig willkürlich nur die Schriftstellen auswählte, die sich ihrer Lehre anpassten?

«Jetzt hörst du *mir* einmal zu», forderte Conrad energisch. «Es stimmt zwar, dass gegen Eckhart ebenfalls ein Inquistionsverfahren geführt wurde, doch ist dieses nicht mit dem gegen die Brüder und Schwestern vom freien Geist vergleichbar. Wie du haben zwar damals auch die beiden Denunzianten Wilhelm von Nidecke und Hermann de Summo einen solchen Zusammenhang herstellen wollen, doch Eckhart hat sich entschieden und wie ich meine auch erfolgreich dagegen gewehrt.

Als ihm das Sammelsurium von Halbwahrheiten vorgeworfen wurde, stieg er auf die Kanzel der Kölner Predigerkirche und setzte sich in klaren Worten von den Häresien ab, die von Wirrköpfen im Geheimen wie auf Straßen gestreut wurden und auf die so mancher Gläubige, der besonders fromm sein wollte, hereinfiel. Das unbegreifliche Geheimnis Gottes verweigert sich eben jeder Oberflächlichkeit und jeder leichtfertigen religiösen Praxis. Ich weiß noch, was Meister Eckhart dazu gesagt hat.»

Gewisse Leute sagen, vollkommene Freiheit sei, wenn die Hand alles ergreift, was das Auge sieht und begehrt. Sie verkünden: ‹Habe ich Gott und die Gottesliebe, so kann ich tun, was ich will.› Ich antworte ihnen, dass sie das Wort nicht recht verstehen. Solange du irgendetwas tun kannst, das gegen Gott und seine Gebote gerichtet ist, solange bist du nicht in der Gottesliebe. Du kannst vielleicht der Welt etwas vormachen und sie betrügen, nicht aber dem Menschen, der in Gottes Willen und Liebe steht. Ihm ist es eine Lust, alles zu tun, was Gott lieb ist und alles zu lassen, was Gott zuwider ist. Es ist ihm ebenso unmöglich, irgendetwas zu unterlassen, was Gott von ihm will, wie irgendetwas zu tun, was gegen Gott gerichtet ist. Wie es einem Menschen, dem die Beine zusammengebunden sind, unmöglich ist, zu gehen, ist es ihm unmöglich, etwas Böses zu tun. Selbst wenn ihm Gott gebieten würde, Böses zu tun und die Tugend zu meiden, könnte er nicht Böses tun. Denn nur der liebt die Tugend, der selbst voll von Tugend ist. Nur der Mensch, der sich selbst und alle Dinge hinter sich gelassen hat und alle seine Werke aus reiner Liebe ohne jegliches Warum verrichtet, ist für die Welt tot und lebt in Gott und Gott in ihm.

Gott zwingt den Willen nicht, er setzt ihn vielmehr so in Freiheit, dass er nichts anderes will, als das, was Gott selbst will. Und auch der Geist vermag nichts anderes zu wollen, als was Gott will; dies aber ist nicht die Unfreiheit des Menschen, es ist seine ureigene Freiheit.

✳

Conrad und Monsieur Juppé gerieten in Streit, suchten sich lautstark gegenseitig zu überzeugen oder doch wenigstens irgendwie als Sieger aus dem Gespräch hervorzugehen. Dabei vergaßen sie auf den Weg zu achten. Dieser wurde zunehmend schmaler, verengte sich von einem bequemen Waldweg zu einem schmalen Pfad, auf dem sie nur hintereinander gehen konnten, und ging schließlich in eine Spur über, die nur durch den Wechsel von Rehen und Hirschen verursacht sein konnte. Sie seien im Argonner Wald, hatte ihnen am Nachmittag ein Köhler gesagt, ein Gebiet, das nicht ungefährlich sei, da man sich leicht verirren könne und Räuber ihr Unwesen trieben.

Mit knorrigen Ästen in der Hand, die als Wanderstöcke dienen, aber notfalls auch zur Verteidigung verwendet werden konnten, gingen sie unentwegt weiter, bis ihnen hohe Felswände den Weg versperrten. Ihre Wortgefechte waren leiser und leiser geworden und endeten schließlich in ratlosem Schweigen. Sie entschlossen sich zur Umkehr, fanden aber in dem hohen Buchenlaub den Weg nicht mehr zurück, den sie noch vor wenigen Minuten gegangen waren. Zudem legte sich Dämmerung über sie, die Nacht brach herein. Sie erreichten einen Felsvorsprung, neben dem es auf beiden Seiten steil bergab ging. Bei jedem Schritt drohten sie abzurutschen und in die Tiefe zu stürzen, vielleicht an einem Felsbrocken aufzuschlagen und verletzt liegen zu bleiben. Müde, geschwächt von der Kraftanstrengung, hungrig und durstig, lehnten sie sich gegen dicke Buchenstämme und wussten weder aus noch ein.

Nicht nur ihre Streitgespräche waren verstummt, sie wurden sich auch bewusst, dass sie nur noch ums Rechthaben gestritten hatten. Die Sterne blickten von einem klaren Himmel durch das Blätterwerk der Bäume und strahlten aus unendlicher Ferne und Distanz eine kalte Ruhe aus. Ihre flimmernden Lichter sahen auf sie herab, ohne ihnen Hilfe anzubieten, fast feindselig, vielleicht wollten sie gar nicht helfen. Conrad und Monsieur Juppé brauchten einander, um hinter ihren Bäumen sitzend oder stehend auszuharren, bis der Tag anbrechen würde. Zwischendurch begann es zu regnen. Sie zitterten und froren. Würden sie morgen früh noch die Kraft aufbringen, um sich aus ihrer misslichen Lage befreien zu können?

Nur wenige Schritte von ihnen entfernt huschte ein Reh vorüber, oder war es eine Gämse? Plötzlich, Mitternacht war nicht mehr fern, raschelte wieder Laub, diesmal gleichmäßig schlurfende Schritte. Dunkle Schatten tasteten sich über ihnen durch den Wald. Konnten diese Leute bei Nacht sehen? Auf jeden Fall schienen sie den Wald in- und auswendig zu kennen und von Kraft, Energie und Geschicklichkeit zu strotzten. Waren sie Räuber, Mörder oder sonstige Unholde? Conrad und Monsieur Juppé blieb vor Schreck fast das Herz stehen. Eine unvorsichtige Bewegung von Monsieur Juppé ließ die Männer über ihnen aufhorchen. «Wer ist da? – Wer seid ihr?» Rasch wurde den drei jungen Burschen, die plötzlich vor Conrad und Monsieur Juppé standen, die erbärmliche Lage der Verirrten klar. Sie berieten sich flüsternd, dann sagte einer: «Seid ohne Angst! Wir werden euch mit ins Tal nehmen!» Er hakte sich bei Conrad unter, zog und stützte ihn zugleich, hangelte sich von Baum zu Baum, sie rutschten im Eiltempo durch das hohe Laub den Abhang nach unten, wichen geschickt gefährlichen Felsbrocken aus und kamen schließlich, etwa eine halbe Stunde später, auf einen Weg, den Conrad als den wieder erkannte, von dem er vor Stunden losgezogen war. Wenige Minuten später rutschte Monsieur Juppé den Berg herab, von den beiden anderen Burschen gestützt und gehalten.

Ohne sich Zeit für einen kurzen Aufenthalt zu nehmen und auszuruhen, hasteten die Männer weiter, Conrad und Monsieur Juppé hinter ihnen her, bis endlich ein schwacher Lichtschein zwischen Baumstämmen zu erkennen war. «Dort ist eine Herberge. Darin findet ihr für die Nacht ein Unterkommen!» «Wie können wir euch danken?» «Gar nicht, das haben wir von Herzen getan.» Als sich die Männer endgültig umwandten und ihren Weg durch die Nacht fortsetzen wollten, fasste Monsieur Juppé einen der Männer an seinem langen schwarzen Umhang, um ihn noch für einen Moment zurückzuhalten und ihn nach seinem Namen zu fragen: «Wer seid Ihr? Wird man im Himmel auch von solchen Engeln empfangen und getragen werden?» Da riss das Band, mit dem der Umhang an der Schulter befestigt war, glitt für einen Moment zu Boden, und im Mondlicht wurde ein weißer Überwurf sichtbar, auf den ein rotes Kreuz genäht war. Monsieur Juppé brachte keinen Laut hervor und blickte entgeistert dem in die Nacht enteilenden Mann nach, der schnell nach seinem Umhang gefasst und ihn sich wieder übergeworfen hatte. Erschöpft, aber doch glücklich, wieder heil aus dem Wald gefunden zu haben, pochten Conrad und Monsieur Juppé an die Türe der Herberge.

Als sie noch eine Zeitlang an dem Tisch der Herberge saßen, bei Brot, ein wenig Käse und einem Krug Wein, fragte Conrad, warum Monsieur Juppé plötzlich so wortkarg geworden sei.

«Weißt du überhaupt, wer uns da den Berg herunter gebracht hat?», flüsterte ihm daraufhin dieser ins Ohr. «An dem weißen Umhang mit dem großen roten Kreuz habe ich sie erkannt. Es waren Kreuzritter, Templer! Sicher auf der Flucht vor den Schergen des Königs. Das erklärt auch, warum sie so stark und geschickt waren und weshalb sie es so eilig hatten.»

※

Nun war Conrad doch gespannt und forderte seinen Freund auf, ihm mehr von den sagenumwobenen Rittern zu erzählen.

«Sie waren eine Elitetruppe bei den Kreuzzügen ins Heilige Land. In ihrer 200-jährigen Geschichte hatten sie es zu hohem Ansehen gebracht, zu Macht, Vermögen und gewaltigen Gütern. Den Namen ‹Templer› verdanken sie dem Mutterkloster in Jerusalem, das sich gleich neben dem Felsendom befindet. Nach ihrer Niederlage und dem endgültigen Verlust des Heiligen Landes im Jahr 1291, als die Festung Akkon im Norden von Galiläa durch den Mamelucken-Sultan al-Asraf Chalil erobert worden war, kehrten sie nach Frankreich zurück und mussten erstaunt feststellen, dass sie auch hier, in ihrer Heimat, als Fremdlinge betrachtet wurden.

Sie seien stolz und überheblich, wurde den Templern nachgesagt, würden über unermesslichen Reichtum verfügen und eine Machtfülle, wie niemand sonst im ganzen Land, weder der Papst noch der König. Es nahm daher nicht wunder, dass der König in ihrer militärischen Stärke eine mögliche Gefahr sah. Zugleich aber lockte ihn auch der sagenhafte Reichtum der Templer. Doch der Orden war direkt dem Heiligen Stuhl unterstellt, und das machte der Großmeister durch sein selbstsicheres Auftreten immer wieder klar. Der gewaltige Reichtum an Gütern und Ländereien könnte nur dann für die Hände des königlichen Schatzmeisters gewonnen werden, überlegten die Berater am Hofe des Louvre, wenn es gelänge, den Orden dem Schutz des Papstes zu entreißen. So wurde am Königshof eine perfide Strategie entwickelt: Der Orden, so wurde gestreut, leugnet Jesus Christus, den Sohn Gottes, in schwarzen Messen bespeien seine Mitglieder das Kreuz, vor einer Katze knien sie nieder und beten sie an, die Templer treiben Unzucht, gelegentlich sogar mit Tieren, küssen sich in unsittlicher Weise, schon aus ihrem Siegel, das zwei Ritter gemeinsam auf einem Pferd sitzend zeigt, geht ihr abartiges Verhalten hervor und überhaupt, so wurde behauptet, beteiligen sie sich an politischen Umtrieben gegen den König und sein Reich.

Innerhalb eines Tages gelang es den königlichen Streitkräften, die völlig überraschten Tempelritter im ganzen Land zu verhaften. Der Vorwurf, den Glauben verraten zu haben, genügte, um den Großmeister des Ordens und Hunderte Ritter der Inquisition zuzuführen und damit den Qualen der Folter und dem Verbrennungstod zu überantworten.»

«Was waren das für Menschen?», warf Conrad ein. «Wie konnte es dazu kommen, dass ein König, nein, ‹der› König schlechthin, der mächtigste Mann des Abendlandes, der König von Frankreich, zu solchen Taten fähig war? Oder war vielleicht doch etwas dran an den Anschuldigungen? Und der Papst, hat der nichts gegen das brennende Unrecht unternommen? Und gar die Inquisitoren, das waren doch alles Dominikanermönche, ließen die sich so leicht als Werkzeuge zur Befriedigung der königlichen Begierden einsetzen? Wie konnten sie sich für solche Intrigen hergeben?» «Ja, siehst du, jetzt verstehst du mich schon viel besser», antwortete Monsieur Juppé. «Nein es war nichts dran an den Vorwürfen, rein gar nichts, denn der Templerorden war im Vergleich mit allen anderen Verbänden und Gemeinden des Christentums ein ausgesprochener Ausbund an Ritterlichkeit, Tapferkeit und Tugend. Das Königshaus aber, der Papst, seine Kurie und die Inquisitoren waren so sehr in ein Netz von Machtmissbrauch, frommer Heuchelei und unbedingtem Willen zur Tat miteinander verstrickt, dass, waren die Vorgänge erst einmal in Gang gekommen, keiner von ihnen die innere Überlegenheit und Kraft aufbrachte, Widerstand zu leisten oder die unheilvollen Ereignisse zu verhindern. Wie im Frühjahr manchmal der schmelzende Schnee Bäche in reißende

Ströme verwandelt und die Wasserfluten alles, was sich ihnen in den Weg stellt, mitreißen, so auch können sich Menschen bald nicht mehr der schmutzigen Brühe verbrecherischer und gewalttätiger Strömungen und Geisteshaltungen entziehen, wenn sie versäumt haben, den Stromschnellen und Strudeln ihrer Zeit auszuweichen, aber auch nicht bereit sind, die gemächlichen und idyllischen Bachläufe ihres eigenen Lebens zu verlassen.»

Monsieur Juppé konnte mit seinen Schilderungen nun kaum mehr zu Ende kommen, so sehr ereiferte er sich. Dabei bemerkte Conrad sehr wohl, wie gut sein Freund wusste, wovon er sprach, stets ein Bild vor Augen, das er aus eigener Anschauung gewonnen haben musste. Es schien, als säße er beim König am Kabinettstisch, als nähme er an einer Audienz des Papstes teil oder als versteckte er sich hinter einem Vorhang, während der Großinquisitor Verhöre durchführte.

«Philipp der Schöne, wie man ihn am Hof nannte, residierte im Louvre. Kam er von der Jagd, von Kampf-, Wurf- und Geschicklichkeitsübungen nach Hause, ließ er sich noch während des Umkleidens über die politischen Ereignisse des Tages unterrichten und erließ mit leichter Hand, aber mit unbeugsamem Willen seine Verfügungen, wobei es vorkommen konnte, dass er in hasserfüllte Tiraden ausbrach. Was er sich vornahm, verfolgte Philipp kalt, berechnend und unerbittlich. Um ein für allemal klar zu stellen, wie politische Entscheidungen bei ihm durchzuführen waren, exerzierte er mit der Hofgarde bereits am Beginn seiner Herrschaft eine Plünderung der Pariser Juden vor. Seine Willkür und Härte kannten keine Grenzen. Rigoros und brutal ging Philipp auch gegen engste Verwandte vor. Als seine Schwiegertöchter des Ehebruchs beschuldigt wurden, ließ er sie auf Verdacht hin kahl scheren und lebenslang in den Kerker werfen. Seine Flachheit und Seichtheit in Glaubensfragen, bei gleichzeitig äußerst naiver Handhabung religiöser Rituale, steigerte er durch überschäumenden Pomp zu gigantischen Aufführungen. Inbrünstige Versenkung in die Welt der himmlischen Mächte, innige Seufzer mit der Bitte um Hilfe und Gnade, tränenreiche Selbstanschuldigungen und

Kasteiungen, strenge Verurteilungen aller Ketzereien, all dies von einer Schar von Zeremonienmeistern eigens inszeniert, wechselte sich ab mit lautstarker Hörnermusik, die von wabernden Kräuterdüften eingehüllt wurde, ein Meer von Kerzen und Fackeln, manchmal sogar von offenen Feuern erhellte den Kirchenraum.

Um seine kriminellen und korrupten Machenschaften umzusetzen, umgab sich der König mit den fähigsten Mitarbeitern und Beratern, die er ausfindig machen konnte. Kanzler und persönlicher Ratgeber war Guillaume de Nogaret, von dem ich dir schon erzählt habe, als wir über Papst Bonifaz VIII. und seine Bulle ‹Unam sanctam› sprachen, ein hemmungsloser Kirchenhasser also, der den Feldzug gegen die Templer führte, als wolle er ganz persönlich Rache nehmen.

Finanzminister, Schatzmeister und Vertrauter des Königs war Enguerran von Marigny. Dass diesem das Vermögen der Templer am Herzen lag, versteht sich von selbst. Dessen Bruder Philipp von Marigny brachte er zunächst in das Amt des Bischofs von Cambrai, verbunden mit dem Amt des Inquisitors von Lothringen, und schon drei Jahre später setzte er ihn, gegen den ausdrücklichen Willen des Papstes, als Erzbischof von Sens durch, zu dessen Metropolitanbezirk auch Paris gehörte.

Nun aber zum Papst, zu Clemens V. Er, der auf Bonifaz VIII. folgte, nachdem dieser zu Tode gebracht war, spielte den Gegenpart zu Philipp. Er stammte aus einer französischen Adelsfamilie, war Jurist und brachte es in einer kurzen, steilen Karriere zum Erzbischof von Bordeaux. Ohne je Kardinal gewesen zu sein und unter massivem Druck des französischen Königshauses wurde er in Avignon zum Papst gewählt. Entgegen den Erwartungen so mancher Kardinäle kehrte er nie mehr nach Rom zurück und ließ sich in Lyon zum Papst weihen. Der Verlauf der Feierlichkeiten war kennzeichnend für das Pech, das ihn während seiner ganzen Amtszeit verfolgte. Auf dem Weg von der Kathedrale stürzte eine hohe Steinmauer auf die Prozession, tötete zwölf Personen und warf den Papst vom Pferd, so dass seine Tiara im Staub über die Erde rollte. Charles de Valois, der Bruder des Königs, hob sie auf, brachte sie dem neu geweihten Papst zurück und setzte sie ihm aufs Haupt. Viele Gläubige sahen in diesem Ereignis, das einer Inthronisation des Papstes durch das Königshaus gleichkam, ein böses Vorzeichen für das künftige Verhältnis von König und Papst.

Papst Clemens V. war ansonsten ein freundlicher, umgänglicher und gutmütiger Mann, der jedermann wohl gesinnt war, sich aber schlecht durchsetzen konnte. Bei Empfängen und anderen öffentlichen Anlässen trat er meist ängstlich und unsicher auf, zog sich rasch wieder in seine inneren Gemächer zurück, fühlte sich ständig unwohl, krank und litt an Magenbeschwerden. Seine Berater wählte er vorwiegend im verwandtschaftlichen Umfeld aus, beschenkte sie großzügig, konnte ihnen aber dennoch nicht vertrauen. Angriffen von außen setzte er wenig entgegen, fühlte sich ständig bedroht, abhängig und unter Druck gesetzt. Besonders den strategischen Schachzügen von König Philipp war er in keiner Weise gewachsen.

Und schließlich der Großinquisitor Wilhelm Imbert von Paris. Er gehörte zu den Dominikanern, wie du und dein Meister Eckhart auch und war Beichtvater des Königs, also einer seiner engsten Vertrauten. In seiner Eigenschaft als Generalinquisitor von Frankreich unterstand er dem Papst, nicht dem König. Um den Templerorden zu treffen, musste sich der König seiner bedienen, denn er hatte die Macht, Ketzer hinter Schloss und Riegel zu bringen, oder gar auf den Scheiterhaufen. Somit kam Wilhelm Imbert eine ganz besondere Rolle bei den Templerprozessen zu, er war gleichsam die Türangel im Konflikt zwischen dem Papst und dem König, der Kirche und dem Staat. Über ihn verschaffte sich der König eine Handhabe, um den Ritterorden zu vernichten. Tausende Templer kamen zu Tode, dem Großmeister wurde der Prozess gemacht.»

Conrad war froh, mit Monsieur Juppé endlich die Stadt Reims erreicht zu haben, wo sie sich nach einer geeigneten Unterkunft umschauten. Seit von dem französischen Großinquisitor die Rede war, konnte er als ehemaliger Mitbruder von Wilhelm Imbert nicht mehr von sich weisen, dass ihn die schrecklichen Vorgänge mehr angingen, als er bisher wahrhaben wollte. Beschämung stieg ihm ins Gesicht. Er suchte nach einer Gelegenheit, aus dem Gespräch zu flüchten, hatte vorerst genug gehört, scheute sich zuzugeben, dass ihm alles zu nahe ging, und Monsieur Juppé zu bitten, seinen Bericht endlich zu beenden oder wenigstens zu unterbrechen.

Viele Bürger der Stadt boten sich an, Pilgern, die die Kathedrale besuchten, gegen ein geringes Entgelt für ein paar Tage bei sich aufzunehmen. Da er sich auf Anhieb in die hübsche Tochter eines Bäckers verguckt hatte, entschied sich Monsieur Juppé für eine kleine Dachstube zwei Stockwerke über der Backstube. Conrad blieb gar nichts anderes übrig, als sich dem Wunsch seines Wegbegleiters anzuschließen. Die Tochter, Annette wurde sie vom Bäckermeister gerufen, stand allerdings von früh bis spät hinter dem Ladentisch und bediente alle Kunden mit gleichbleibender Zuvorkommenheit und freundlichem spitzbübischem Lachen. Die neuen Gäste zogen sich denn auch früh am Abend zurück, legten sich von Müdigkeit überwältigt in ihre etwas zu kurz geratenen Betten, zogen die Beine angewinkelt an den Körper und versanken, trotz des ständigen Knarrens und Ächzens im Gebälk des Fachwerkhauses, in tiefen Schlaf.

Am frühen Morgen, noch bevor Monsieur Juppé aufgewacht war, stieg Conrad die steile Treppe des Hauses hinab, nahm einen Becher Milch zu sich, aß frisch gebackenes Brot und machte sich, vom freundlichen Lächeln der Haustochter fröhlich gestimmt, auf den Weg zur Kathedrale. Die beiden hohen, doch stumpfen Türme zeigten ihm von weitem den Weg. Nur wenige Leute waren so früh auf den Beinen. Als er durch das Hauptportal der Westfassade hindurch schritt, das in seinem Spitzbogen eine filigrane Rosette umschloss, vorbei an unzähligen übermannshohen Statuen und in das Innere der Basilika trat, wurden seine Augen von den gewaltigen Steinmassen der Säulen nach oben gezogen. Und nicht nur seine Augen wanderten nach oben, seine ganze Seele erhob sich wie von einem überirdischen Rausch erfasst in die Höhe, dort verlor sich sein Blick in den morgendlichen Strahlen, die die Sonne durch die bunten Fenstern des Ostchores warf.

Langsam tastete sich Conrad in die weiten Hallen der Kathedrale vor. Vom Chorgestühl aus breitete sich in leichten Wellen der Gesang von Mönchen aus, die zum Morgenlob ihre Choräle anstimmten. Conrad blieb stehen und bemerkte erstaunt, wie sich weiße Kalksteinplatten auf dem Boden des geheiligten Raumes von dem ansonsten dunklen Granit abhoben und ein verschlungenes Netz aus Wegen bildete. Er verfolgte die Spur der weit ausholenden Kreise. Sein Blick wanderte durch elf konzentrische Kreise, kehrte dreiunddreißigmal wieder um, zog in Kreuzesform durch die vier Himmelsrichtungen, die wie Quadranten einer Landkarte auf der Erde ausgebreitet lagen, und gelangte schließlich ins Zentrum einer sechsblättrigen Blüte. Conrad fühlte sich zunächst in die Irre geführt, meinte die Orientierung zu verlieren, in ein Labyrinth entführt. Schließlich aber begriff er, dass in der Welt dieses schlichten Modells niemand den Überblick verlieren konnte. Jederzeit war zu erkennen, wo der Eingang war und wo das Ziel. Niemand konnte sich hier verirren.

Während er so stand und nachdachte, holten ihn Erinnerungen ein. Was alles hatte ihm doch sein Freund Monsieur Juppé erzählt? Welchen Erlebnissen hatte er sich durch seine Flucht aus Köln ausgesetzt? Was doch hatte ihm Meister Eckhart bisher bedeutet, die Reise nach Avignon, sein Leben im Kloster von Köln? – Wie von selbst schoben sich seine Füße nach vorn, betraten die helle Spur des Labyrinths, tasteten sich vorwärts. Von Westen her trat er in das Labyrinth ein, aus der Richtung des Sonnenuntergangs, des Todes, suchte nach einem Weg, einem Ausweg aus dem Gestrüpp, das er dabei war zu durchqueren. War es möglich, sich der Chiffre eines vorgezeichneten Labyrinths so zu überlassen, dass die Frage, wohin er sich wenden sollte, hinfällig wurde, dass der Weg sich gleichsam allein ging? «Stehe ich wirklich», so fragte er sich, «in unmittelbarer Nähe zu dem Grund allen Seins, wie Meister Eckhart es immer wieder beschrieben hat? Oder bin ich zu jung dafür? Trage ich eine Ordnung in mir, die alles, was geschieht und was mir begegnet, zu einer einzigen Einheit verbindet? Wie kann ich wissen, dass die alltäglichen Besorgungen und Zerstreutheiten nichts bedeuten, die Fülle des Unendlichen aber alles? Haben sich Bettler, Kaiser und Papst in gleicher Weise vor der ewigen Wahrheit und Gerechtigkeit zu verantworten wie ich mich auch?»

Noch war Conrad in Gedanken versunken, als er plötzlich von mehreren Seiten bedrängt und geschupst wurde. Er hatte weder auf die fortgeschrittene Zeit geachtet noch auf den Lärm und die Unruhe um ihn herum. Ärgerlich öffnete er die Augen und fand sich mitten in einer Schar ausgelassener Mädchen und Jungen, die durch das Labyrinth hüpften und umhertollten. Schon wollte er sie zur Ordnung rufen, da blieben ihm vor Erstaunen Mund und Augen offen: Zwischen den Kindern hüpfte auch Monsieur Juppé durch das Labyrinth und vollführte wundersame Bocksprünge. Conrad verließ bestürzt und ohne Verständnis die Kathedrale und beruhigte sich erst wieder, als ihn sein Freund einholte und ihm beruhigend die Hand auf die Schulter legte.

Monsieur Juppé und Conrad holten aus der Backstube ihre Reisebündel und machten sich wieder auf den Weg in Richtung Paris. «Alle französischen Könige sind in Reims gekrönt und gesalbt worden, auch König Philipp», nahm Conrad das Gespräch wieder auf und hoffte damit Monsieur Juppé von seinem Lieblingsthema, den Templern, abzulenken. Doch dieser durchschaute die Absicht: «Du weichst mir nicht aus, Conrad, jetzt hörst du meine Geschichte! Man muss der Wahrheit ins Gesicht sehen.» Monsieur Juppé packte Conrad energisch an der Jacke und zog ihn zu sich an die Seite.

«Dieser Generalinquisitor Wilhelm war ein wahrhaftiger Spürhund des Herrn, so nannte ich ihn nämlich insgeheim, da er zu den ‹Dominikanern› gehörte, den «domini canes». Ihm fiel die skurrile Rolle zu, den König im Auftrag eben dieses Königs um Verhaftung der Templer zu bitten, wegen Ketzerei und Verleugnung des Glaubens. Die Vorwürfe stammten aus dem königlichen Palast selbst und waren von Guillaume de Nogaret frei erfunden worden. Ohne dass der Papst vorher informiert worden wäre, arretierte die königliche Polizei an einem einzigen Tag alle Templer, deren sie habhaft werden konnte, und verhörte sie unter intensiver Nutzung von Folterwerkzeugen.

Nur wenige überlebten die Prozeduren. Sie gestanden alles, was man ihnen in den Mund legte. Auch von Jacques de Molay, dem Großmeister der Templer, wurde unter der Folter ein Geständnis abgepresst, das dann dem Papst und der Öffentlichkeit bekannt gemacht wurde. Jacques de Molay verschwand für sieben Jahre im Kerker. Papst Clemens meinte zwar, das Vorgehen des Inquisitors sei einzigartig, ehrschädigend und skandalös. Er enthob ihn seines Amtes, allerdings erst Anfang des folgenden Jahres und nur für eine kurze, befristete Zeit. Im Juli rehabilitierte er ihn bereits wieder, unter der Bedingung, dass Wilhelm nichts mehr in der Sache unternehmen dürfe. Wilhelm Imbert jedoch genoss nach wie vor die Gunst des Königs und wurde später sogar im königlichen Testament berücksichtigt.

Der Templerorden war zerschlagen, die Güter und Ländereien verteilt, da wurden zwei Jahre später, im März 1310, fünfhundertsechzig Templer aus ihren Kerkern nach Paris geholt und erhielten Gelegenheit, sich vor einem päpstlichen Tribunal zu verteidigen. Die wohlbekannten Vorwürfe wurden ihnen vorgelesen: Götzendienst, Verleugnung Christi, Anbetung von Katzen, Sodomie und so fort. Ausgewählte Vertreter durften sprechen. Sie erklärten, die Vorwürfe seien ehrlos, unerhört, eine einzige Lüge, von den Feinden des Ordens erdacht. Tempelritter, die solche Lügen anerkannt hätten, würden die Unwahrheit sagen. Sie hätten aus Angst vor dem Tode ausgesagt, unter der Folter, oder weil sie mit ansahen, wie ihre Mitbrüder gequält wurden. So hätten sie alles, was ihre Peiniger verlangten, zu Protokoll gegeben. Man könne sie deswegen nicht tadeln, denn die Qual der einen wurde zur Angst von vielen. Sie hätten lediglich einen Weg gesucht, wie sie der Pein und Todesangst entgehen konnten, in der Not eben durch Lügen.

Das Tribunal warf zunächst einen Hoffnungsschimmer in die Kerkerzellen der Templer, doch da starb, völlig überraschend, der Erzbischof von Sens. Auf Druck des Königs und gegen den Willen des Papstes wurde seine Stelle von Philipp von Marigny besetzt, dem bisherigen Bischof von Cambrai und Inquisitor von Lothringen. In seiner Befugnis stand es, über eine Synode die Templer vor ein eigenes Gericht zu ziehen. Der neue Bischof ergriff auch sofort Initiative und bat zweiundzwanzig Professoren der Sorbonne um ihre Einschätzung, ob die Templer, die als Zeugen vor dem päpstlichen Tribunal aufgetreten waren, vor sein Synodalgericht gezogen werden dürften. Neunzehn Professoren lehnten diese Befugnis ab, drei stimmten ihr zu. Der Erzbischof war der Auffassung, dass drei Stimmen ausreichten und ein gutes Argument für das erneute Vorgehen darstellten, rief eine Synode zusammen und verurteilte gleich am ersten Tag vierundfünfzig Templer zum Tod am Feuerpfahl. Am heiligen Pfingstfest wurde die öffentliche Ketzerverbrennung durchgeführt.»

✳

Obwohl Conrad schon früh am Morgen aus dem Schlaf erwacht war, befand sich Monsieur Juppé nicht mehr in der Herberge. Noch während der Nacht musste er stillschweigend seine Sachen gepackt und sich davon gemacht haben. Offenbar wollte er in Paris untertauchen und dazu durfte keine Begleitung bei ihm sein. Bereits am Tag zuvor, während sie durch die äußeren Vororte der französischen Hauptstadt zogen, war Conrad aufgefallen, dass sich sein Kompagnon eigenartig verhielt, eher abseitige Wege wählte, öfters ängstlich um sich blickte und gelegentlich sogar, wenn sie in eine belebte Straße bogen, einen Augenblick lang erschrocken stehen blieb. Nachdem Conrad, in der Hoffnung, sein Reisegefährte könnte vielleicht doch noch auftauchen, einige Zeit gewartet und ein ausgedehntes Frühstück zu sich genommen hatte, machte er sich notgedrungen allein auf den Weg.

Je mehr sich Conrad dem Zentrum der Stadt näherte, desto beherzter schritt er aus. Die Sommersonne stieg steil am Himmel empor, füllte die langen Straßenzüge mit blendendem Licht und brachte gegen Mittag die Luft, die so unbeweglich auf den Dächern lastete, dass sich weder die Blätter der Bäume regten, noch die Vögel einen Laut von sich gaben, zum Flirren. Conrad brauchte länger als erwartet, bis er endlich in der Mitte der Stadt anlangte, an der Seine mit ihren Inseln und der immer noch im Bau befindlichen Kathedrale ‹Notre Dame›. So viele Menschen hatte er noch nirgends an einem einzigen Ort gesehen. Die meisten von ihnen eilten hektisch an ihm vorbei, andere flanierten unter Bäumen und wieder andere plauderten in kleinen Gruppen und stahlen dem Herrgott den Tag, vornehme Damen und Herren, Kaufleute und Handwerker, Priester und Kriegsgesellen, Bettler und Herumtreiber. Conrad kam sich eigenartig entwurzelt vor, verloren in einem Heer von Menschen, die ihre besonderen Eigenarten irgendwo abgelegt zu haben schienen und sich, als wären sie namenlose Puppen, durch Straßen und Gassen der Stadt bewegten. Und so war er froh, in einer einfachen Herberge ein kleines Zimmer zu finden, in dem er, müde von der Wanderschaft, zunächst einmal unterkam und wo er sich von den vielen Eindrücken ausruhen konnte.

Am nächsten Morgen jedoch machte er sich auf den Weg in die Stadt, von der er glaubte, sie würde noch nicht zum Leben erwacht sein. Er war nicht wenig erstaunt, schon so früh am Tag wieder so viele Menschen unterwegs zu sehen, emsig mit irgendwelchen Tätigkeiten beschäftigt oder einfach wieder in großer Eile ihren Aufgaben und Zielen zustrebend. Und noch mehr wunderte es ihn, als er Ehrfurcht einflößende Lehrer bemerkte, die an Straßenkreuzungen standen und Studenten unterrichteten. Als Conrad einen offensichtlich streitbaren Mann mittleren Alters aus dem Fenster eines ersten Stockwerks herunter auf eine Schar junger Männer einreden sah, wohl um besser gesehen und gehört zu werden, blieb er stehen und hörte für einige Minuten zu: «... was der Philosoph über die Entstehung der Welt sagt», rief der Magister energisch und fuchtelte dabei mit beiden Armen durch die Luft, «steht in offensichtlichem Widerspruch zu dem, was die Heilige Schrift des Alten Testaments dazu ausführt. Beides ist offensichtlich wahr, was uns Logik und Verstand lehren und andererseits, was uns der Glaube und das Wort Gottes verkünden. Es liegt somit auf der

Hand, dass es zwei Wahrheiten geben muss, die nebeneinander existieren…».» Conrad schlugen die waghalsigen Behauptungen, die er da zu hören bekam, auf den Magen, er suchte das Weite.

Conrad hatte sich vorgenommen, zunächst an den vielen kleinen Schulen und Gebäuden, die zur Sorbonne gehörten, vorüberzugehen und das Kloster Saint Jacques aufzusuchen, wo alle Dominikaner, die aus der Fremde nach Paris kamen, wohnten. Auch Meister Eckhart musste während seiner Pariser Aufenthalte dort gelebt und gearbeitet haben. Conrad hoffte, dort noch Berengar de Landora anzutreffen, den ehemaligen Generalmagister, mit dem Eckhart lange und oft zu tun gehabt hatte. Allzu gerne würde er ihm einige Fragen stellen, wenn das Vorhaben nur nicht so riskant gewesen wäre. War dieser mächtige Mann, im Zuge einer Revision und Erneuerung der Ordensdoktrin, zu Meister Eckhart auf Distanz gegangen? Erst wenn er einen Weg gefunden hatte, dieses gefährliche Wagnis zu bestehen, wollte er die Stadt erkunden und sich von ihrer Atmosphäre gefangen nehmen lassen.

ARMUT

Der Orden entsandte Meister Eckhart an die Universität von Paris, die Mutter der Weisheit, oder Alma Mater, wie sie auch genannt wurde, um als Magister Theologie zu lehren. Er kam sich eigenartig fremd vor. Einerseits war er stolz, an einer der ältesten Universitäten lehren zu dürfen, in der Metropole Europas und dem geistigen Zentrum des Abendlandes, in deren Ansehen und Glanz sich die Gelehrten vieler Wissenschaften sonnten. Vier Fakultäten bildeten eine hierarchische Ordnung: An der Spitze die Theologie, dann das Recht, die Medizin und an niederster Stelle die Freien Künste. Letztere waren vor allem mit Philosophen besetzt. Was auch immer an dieser hohen Schule vorgetragen wurde, erregte Aufsehen, erzeugte hitzige Diskussionen, nahm Einfluss auf das geltende Recht und nahm wie selbstverständlich für sich in Anspruch, die Fahne der Wahrheit in Händen zu halten. Auf der anderen Seite sah sich Eckhart, ohne dass er es angestrebt hätte, umgeben von Menschen, die sich ohne Unterlass selbst feierten, in vornehmen Gesellschaften vor Eitelkeit wie ein Pfau ihr Rad schlugen und sich in ständig wiederholenden Ritualen gegenseitig bestätigten. Eckhart war eine solche Selbstdarstellung zutiefst zuwider. So mancher überhebliche Lehrer machte sich zu wenig bewusst, welchen Eindruck die Aufgeblasenheit und Redseligkeit der sich als Elite präsentierenden Akademiker auf einfache Leute machte, die weder lesen noch schreiben konnten, daher andächtig zuhörten und unbesehen alles, was von dieser hohen Schule kam, für bare Münze nahmen. Wer von der höheren Bildung abgeschnitten war, musste auf Treu und Glauben das annehmen, was ihm zufälligerweise zu Ohren kam. Wankten die trügerischen Kulissen des Wissens oder wurden sie mutwillig zum Einsturz gebracht, blieb nur Verzweiflung und Einsamkeit.

Als Magister der Theologie musste er sich den Gepflogenheiten der Fakultät ein Stück weit anpassen, so dass die ersten Streitfragen, die Meister Eckhart behandelte, an die seiner Kollegen erinnerten, ähnlich verschult und grotesk waren. Die Studenten machten sich lustig, lachten hinter seinem Rücken oder kritzelten Karikaturen an die Wände. «Wie viele Engel können auf einer Nadelspitze Platz nehmen?», fragte einer spöttisch. Ein anderer lästerte noch ironischer: «… oder, wie viele können auf ihr tanzen?» Die Witzeleien waren Selbstläufer für die Unterhaltung der Studenten: «Was macht man eigentlich im Paradies mit den Exkrementen, muss man da überhaupt noch auf das Häuschen?», «Kann Gott einen Stein erschaffen, der selbst für ihn zu schwer ist?»

Zunehmend machte sich Eckhart frei von akademischen Ritualen. Eine seiner Streitfragen, die dann nicht nur zwischen den Studenten, sondern auch zwischen Hochschullehrern heftig diskutiert wurde, lautete: Ist in Gott Sein und Erkennen identisch?

Ich bin nicht mehr der Meinung, dass Gott erkennt, weil er ist, sondern, weil er erkennt, ist er. Gott ist Intellekt und Erkennen und das Erkennen ist die Grundlage seines Seins, denn das Sein ist etwas Geschaffenes und kann daher dem Schöpfer, der selbst unerschaffen ist, nicht zugesprochen werden. Die Ursache des Seins kann nicht selbst ein Etwas sein. Die Ursache des Seins ist die Lauterkeit des Seins, der Intellekt. Wenn ich aber Gott das Sein abspreche, so ist dies geradezu ein Überschwang seiner Bejahung.

Einige ängstliche Magister, die sich um die Bewahrung des rechten Glaubens besondere Sorgen machten und daher alles, was ihr verstorbener Lehrer Thomas von Aquin gelehrt hatte, für verbindlich und einzig rechtgläubig erklärten, scharten Studenten um sich und gingen Meister Eckhart harsch an: «Thomas von Aquin hat deine Frage ganz anders beantwortete», unterbrach ihn lautstark ein Student, «er schreibt in seiner ‹Summe der Theologie›: ‹Das Sein ist Gott!›» Der Magister des etwas vorlauten Studenten aber unterbrach sofort: «Nein, das stimmt nicht ganz, Thomas schreibt: ‹Gott denkt, was er ist›, was so viel heißt wie ‹Gott ist Sein und denkt und erkennt sich selbst!›» Und wieder ein anderer Magister suchte zu vermitteln: «Gott ist ein lauteres Sein, so hoch über dem Sein, wie der oberste Engel über einer Mücke.»

Eckhart aber spitzte nun seine Gedanken noch mehr zu.

Gott wirkt oberhalb des Seins, er wirkt im Nichtsein. Ehe es Sein gab, wirkte Gott. Gott ist jedoch weder dies noch das. Wenn ich gesagt habe, Gott sei kein Sein, er sei über dem Sein, so habe ich ihm damit nicht das Sein abgesprochen, vielmehr habe ich es ihm erhöht.

«Aber Thomas hat recht», rief wieder ein Student dazwischen, «denn der Papst will ihn heilig sprechen!» Meister Eckhart hielt für einen Moment inne, lächelte, blickte den Eiferer eindringlich an und legte ihm die Hand beruhigend auf die Schulter.

Du selber bist es, der denken und erkennen muss. Und du bist es auch selbst, der sich entscheiden muss! Das kann dir niemand abnehmen. – Das Erkennen des Menschen ist nicht nur in Raum und Zeit vorhanden, als ein Ding unter anderen Dingen, sondern als eine Kraft der Seele, die, wäre sie ganz und gar Erkennen, ungeschaffen und unerschaffbar wäre. Das ist die Vernunft. Es gibt eine Vernunft im Menschen, die über Erfahrung hinausreicht.

Die Magister und Studenten, die um Eckhart herum standen, blickten ihn erstaunt an und kämpften mit dem, was dieser

Meister soeben gesagt hatte. Unerhört, was hier behauptet wurde, dass in einem Funken des Erkennens der Unterschied zwischen Gott und dem Menschen überwunden sei? Es war, als wehe plötzlich ein heftiger Wind über die Köpfe der Männer hinweg und durch sie hindurch, entfache in ihnen ein Feuer, erfasse ihr Herz, setze es in Brand, verzehre es und mache es sich ganz zu eigen. Ein Fenster war aufgestoßen worden, das in der hohen Schule zuvor versperrt gewesen war.

Eckhart ging bei seinen Ausführungen nicht direkt auf die Lehre des Thomas von Aquin ein, den er im Allgemeinen hoch schätzte und verehrte, obwohl er sich im Einzelnen deutlich von ihm absetzte. Nein, nicht Thomas stellte für ihn eine Gefährdung der Glaubensfreiheit dar, sondern allzu fromme und engstirnige Verehrer, die seine Lehre zu Dogmen erheben wollten, die jeder Christ, wenn er rechtgläubig sein wollte, zu akzeptieren habe. Sie suchten den Glauben zu definieren und legten damit dem eigenen Denken Fesseln und Scheuklappen an. Um diesen Zweck zu erreichen, war ihnen kein Mittel unrecht, sogar eine frühzeitige Heiligsprechung des Thomas sollte dafür herhalten.

Eckhart wusste wohl zu schätzen, dass Albert und sein Schüler Thomas die Theologie neu zu denken versucht hatten, vor allem, indem sie die Welt des Glaubens durch das vernünftige Denken der Philosophie neu erschlossen. Es gab da Vorbilder im Islam, die schon früher versucht hatten, den Glauben mit dem philosophischen Denken zu versöhnen. Wo die schriftliche Offenbarung in Widerspruch zu vernünftigen Begründungen stand, war sie nicht im Sinne des Wortlautes auszulegen, sondern inspirierte durch ihre großartigen Bilder zu neuen Ideen und Sichtweisen.

Leider waren weder Albert der Große noch Thomas von Aquin, weder Dietrich von Freiberg noch Meister Eckhart in der Lage, die griechischen und arabischen Texte im Original zu lesen, sie mussten auf lateinische Übersetzungen zurückgreifen. Gibt es Glaubensüberzeugungen, fragten sie sich, die in Widerspruch zur Vernunft stehen und durch philosophische Argumente widerlegt werden können? Gibt es gar eine ‹doppelte Wahrheit›, so dass das, was die Vernunft als wahr erkennt, theologisch falsch sein kann? Oder können Wissen und Glaube doch in eine Harmonie gebracht werden?

Meister Eckhart sah sich genau in dieser Überlieferung stehen, nur dass er sich nicht nur auf Aristoteles berief, sondern viel stärker als seine Vorgänger die Schule von Platon in sein Denken einbezog, sowie die Schriften der Araber und die der Kirchenväter. Nochmals bewertete und vermaß er das Verhältnis zwischen Glauben und Erkennen neu, ohne Rücksicht auf das angespannte Verhältnis, das bisher zwischen Philosophie und Theologie vorherrschte. Niemand sollte des anderen Herr oder Magd sein. Dies bedeutete auch, dass er sich gegen eine administrative Verengung des Glaubens wehrte, die ihn ein für allemal in Dogmen festschreiben wollte, denn Kontrolle, Zensur und Sanktionen wären dann nur eine Frage der Zeit. Er bemühte sich, die geistige Aufbruchstimmung am Leben zu halten und Ängstlichkeit und Verunsicherung, die sich unter der Hand ausbreiteten, zurückzudrängen.

*

Wie kam es, dass Eckhart überzeugt war, Gott wahrnehmen und erkennen zu können, obwohl dieses Wahrnehmen und Erkennen doch in keiner Weise zu der Welt passte, die er täglich vor Augen hatte? Sowohl an der hohen Schule von Paris als auch in dem Dickicht der Dörfer und Städte, die er auf seinen Reisen durchquerte, waren die Ohren der Menschen für solche Botschaften verstopft, die Augen verschlossen. Conrad war noch immer gegenwärtig, mit welchem Maß an Aufmerksamkeit ihm Eckhart ins Gesicht geblickt, ihn ins Gespräch gezogen und seine Nachdenklichkeit herausgefordert hatte. Er hätte darauf schwören mögen, dass immer, wenn sie so miteinander sprachen, gleichzeitig etwas präsent war, was sie beide überragte und bedingungslos forderte. Eckhart entdeckte das Göttliche nicht in der Schönheit der Natur, nicht sie galt ihm als ein Spiegel Gottes, und er entdeckte es nicht in einem Zustand oder an einer abgelegenen Ecke der Seele, als warte es geduldig auf eine Gelegenheit, zum Vorschein zu kommen. Das Antlitz Gottes zeigte sich Eckhart vielmehr als Bewegung des Denkens, als Energie, als dynamisches Handeln des Geistes.

Erst als Conrad durch die ehrwürdigen Räume und Gänge der Kollegiengebäude ging, überkam ihn eine Ahnung dessen, was damals, als sein Meister hier lehrte, vor sich gegangen sein musste. In Köln, nachdem er ihm unter abenteuerlichen Umständen zum ersten Mal begegnet war, hatte er sich nie klar gemacht, mit welcher Jugendlichkeit und Kraft Eckhart als Magister aufgetreten sein musste. Um sich in einer solchen Stadt und einer solchen Universität als Lehrer behaupten zu können, musste er gesprüht haben vor Kraft, Witz, Schlagfertigkeit, gesundem Selbstbewusstsein und Unternehmungslust. Mit welchem Schwung hatte er sich wohl in den Hörsälen mit Kollegen und Studenten angelegt?

Die Atmosphäre der Stadt warf ein neues Licht auf Conrads Wahrnehmung von Meister Eckhart. Musste er seine erste Begegnung mit ihm neu bewerten? Eine verhärmte und zerlumpte Frau hatte ihn, er war gerade erst in Köln angekommen, auf der Straße angesprochen, wohl weil er ein Bettelmönch war, und ihn, wohl weil er sich nicht entschieden genug gewehrt hatte, in eine dunkle, abgelegene Gasse gezerrt und durch ein Kellerloch in eine dumpfe Stube geschupst. Er wusste nicht, wie ihm geschah. Nachdem sich seine Augen an die Dunkelheit gewöhnt hatten und der beißende Rauch einen Blick auf einen Strohsack in der Ecke des Zimmers freigab, sah er dort einen Mann liegen, dem der Schweiß auf der Stirn stand, der Kopf puterrot. Mit den Armen um sich schlagend, warf er seinen Oberkörper hin und her, offenbar im Delirium. Dann fiel Conrad das Gewand auf, der Habit eines Dominikaners. Er näherte sich dem Ordensbruder und begann vor Aufregung zu zittern. Vor ihm, völlig hilflos, lag der Leiter des Studium Generale, Meister Eckhart. Conrad bat um Wasser. Doch die Frau brachte aus der Tiefe des Zimmers einen Krug roten Wein. «Nein, nicht Wein brauche ich, sondern Wasser», herrschte Conrad die Frau an. «Das wird ihm aber nicht bekommen, es kommt aus dem einzigen Brunnen unserer Straße und stinkt nach Kloake», entgegnete die Frau, «Rotwein ist besser.» «In Ordnung», rang sich Conrad ab, «aber trotzdem brauche ich zunächst Wasser, um ihn etwas abzuwaschen und ihm, zur Kühlung, ein feuchtes Tuch auf die Stirn zu legen.»

Die Frau, die Eckhart zu sich in die Stube geholt hatte, erzählte, dass sie ihn am Abend habe stehen sehen, am Eingang zu ihrer Gasse, um Almosen bettelnd. «Das kann doch nicht wahr sein», zweifelte Conrad an dem, was er hier zu hören bekam, «der berühmte Meister der Theologie bettelt doch nicht, er hat alles, was er braucht und bekommt täglich sein Essen.» Doch die Frau bestand auf dem, was sie sagte: «Doch, ich habe ihn am Abend stehen sehen, seine bloßen Hände hatte er ausgestreckt und um kleine Gaben für die Armen gebettelt. Als ich dann, es war gar nicht viel später, nochmals auf die Straße ging, um etwas Milch für meine Tochter zu holen, lag er auf dem Boden, direkt an der Hausmauer und winselte, am Kopf hatte er eine Wunde, nicht sehr groß, aber recht bei Sinnen war er nicht. Meine Nachbarin und ich haben ihn dann in die Stube geschleift und ihn auf das Stroh gelegt, da drüben. Meine Nachbarin hat mir dann noch erzählt, dass ihr Sohn gesagt habe, Ganoven aus der Nachbargasse hätten ihn in ein Gespräch gezogen, ihm plötzlich das Geld aus der Hand gerissen, dazu einen Beutel mit weiteren Münzen, den er unter der Kutte getragen habe, und zu guter Letzt hätten sie ihm mit einem Knüppel auf den Kopf geschlagen.»

Conrad hatte dafür gesorgt, dass Bruder Eckhart auf einer Trage ins Kloster befördert und dort gepflegt wurde. Vom Prior bekam er die Aufgabe übertragen, am Krankenlager des Patienten zu wachen. Er lauschte, wie Eckhart während der ganzen Nacht in Fieberträumen vor sich hin redete, doch Conrad wurde aus den Wortfetzen nicht schlau: «… ich will nichts und verlange nichts … weiß nicht, ob ich noch lebe … habe nichts, habe Gott nicht …»

Je mehr Eckhart wieder Kräfte sammelte, desto mehr suchte er das Gespräch mit Conrad, der neben ihm auf der Liege saß, und erzählte ihm schließlich, wie er in die missliche Lage geraten war.

Ich habe gestern Abend bei den Zisterzienserinnen im Kloster Mariengarten gepredigt, und zwar über die Armut. Wenn der Mensch die Dinge der Welt erfasst, sagte ich, verliert er sich an das Zufällige. Wenn er sich Dinge aneignet, Besitz ergreift über materielle Dinge, aber auch vom eigenen Willen, wenn er sich Wissen aneignet, über sich selbst oder sogar Gott verfügen möchte, so sucht er Macht und wird süchtig nach ihr. Angesichts der Bestimmung des Menschen, Sohn Gottes zu sein, kehrt sich ein solcher Reichtum, der sich ans Haben bindet, unter der Hand um in brüchige Armut.

«Wenn das aber so ist», fragte Conrad, «warum hast du dann, lieber Bruder Eckhart, selbst gebettelt, gestern Abend, an der Ecke, die an das Armenviertel der Stadt grenzt?»

«Ach», antwortete Eckhart, «du verstehst mich nicht und ich muss zugeben, ich verstehe mich selbst kaum. Gerade weil ich, wo auch immer ich bin, alles bekomme, was ich brauche, gerade deshalb habe ich wieder einmal gebettelt. Bin ich Bettelbruder oder nicht? Als Magister der Theologie bin ich immer rundum versorgt, sowohl im Kloster St. Jacques von Paris wie auch am Studium Generale von Köln. Ich habe ein eigenes Zimmer zum Arbeiten und Schlafen, besitze eine bescheidene Ausstattung an Kleidern, die regelmäßig gewaschen und in Stand gehalten werden, bekomme genügend zu essen und zu trinken, manchmal werde ich sogar mit kleinen Zwischenmahlzeiten verwöhnt, ich habe eigene Bücher, Schreibzeug und Pergament zur Verfügung und brauche mich um meinen Lebensunterhalt nicht weiter zu sorgen. Gerne kehre ich nach getaner Arbeit in meine Zelle zurück oder gehe in die Klosterkirche zum gemeinsamen Gebet. Ich habe alles, was ich brauche, und doch habe ich als Dominikanermönch und Bettelbruder Armut versprochen. Wann zum letzten Mal habe ich gebettelt? Ich kann mich kaum mehr daran erinnern, es sei denn, dass ich ab und zu in der Kirche zu einem Opfer aufrufe, das dann die Gläubigen in den Opferstock werfen. Niemand erwartet von mir, dass ich bettle. Ich lebe wie auf einer Insel, die voll ist von wohlschmeckenden Früchten, mitten in einem Meer von Not. Wenn ich dann hungernde Kinder, ausgemergelte Frauen und Männer sehe, in zerrissenen Kleidern, voll Schmutz, Gesichter und Hände von Krankheiten gezeichnet, plagt mich mein Gewissen.»

«Hast du nicht selbst einmal gesagt», fragte Conrad zögerlich, «dass die Menschen, die alles zu haben meinen, in Wahrheit arm seien, die aber, die auf alles verzichteten, die nichts wollten, nichts wüssten und nichts hätten, wahren Reichtum besäßen?»

«Wie ist die Armut aus der Welt zu schaffen?», fragte Eckhart zurück. «Durch Nächstenliebe? Oder sind die Herrschenden an all dem Hunger und der Not schuld? Wie ich auch immer denke, meine Ideen scheinen wenig Erfolg zu versprechen. Es ist zum Verzweifeln. Wieder werde ich hinter der Klosterpforte Schutz und Sicherheit suchen und dabei die schrecklichen Bilder von der alltäglichen Armut aus meinem Bewusstsein ausblenden. Führt uns das Versagen in die Verzweiflung, oder gibt es einen Weg der Versöhnung unter den Menschen?»

Einmal darauf aufmerksam geworden, sah Eckhart überall, wo er hinkam, Reichtum zur Schau gestellt, Armut hingegen war nur als ein Nichtvorhandensein, ein Mangel zu bemerken, doch riechen konnte er sie, die Armut, überall wo er hinkam. Sie schlug ihm aus dunklen Kelleröffnungen entgegen, drang durch die Löcher zerrissener Kleider, aus den Poren der Haut und nahm ihm den Atem, wenn Habenichtse ihre zahnlosen Münder öffneten und ihn um eine kleine Gabe angingen.

Schon seit langem suchte sich Köln vor den ausgehungerten, zerlumpten und von Ungeziefer bedeckten Gestalten zu schützen. Die Ratsherren betrachteten die Bettelei als Störung der öffentlichen Ordnung und erließen Gesetze, um die Armen vor die Stadttore zu verbannen, richteten Armenhäuser ein, Hospize, die jedoch eher Zuchthäusern glichen, in denen Arme, Wahnsinnige und Straffällige zusammengesperrt waren. Armut galt als unabwendbares Unglück, das über die Menschen unvorhersehbar hereinbrach. Lediglich deren Auswirkungen auf die Menschen konnten gemildert werden.

Selbst in der Kirche herrschte ein grimmiger Streit, einerseits im Orden des Franz von Assisi selbst, aber auch zwischen diesem und dem Papst. Der Orden hatte sich in zwei Lager gespalten, in die Spiritualen und die Konventualen. Die Ersteren vertraten die Auffassung, dass der Orden, wie Jesus und die Apostel, keinerlei Eigentum besitzen sollte. Viele Franziskaner zogen zwar als Bettler umher, passten ihr Leben aber immer mehr dem der Städter an. Ihr Ordensgeneral Michael von Cesena versuchte zunächst ausgleichend zu wirken, um eine Spaltung des Ordens zu verhindern, schlug sich dann aber doch entschieden auf die Seite der Spiritualen und forderte, dass der Orden auf Geldgeschäfte, Kornspeicher und Weinkeller ebenso verzichten sollte wie der einzelne Mönch auf jeglichen persönlichen Besitz.

Papst Johannes XXII., der sehr darauf bedacht war, seine Einnahmen zu steigern, gewaltige Schätze und Reichtümer anhäufte, einerseits zur Stärkung päpstlicher Herrschaft, aber durchaus auch für persönliche Belange – er soll in Damaskus für über 1200 Golddukaten Kleidungsstücke aus Brokat gekauft haben – hatte kein Interesse an der Lehre der franziskanischen Spiritualen, griff in den Konflikt ein und erklärte, das Recht auf Eigentum sei von Gott gestiftet worden. Er zitierte den Ordensgeneral Michael von Cesena nach Avignon. Als sich dieser weigerte, von seiner Position Abstand zu nehmen, verhaftete und exkommunizierte er ihn. In Südfrankreich wurden viele, die an radikale Armut glaubten, der Ketzerei bezichtigt und auf Scheiterhaufen verbrannt.

※

Mit leerem, teilnahmslosem Blick starrte Berengar de Landora aus den schmuddeligen Kissen eines majestätischen Polsterstuhls auf die paar Löffel Hafergrütze, die ihm jemand in einer kunstvoll verzierten Holzschale auf seinen Tisch gestellt hatte. Die Lehne überragte den Kopf des Greises bei weitem. Der Brei war kalt geworden, eine unansehnliche Haut überzog ihn und schien den Greis zu ekeln. Der einst so mächtige Generalmagister war alt geworden. Sein schmächtiger Oberkörper war weit nach vorne gebeugt, als würde ihm die Wirbelsäule den Dienst versagen, er wirkte schwach und zerbrechlich, das lederne Gesicht, voll feiner Runzeln, glich dem einer Mumie aus den unterirdischen Steinbrüchen, den Katakomben von Paris.

Conrad blieb in gehörigem Abstand stehen und wartete ehrerbietig auf ein Zeichen, das ihn einlud, näher zu treten. Bei aller Gebrechlichkeit strahlte die Gestalt so viel an Kraft, Energie und auch Bewusstsein von Macht aus, dass nicht nur Conrad, sondern jeder Eintretende von vornherein auf Distanz gehalten wurde. In Berengars Augen aber lag eine ungewöhnliche Wärme, ein mildes und nachsichtiges Entgegenkommen, das sich nur Menschen leisten können, die selbst nicht darauf angewiesen sind. Conrad mochte scheinen, als dringe dem Dominikaner ein geheimnisvoller Glanz aus den Poren.

Die Zeit verstrich, ohne dass Conrad ein Anzeichen erkennen konnte, wahrgenommen zu werden. «Eure Exzellenz – Magnifizenz – ...», begann er endlich zu stottern. Langsam hoben sich die Augen des Dominikaners, während sich seine Lippen unermüdlich bewegten, gerade so, als würden die zahnlosen Kieferknochen noch Haferschrot malmen, und blieben doch stumm, als müsste die Stimme erst erproben, ob sie noch zu einem Laut fähig wäre. Die von Gicht gekrümmten Hände jedoch, die im selben Rhythmus zitterten, wiesen Conrad nun in kurzen energischen Bewegungen an, näher zu treten und auf einem gepolsterten Hocker, der sich an der Seite befand, Platz zu nehmen. Auch die Stimme fand nach einem vorsichtigen Räuspern und Krächzen wieder zu ihrem Klang: «Sag einfach Bruder Berengar, nur Bruder Berengar!»

«Hoch verehrter Bruder Berengar, ich bin Conrad von Halberstadt. Halberstadt, in der Saxonia. Das Kloster aber, zu dem ich gehöre, ist Köln, in der Provinz Teutonia!»

Schon mit diesen ersten Sätzen verstrickte sich Conrad in ein Netz von Lügen und Ausflüchten. Zu mächtig und streng erschien ihm sein Gegenüber, als dass er es hätte wagen können, die Wahrheit zu sagen. Schuldgefühle stiegen in ihm auf, verunsicherten ihn, Blut staute sich in seinem Kopf. Er suchte zu retten, was zu retten war, reichte Erklärung um Erklärung nach und machte mit seinen Halbwahrheiten alles nur noch schlimmer.

«In Köln war ich Schüler und Assistent von Meister Eckhart, den Ihr ja noch gut kennt, aus der Zeit, in der er hier in Paris als Magister lehrte. Er hat mir viel von Euch erzählt. Ich verbrachte mehrere Jahre an der Seite Bruder Eckharts und stand zuletzt sogar an seinem Sterbebett.»

Während Conrad sprach, beobachtete ihn Berengar von Landora aufmerksam, zog, von den Ausführungen wenig überzeugt, eine Augenbraue in die Höhe und unterbrach Conrad ungeduldig mit einer Frage: «Wie kannst du Prediger sein, wenn du nicht einmal ein Ordensgewand trägst?»

Conrad drohte die Luft knapp zu werden. «Ja, das ist ungewöhnlich. Da muss ich weiter ausholen, um das zu erklären», antwortete er, suchte Zeit zu gewinnen und bastelte derweilen an einer Legende, die einigermaßen glaubwürdig klingen konnte. «Doch, doch, es stimmt schon, ich war in Köln die rechte Hand von Meister Eckhart, und er nahm mich im Laufe der Jahre als Schüler, gar als Freund unter seine Fittiche. Ich stand immer zu ihm – zugegebenermaßen manchmal mit einer gewissen Skepsis gegenüber dem, was er in seinen Predigten sagte. Nachdem jedoch Eckhart Ketzerei vorgeworfen und in Avignon sogar einige seiner Sätze verurteilt wurden, hat mich der Kölner Prior beauftragt, in geheimer Mission nach Paris zu gehen, um die Verbreitung ketzerischer Lehren auszukundschaften und nach Möglichkeit zu verhindern, gleichgültig, ob sie nun von Eckhart ausgehen oder nicht. Daraus erklärt sich auch, warum ich kein Ordensgewand trage. Der Prior von Köln erteilte mir eine vorübergehende Dispens, um meinen Auftrag, gleichsam inkognito, besser ausführen zu können.»

Conrad verhedderte sich immer mehr bei seinen Ausführungen. In halsbrecherischen Argumentationen suchte er sein Verhalten zu erklären und sein Vorgehen zu rechtfertigen. Dabei vermied er allzu ausführlich von den Vorkommnissen in Köln zu erzählen, gestand immer nur so viel, wie unumgänglich war, und versicherte hoch und heilig, nichts als der rechte Glaube liege ihm am Herzen. «Zu Euch, hoch verehrter Bruder Berengar, bin ich gekommen, da Ihr, der berühmte Generalmagister des Ordens, Eckhart sehr gut gekannt habt und, aus erster Hand sozusagen, über seine Zeit in Paris Auskunft geben könnt.»

Für jeden Beobachter wäre es leicht zu erkennen gewesen, dass Berengar von Landora dem, was der junge Mann da von sich gab, misstraute, nur Conrad selbst bemerkte es nicht. Dennoch brachte ihm der Generalmagister zugleich auch Bewunderung entgegen, staunte über das jugendliche Ungestüm, den Mut und die Entschlossenheit des angeblich verdeckten Predigerbruders, der es wagte, ihm hier vor Augen zu treten.

Bruder Berengar überlegte, wie er am leichtesten die Wahrheit über Conrad herausfinden konnte, und entschied sich fürs Erste, ihm Honig zu lecken zu geben, indem er ihm von Meister Eckhart erzählte.

«Ich kannte Bruder Eckhart gut und schätzte seine Gelehrsamkeit über alles. Nach mir hat er damals den Lehrstuhl übernommen, der dem Dominikanerorden vorbehalten ist, kurz bevor ich zum Generalmagister gewählt wurde. Ich weiß noch genau, wie wir bei unseren Gängen durch den Klostergarten über alles Mögliche sprachen, über Gott und die Welt sozusagen, über die wachsenden Gefahren, denen die Kirche durch Häresien ausgesetzt ist, die Templerprozesse und einmal sogar, ich erinnere mich noch so genau daran, da Eckhart an dem Fall so interessiert schien, über Marguerite Porète und deren ‹Mirouer›, ein recht respektables Werk übrigens, obwohl von einer Frau verfasst.»

Die Gedanken Bruder Berengars schweiften in die Weite seiner Erinnerungen und legten ein zufriedenes Schmunzeln über sein maskenhaftes Gesicht. Er bat Conrad, aus dem Schrank zwei Gläser und eine Karaffe mit Wein zu holen und einzuschenken, zog ein geflochtenes Körbchen mit Brot heran, das offenbar stets zur Verfügung stand, und forderte ihn auf zuzugreifen.

Und wieder lächelte er: «Als ich ihn einmal, es war, glaube ich, unser letztes Zusammentreffen, nach seinem dreiteiligen Werk fragte, begannen seine Augen zu leuchten, er war in wenigen Augenblicken mitten im Problem: ‹Es ist naturgemäß und gilt allgemein, sowohl im Bereich des Göttlichen als auch in Natur und Kunst, dass das von einem Hervorgebrachte vorher in ihm ist. Die Feige würde …›, oder so ähnlich, doch ich unterbrach ihn und winkte ab. Ich hatte nicht wirklich Muße für solche weitschweifigen Auslassungen. In Wahrheit hatte ich ihn rufen lassen, um ihm mitzuteilen, was der Orden weiterhin von ihm erwartete. Seine Lehrtätigkeit an der Universität ging zu Ende und Eckhart wollte unbedingt nach Erfurt zurück. Ich jedoch hatte anderes mit ihm vor. Der Provinzial der Teutonia Heinrich von Grüningen hatte berichtet, dass er sich in großen Schwierigkeiten befinde, die er auf sich alleine gestellt nicht lösen könne, und dass er die Ordensleitung um Unterstützung bitte. Es ging um die vielen, vielen frommen Frauen, die bettelnd übers Land zogen, von Stadt zu Stadt, und ein eigenwilliges Verständnis der Evangelien verkündeten.»

❖

Bruder Berengar versank in tiefsinniger Melancholie und schwieg, so dass Conrad schon meinte, er sei vor Ermattung eingeschlafen. Dann wieder murmelte er nahezu unverständlich vor sich hin: «… Eckhart hat überhaupt nicht verstanden, worum es ging. Ständig redete er von der Bedeutung der Frauen in der Kirche und von persönlicher Sorge, die er empfinde. Prälaten würden die Frauen aus ihren Häusern vertreiben, in denen sie seit Jahren wohnten. Überhaupt seien diese frommen Frauen mit Ketzern nicht auf eine Stufe zu stellen. Ich wurde zornig. In Wirklichkeit schlugen die Frauen über alle Stränge, in ihrem Übereifer, und entwickelten eine Spiritualität, die gefährlich werden konnte. Dringend war eine besondere Betreuung und Anleitung erforderlich.»

Wieder legte Berengar de Landora eine lange Pause ein und nippte mehrmals an seinem Glas Wein. Dann, plötzlich, wurde er wieder hellwach und ereiferte sich: «Der schwindende Einfluss des Ordens auf die Frauenbewegung spitzte sich in den Rheinischen Regionen zu. Es war unbedingt erforderlich, jemanden vor Ort zu haben, der den Herausforderungen der Weltgeistlichen und übrigens auch der Franziskaner gewachsen war.»

Damit war die Katze aus dem Sack, es ging nicht nur um die Spiritualität der Frauen, sondern in erster Linie um die Position des Dominikanerordens in der Kirche, um Auseinandersetzungen mit den Weltgeistlichen und Franziskanern. «Die Barfüßer», fuhr er fort, «hatten ein ganz anderes Verständnis von Armut als zum Beispiel unser Mitbruder Thomas von Aquin. Deshalb sprach die Ordensleitung, und das war letzten Endes ich selbst, den Wunsch aus, Eckhart solle in diesen schwierigen Angelegenheiten die Interessen des Dominikanerordens vertreten. Er werde, versicherte ich ihm, mit einer weitreichenden Befugnis ausgestattet, auch disziplinarische Entscheidungen treffen zu können. In Straßburg stünde demnächst die Überschreibung einer Schenkung an, und ich wünschte, dass er dort Halt machte, auf seinem Weg nach Köln, um die Urkunde zu bezeugen.»

Conrad bestätigte, dass Eckhart bis kurz vor seinem Lebensende davon geträumt habe, wieder als Prior in Erfurt tätig zu sein, die Ausbildung der Novizen voranzutreiben und, soweit die Zeit ausreichen würde, sich seinen schriftlichen Werken zu widmen.

Der Generalmagister nickte mehrmals zustimmend mit dem Kopf und fuhr fort: «Ich hingegen erwartete von ihm die seelsorgerische Betreuung der dem Orden unterstellten Frauenkonvente. Ich war fest überzeugt, dass Eckhart besonders geeignet war, die Frömmigkeit der Frauen in die richtige Richtung zu lenken. Um ihm die Entscheidung zu erleichtern, habe ich ihm den Lehrstuhl des großen Albert in Aussicht gestellt, der in absehbarer Zeit frei würde.»

Selbstkritisch fügte der sichtlich ermattete Magister hinzu: «Ich muss allerdings auch zugeben, dass das übertriebene Lob, das ich auf Meister Eckhart angestimmt habe, nicht gut bei ihm ankam. Das Gespräch hinterließ bei uns beiden einen schalen Geschmack. Er verdächtigte mich wahrscheinlich, ihn möglicherweise von der Einfluss- und Entscheidungsebene des Ordens wegloben zu wollen. Und in der Tat beschönigte mein Angebot, als Vikar des Generalmagisters mit disziplinarischer Entscheidungsbefugnis zu agieren, auch meine zweite Absicht, seine Einflussmöglichkeiten auf die offizielle Ordensdoktrin einzuschränken. Ich war eben immer ein treuer Anhänger des hl. Thomas von Aquin. – Eckhart vergrub sein Gesicht in den Händen, um sich die Lage, die ich ihm mehr oder weniger verschleiert vor Augen geführt habe, nochmals klarzumachen. Heute bin ich überzeugt, dass ihn die Angst überkam, möglicherweise in eine Falle gelaufen zu sein. Vielleicht auch ahnte er den langen, beschwerlichen Weg, der ihm bevorstand. – Ich suchte Eckhart zu trösten, sprach meine Überzeugung aus, dass er aufgrund seiner reichen Erfahrung, seines Wissens, seiner Gelehrsamkeit und spirituellen Haltung, das am besten geeignete Mitglied des Ordens sei, das für die schwierige Aufgabe gefunden werden könne. Er sei theologisch wie seelsorgerisch bestens ausgewiesen. Und wenn es Schwierigkeiten gäbe, könne er sich stets an mich wenden. Er möge sich doch auf seine neue Tätigkeit freuen! – Eckhart meinte zwar noch, dass er der neuen Aufgabe möglicherweise doch nicht so gut gewachsen sei, wie es auf den ersten Blick den Anschein habe, da er sein fünfzigstes Lebensjahr schon deutlich überschritten habe, ein Alter, das vielen Menschen gar nicht geschenkt würde. Doch ich lachte nur und verwies auf die Perspektiven, die sich ihm nun eröffnen würden: Bei der Übertragung seines Wissens von der lateinischen in die deutsche Sprache würde er neue Dimensionen des Denkens und Glaubens erschließen können. Zum Abschied wünschte ich ihm von Herzen den Segen Gottes für seine verantwortungsvolle Aufgabe.»

Conrad von Halberstadt hörte dem Bericht Bruder Berengars aufmerksam zu und prägte sich so gut wie irgend möglich alle Einzelheiten ein. Doch da bislang alles so gut gelaufen war, überkam ihn Übermut. Naseweis geworden entschlüpfte ihm eine Frage: «Wer, Bruder Berengar, war eigentlich Marguerite Porète, von der Ihr vorhin gesprochen habt? Ich habe noch nie von ihr gehört.» Bruder Berengar kniff seine Augen zusammen, musterte Conrad voll Argwohn, war plötzlich wieder misstrauisch geworden. Die Zeit schien für eine Weile still zu stehen. Berengar schwieg, sein Gesicht verlor den letzten Rest an Farbe und versteinerte auf eigentümliche Weise. Conrad spürte den schroffen Blick eines unerbittlichen Richters auf sich ruhen. Eine veränderte förmlich-distanzierte Stimme drang an sein Ohr, jedes Wort von beißendem Spott durchdrungen: «Eigenartig, mit welcher Wärme und Anteilnahme du dich für Marguerite Porète interessierst, es kommt mir gerade vor, als säße Meister Eckhart wieder vor mir.» «Ich erinnere mich, Eckhart hat einmal ihren Namen genannt.» «Ach, ich dachte, du hättest noch nie von ihr gehört. Welche Seelenverwandtschaften es doch gibt.» Wieder breitete sich ein langes Schweigen aus, überzog wie matter Firnis die Dinge im Raum. Conrads Blick fiel auf die Holzschale mit Hafergrütze, auf die hässliche Haut, die sich über die grau-braune Masse gelegt hatte, und den verkrusteten Holzlöffel, der in dem Brei steckte.

Und noch einmal raffte sich der Generalmagister zu einer letzten Erklärung auf: «Bruder Conrad, ich habe zwar Verständnis für deine Neugier, werde sie aber dennoch nicht zufrieden stellen. Auch muss ich gestehen, dass ich nicht glauben kann, was du zur Begründung deiner Wissbegierde vorgebracht hast. Es gibt da gewisse Widersprüche. Einerseits willst du die ketzerischen Lehren Eckharts auskundschaften und ihre Verbreitung verhindern und andererseits verehrst du Eckhart nach wie vor, als wäre kein Verfahren gegen ihn angestrengt und keiner seiner Sätze verurteilt worden, Sätze, die Irrtümer oder das Mal der Häresie enthalten. Auch die Begründung, dass du kein Ordensgewand trägst, ist unglaubhaft. Kein Prior würde dir für einen solchen Zweck Dispens erteilen. Die Sache mit der geheimen Mission ist von Anfang bis Ende erlogen. Deine scheinbar unverfängliche Frage nach Marguerite Porète jedoch machte mich vollends sicher in meinem Urteil.» Wieder trat eine Pause ein. «Ich werde dich an einen Ort bringen lassen, wo du nie mehr Auskunft über diese verstockte Person erhalten wirst.»

Nach diesen Worten klingelte der greise Magister, der sich bereits im Vorhof der Ewigkeit befand, einem Laienbruder und ordnete an, den Gast unverzüglich in das erzbischöfliche Palais bringen zu lassen, um ihn dort in das unterirdische Verlies zu werfen.

Conrad protestierte, begann unter heißen Tränen um Barmherzigkeit zu flehen, rief lautstark um Hilfe, wehrte sich unter Einsatz all seiner Kräfte. Nichts half. Berengar nahm das Bitten, Flehen und sich Wehren schon gar nicht mehr wahr. Er war bereits in die Kissen seines Stuhls zurück gesunken und eingedöst.

*

Conrad wusste nicht, wie ihm geschah, als er in den Kerker des bischöflichen Palastes gestoßen wurde, mitten unter zwei Dutzend ausgemergelte Männer. Nebenan, nur durch hölzerne Latten getrennt, ein ähnlicher Verschlag und dann noch einer und noch einer. Die Männer, junge und alte, waren hohlwangig, verdreckt, hatten alle kalkig weiße Gesichter, lagen meist lethargisch auf einer dünnen Schicht Stroh und stöhnten zum Erbarmen. Durch ein schmales Fenster, hoch oben in der Wand, drang gerade so viel Licht, dass die Umrisse der zerlumpten Gestalten und wenigen armseligen Gegenstände, die wahllos auf dem Boden herum lagen, auszumachen waren. Conrad legte sich auf ein Büschel Stroh und beobachtete, wie die Zeit über ihn hinwegstrich. Er fühlte sich an den Mistral erinnert, der, auf seiner Wanderung nach Avignon, unentwegt über die Lavendelfelder der Provence fegte, wobei sich die Bäume allmählich, ohne dass sie es selbst bemerkten, nach Süden, dem Meer zu, bogen. Er lauschte endlosen Selbstgesprächen, bitteren Klagen, Beschimpfungen, verzweifeltem Weinen. Gelegentlich vernahm er aus der Tiefe des Gefängnisses die Schreie Gefolterter. Ein Wachmann schob ab und zu einen Kanten Brot durch die Latten des Verschlags, brachte einen Topf abgestandener Suppe oder einen Krug mit schalem Wasser, das die Gefangenen ebenso unter sich teilten wie das Stroh, auf dem sie lagerten. In einer Ecke stand ein Eimer für die Notdurft, einer für alle gemeinsam.

Morgen- und Abenddämmerung flossen bruchlos ineinander über und deuteten sich für Conrad nur durch die unendlich langsame Verschiebung des Schattens an, der von den Gitterstäben am Fenster geworfen wurde. Tagelang kreiste das Gewirr seiner Erinnerungen um die zurückliegenden Ereignisse; was aber in den letzten Stunden und Tagen geschehen war, entglitt ihm und fiel ihm partout nicht mehr ein.

Einzige Unterbrechung stellten die Verhöre dar, endlose Frageketten: «Wie heißt du? Wo bist du geboren? Wer sind deine Eltern? Woran glaubst du? Sage das Glaubensbekenntnis! Bete das ‹Vater unser›! Wer ist höher gestellt, der König oder der Papst? Wer darf Gewalt ausüben? Darf man die Religion kritisieren? Welche Rechte haben Christen, welche Juden? Welche Pflichten hast du? Ist es erlaubt, dass Männer Männer lieben? Wem bist du Gehorsam schuldig, der Kirche, dem König?» Spezielle Fragen zu Meister Eckhart oder Marguerite Porète wurden nicht gestellt, wahrscheinlich weil den Männern, die ihn verhörten, überhaupt noch keine Anklage gegen den Inhaftierten übergeben worden war.

Doch Conrad ging es bislang gut, verglich er sich mit den Männern, die neben ihm auf dem Stroh lagen. Er war froh, dass er nicht hatte mit ansehen müssen, was andere Menschen – Menschen wie Conrad selbst – ihnen angetan hatten, bevor sie hinter den Verschlag zurück geschleppt worden waren. Über ihr Leid sprechen konnten die Männer nicht, doch reichte Conrad sein Vorstellungsvermögen, um den unerträglichen Schmerz, den sie erlitten haben mussten, zu erahnen. Gott gebe, dass er die Qualen nicht würde durchlaufen müssen, schon seine Phantasien und Träume waren kaum auszuhalten. Wieso aber unerträglich? Warum nicht auszuhalten? Conrad stellte die Frage nach diesem Widerspruch wieder und wieder. Die Männer haben Schmerzen ertragen, die nicht zu ertragen sind, haben ausgehalten, was nicht auszuhalten ist, haben ihr Leben gleichsam überstiegen in ein Reich der absoluten Stille und Verlassenheit. Sicherlich waren auch sie einmal im ganz normalen Leben angekommen gewesen, hatten gearbeitet bis zum Umfallen, hatten geliebt und sich dabei verloren, waren über alle Maßen von Glück oder Angst ergriffen, so aber wie unter der Folter waren sie noch nie aus ihrem Leben herausgetreten. Wie wenig doch genügte – ganz einfache Dinge wie Nägel, Zangen, Drähte, Wasser, Feuer –, um die Männer das Außerordentliche zu lehren, um sie vor der unendlichen Leidensfähigkeit, die offensichtlich in ihnen steckte, zum Erzittern und Verstummen zu bringen. Keiner der Männer war nach der Folter mehr der, der er vorher gewesen war. – Bei diesen Gedanken überkam Conrad die brennende Angst, genau dasselbe könne vielleicht die Erfahrung von Gottes Feuer bewirken.

✳

Wieder hatte Conrad Zeit, unendlich viel Zeit; seine Gedanken drehten sich im Kreis. Was würde mit ihm geschehen? Würde gegen ihn ein Prozess geführt werden? Gar ein Inquisitionsprozess? Was war ihm vorzuwerfen? Oder, so fragte er sich manchmal, würde er ganz einfach vergessen werden und in dem Verlies vermodern?

Conrad kam der Prozess gegen Meister Eckhart in den Sinn. Wie war es zu dem Inquisitionsverfahren gegen ihn gekommen? War nicht auch gegen ihn völlig willkürlich Anklage erhoben worden? War ihm mehr vorzuwerfen gewesen als ihm, Conrad?

Wie war das doch damals? Der Erzbischof hatte das Verfahren eröffnet. Er bestellte eine Kommission, den Kölner Domherr Reyner von Friesland, Doktor der Theologie, und Albertus von Mailand, einen Minoritenbruder, und gab ihnen richterliche Entscheidungsbefugnis. Er, Conrad, war damals mehr erschrocken als der Meister selbst, als dieser unter der Anklage ‹Verdacht auf Häresie› vorgeladen wurde. Eckhart hatte sofort Einspruch erhoben, einerseits gegen die Inquisitoren selbst, wegen deren mangelnder Kompetenz in der Sache, und zum andern gegen diejenigen, die ihn denunziert hatten. Beide Einsprüche waren auf der Stelle zurückgewiesen worden. Dann musste Eckhart einen Eid leisten, stets die volle und reine Wahrheit zu sagen. Gleich anschließend begann die erste Zeugenvernehmung.

Warum nur war gegen Meister Eckhart ein Inquisitionsverfahren angestrengt worden? Conrad begriff es bis heute nicht. Die Dominikanermagister Albertus Magnus und Thomas von Aquin waren ja auch einmal angeklagt worden, doch richteten sich die Vorwürfe nicht gegen sie selbst als Person, sondern allein gegen bestimmte Lehrmeinungen, die sie verbreitet hatten. Beide Anklagen waren im Sande verlaufen und wurden fallengelassen. Ausgerechnet gegen Meister Eckhart aber wurde ein Inquisitionsprozess angestrengt. Das war überhaupt noch keinem Theologen von Rang passiert. Conrad hatte um seinen Lehrer gezittert. Drohte ihm, wie in Inquisitionsprozessen die Regel, Inhaftierung, Folter, Verurteilung? Conrad dankte Gott bis heute, dass der Prozess nicht bis zum bitteren Ende geführt wurde.

Ankläger waren Wilhelm von Nidecke und Hermann de Summo gewesen. Conrad erinnerte sich noch genau, wie sie gegen Meister Eckhart vorgegangen waren, da sie ihm seinen guten Ruf beim Volke neideten und sich selbst gegen den Vorwurf zu wehren hatten, ein für Bettelbrüder zu freizügiges Leben zu führen. Auch wollten sie sich gegenüber der Ordensleitung in ein günstiges Licht stellen. Sie hatten Eckharts Schriften und Predigten durchforscht und fleißig Belege gesammelt, die in ihren Ohren ketzerisch klangen und schließlich mehrere Listen mit insgesamt über 100 Artikeln vorgelegt, die Eckharts Irrglauben belegen sollten. Viele der Anklagepunkte waren aus dem Zusammenhang gerissen und kommentarlos als häretisch bezeichnet worden.

Eckhart bezog Stellung.

Gemäß der Freiheit und den Privilegien des Ordens bin ich nicht gehalten, vor Euch, den Inquisitoren Reyner von Friesland und Albertus von Mailand zu erscheinen, noch auf die gegen mich erhobenen Vorwürfe zu antworten, zumal ich nie der Häresie beschuldigt worden bin und niemals im Rufe der Häresie gestanden habe, wofür mein ganzes Leben und meine Lehre Zeugnis geben. Der Auftrag, der Euch vom Erzbischof von Köln erteilt wurde, hat keinerlei Rechtskraft, entstammt verleumderischer Einflüsterung, einer üblen Wurzel also.

Wenn ich mich vor jemand zu verantworten habe, dann allein vor dem Papst oder den Magistern der Pariser Universität. Diejenigen jedoch, die mich jetzt und hier anklagen, sind voll Bosheit, dumm oder sogar geistesbeschränkt. Alles, was sie nicht verstehen, halten sie für verkehrt und wiederum das Verkehrte für Ketzerei. Ihr Standpunkt widerspricht der Lehre des Evangeliums und kann offensichtlich, wenn man so will, für Gotteslästerung und Häresie gehalten werden.

Unter Protest und weit über das Maß hinaus, zu dem ich verpflichtet bin, werde ich dennoch Stellung beziehen, antworten und die Dinge im rechten Lichte darlegen, um nicht den Anschein zu erwecken, ich ergriffe die Flucht vor dem, was mir fälschlicherweise unterstellt wird.

Zugegeben, manche meiner Ausführungen sind ungewohnt, schwierig und subtil. Auch mögen manche meiner Äußerungen möglicherweise einen Irrtum enthalten oder schlecht klingen. Wenn daher in meinen Aussagen oder Schriften etwas falsch ist, was ich allerdings bisher nicht erkennen kann, bin ich jederzeit bereit, einer besseren Einsicht nachzugeben. Kleine Geister, wie ich einer bin, sind zuweilen Dingen, die über ihre Kräfte gehen, nicht gewachsen. Irren kann ich, aber nicht Häretiker sein, denn das erste betrifft den Intellekt, das zweite aber den Willen.

Für den Irrtum jedoch, den jemand vertritt, der mich
missversteht, bin ich nicht verantwortlich. Manchmal
konnte ich nicht anders, als meinen Weg durch unzu-
gängliche und dunkle Gebiete zu nehmen.

Während sich Conrad so die Anfänge des Verfahrens gegen
Eckhart ins Gedächtnis rief, fragte er sich, warum die Inquisitoren den Prozess nicht in ein einfaches Verfahren umgewan-
delt hatten, nicht lediglich ausgewählte Sätze des Meisters der
Zensur unterwarfen. Es wäre ein Leichtes gewesen. Eckhart
hatte sich doch ausdrücklich zur Rechtgläubigkeit bekannt und
sich dem Urteil der Kirche unterworfen. Doch wie würde es
ihm selbst ergehen, ihm, Conrad, nicht so angesehen wie Eckhart, kein Magister der Theologie, keinen Orden hinter sich,
auf obskure Weise in den Kerker geworfen, in Paris, in der
Fremde? Wer war er, wenn niemand von ihm wusste?

✼

Der Prozess gegen Meister Eckhart zog sich unangemessen in
die Länge. Er wurde oft mehrmals in der Woche vorgeladen,
unverhofft, ohne dass dafür ein wirklicher Grund vorgelegen
hätte. Die Inquisitoren suchten das Verfahren zu verschleppen,
ohne zu berücksichtigen, dass nicht nur Eckhart beschädigt
wurde, sondern auch der Orden des heiligen Dominikus.

Die Freunde Eckharts setzten sich zusammen und berieten,
wie weiter zu verfahren sei. Eckhart selbst bestand darauf, dass
Conrad als sein Assistent mit dabei sein sollte. Er sah sie noch
alle vor sich, in der Dunkelheit seines Verlieses, als wäre es erst
gestern gewesen. Nikolaus von Straßburg, damals noch päpstlicher Visitator, war von den verleumderischen Anklägern selbst
denunziert worden. Er brauste auf: «Du musst dich wehren,
Eckhart, sonst führen sie dich noch lange an der Nase herum!»
Heinrich de Cigno, der Generalmagister war eigens nach Köln
gekommen und mahnte zur Vorsicht: «Es ist zu befürchten,

dass dich das Gericht überrumpelt und über Nacht eine endgültige Verurteilung ausspricht, mit unabsehbaren Folgen: Inhaftierung, Folter und, ich möchte das Unglück ja nicht an die Wand malen, Verurteilung zum Tod auf dem Scheiterhaufen.» «Meister Eckhart ein Häretiker, das gibt es doch gar nicht!», empörte sich der Prior Johannes von Griefenstein. Doch Heinrich de Cigno beharrte auf seiner düsteren Beurteilung: «Nach einer Verurteilung könnte er keinen Antrag auf Revision mehr stellen!» «Was also kann ich tun?», fragte Meister Eckhart zuletzt. Da alle schwiegen lag es an Conrad, Eckhart den Rat zu geben, an den Papst persönlich zu appellieren.

Um einer bevorstehenden Verurteilung zu entgehen, reichte Eckhart beim Erzbischof ein Appellationsschreiben an den Papst ein. Er hoffte, dadurch das Verfahren an die oberste Instanz zu verlagern, den päpstlichen Stuhl. In Gegenwart zweier öffentlicher Notare las Conrad, in seinem Namen, den Inquisitoren die Appellation vor. Eckhart klagte in dem Schreiben über die Verschleppung des Prozesses, die zahlreichen Vorladungen, die Zeugenaussagen der beiden aktenkundig verleumderischen Mitbrüder Hermann de Summo und Wilhelm von Nidecke und insistierte auf seiner Auffassung, dass das Verfahren des Erzbischofs jeder rechtlichen Grundlage entbehre.

Für den Fall einer Ablehnung seines Antrags durch das erzbischöfliche Ordinariat, was wahrscheinlich war, riet ihm der Kölner Prior Johannes von Griefenstein zusätzlich zu einem öffentlichen Zeugnis in der Dominikanerkirche. Eckhart nahm den Rat dankbar an. Nach der Sonntagspredigt wies Eckhart Conrad an, der Gemeinde eine Erklärung vorzutragen. Er las sie Punkt für Punkt in lateinischer Sprache vor, woraufhin Eckhart sie in die Volkssprache übersetzte und erläuterte. Er rief Gott zum Zeugen an, dass er jeden Irrtum im Glauben, so weit immer möglich, verabscheue.

Ich, Meister Eckhart, Doktor der heiligen Theologie, widerrufe öffentlich vor Euch allen, sofern ich etwas Irrtümliches in dem finde, was ich geschrieben, gesprochen oder gepredigt habe, privat oder öffentlich, wo und wann

*immer, sei es aus schlechter Einsicht oder verkehrten
Sinnes. Solche Irrtümer betrachte ich als nicht gesagt
oder geschrieben.*

Eckharts Erklärung wurde von einem Notar festgehalten. Anwesend war auch eine Reihe hervorragender Mitglieder des
Predigerordens. Er wurde also von seinem Orden nicht allein
gelassen. Zudem waren unzählige Gläubige in der Kirche zugegen. Nur wenige Tage später erhielt Eckhart die Mitteilung,
dass ihm eine Berufung an die übergeordnete Instanz des
Heiligen Stuhles nicht zustünde, die Appellation also nicht
bewilligt worden war. Gottlob war Eckhart durch seine feierliche Erklärung und den öffentlichen Widerruf in der Dominikanerkirche einer strafrechtlichen Verurteilung als Häretiker zuvorgekommen. Die Kölner Ablehnung der Appellation
hinderte Eckhart nicht daran, sich dennoch auf den Weg nach
Avignon zu machen, um sich der päpstlichen Jurisdiktion zu
unterstellen. Damit endete der Kölner Prozess, war jedoch
durch den negativen Bescheid schwer belastet. Als der Erzbischof erfuhr, dass Eckart nach Avignon unterwegs war, nahm
er seinerseits die Ablehnung der Appellation zurück und teilte
dies dem Papst mit.

*

Conrad brachte noch mehrere Wochen in dem dunklen Verlies
zu, als er wieder einmal, diesmal ziemlich unerwartet, zum
Verhör gerufen wurde. Nach der Nennung seines Namens, Alters, Standes und Wohnsitzes fragte ihn der Richter unvermit-
telt, wie denn die Anklage gegen ihn laute. Verblüfft antwortete Conrad: «Die Anklage ist mir nicht bekannt, sie wurde mir
nie mitgeteilt.» «Aber du wirst doch wissen, was du verbrochen hast», gab der Richter zurück. «Nein, ich habe gar nichts
verbrochen», entgegnete Conrad, «als ich bei dem ehemaligen
Generalmagister, Berengar von Landora, zu einem Gespräch

geladen war, hatte ich mich gut mit ihm unterhalten, da wurde ich plötzlich von einem seiner Laienbrüder festgehalten, abgeführt und in den Kerker geworfen.» «Das klingt aber nicht sehr glaubhaft, was du da erzählst», entgegnete der Richter. «Leider ist Berengar von Landora vor über einer Woche verschieden, ohne eine Anklage zu hinterlassen, daher habe ich den Laienbruder, von dem du soeben gesprochen hast, geladen.» Der Laienbruder wurde in den Raum geholt, konnte aber nichts zur Klärung der anstehenden Frage beitragen. Er war etwas begriffsstutzig und hatte von dem Gespräch zwischen dem Generalmagister und Conrad nichts mitbekommen oder einfach auch nur nichts verstanden. Nach einigen weiteren Nachfragen und Überlegungen kam der Richter zu folgender Entscheidung: «Conrad von Halberstadt, geboren in Halberstadt, Heiliges Römisches Reich, Grafschaft Thüringen, am 17. März 1302, ledig, Studium der Theologie und der Freien Künste, wird hiermit, aus Mangel an Beweisen, vorläufig auf freien Fuß gesetzt. Sollte er in irgendeiner Weise auffällig werden, ist er umgehend wieder festzusetzen. Der Angeklagte hat innerhalb eines Monats das Gebiet des französischen Königreichs zu verlassen. Gegeben am 23. August 1328.» Die Unterschrift, die unter das Schreiben gesetzt war, konnte Conrad nicht entziffern.

Als Conrad das Gebäude verließ, kam ein Dominikanermönch auf ihn zugeschlendert. Er sah aus wie ein herausgeputzter Schönling vom königlichen Hof, übergab ihm eine zusammengefaltetes Pergament, schlug ihm derb gegen den Rücken und entließ ihn auf diese Weise in das Labyrinth von Paris. Das Pergament war nicht versiegelt und trug keinerlei Hinweis auf den möglichen Absender.

Wir hoffen, dass du inzwischen deine Lektion gelernt hast. Verlasse möglichst umgehend die Stadt, damit du sicher sein kannst, dass dir nicht Schlimmeres zustößt. Wenn du aber meinst, gar nicht von deinen Ambitionen lassen zu können, empfehlen wir dir, noch kurz an den Ufern der Seine vorbei zu sehen. Dort hat ein Händler

seinen Verkaufsstand aufgeschlagen, du erkennst ihn
an einem Vogelkäfig, der vor der Lade aufgehängt ist, in
dem ein Rabe den Vorübergehenden freche Beschimp-
fungen nachruft. Zuweilen werden dort Handschriften
feilgeboten, an denen niemand mehr Interesse hat. Hier
kannst du ja dein Glück versuchen, wenn du denn Mut
hast.

Conrad war so eingeschüchtert und irritiert, dass er zunächst
ziel- und orientierungslos durch die Straßen lief. Erst nachdem
er, völlig ermattet, von einem Straßenhändler einen Brotfladen
erbettelt hatte, den er mit einem Becher Apfelmost hinunter-
spülte, kam er mit seinen Gedanken so weit ins Reine, dass er
sich entschloss, in seiner Herberge sein Reisebündel abzuholen, sofern man dies dort überhaupt noch aufgehoben hatte. Es
war noch vorhanden, jedoch in einem Zustand, als hätten junge Hunde mit ihm gespielt. «Da waren ein paar Männer vom
Ordinariat da, die sich deiner Sachen angenommen haben.
Ich kann nichts dafür», zuckte der Wirt gleichmütig mit den
Schultern. Immerhin fehlte nichts, alles war noch vorhanden,
sogar seine Geldbörse. Und verbotene Aufzeichnungen hatte
er, Gott sei gedankt, nicht bei sich gehabt. Conrad bezahlte seine Schulden, packte die Habseligkeiten zusammen und verließ
die Herberge.

Sein Weg aus der Stadt führte Conrad am Ufer der Seine
vorbei. Der Verkaufsstand mit dem Rabenkäfig war nicht zu
übersehen, so dass Conrad nicht widerstehen konnte. Er schaute sich nach allen Seiten um, beobachtete, was um ihn vorging,
musterte besonders den Besitzer des Ladens, der geschäfts-
tüchtig zerschlissene Bücher und andere Handschriften an-
pries. Erst als Conrad sich sicher glaubte und wirklich nichts
Verdächtiges bemerken konnte, wandte er sich vorsichtig dem
Verkäufer zu und fragte ihn mit vorgehaltener Hand, als hätte
er Gott weiß was zu verbergen, nach Schriften eines gewissen
Meisters der Theologie, der hier an der Universität gelehrt habe, aber bereits verstorben sei. «Na, wie heißt er denn?», fragte der Mann. «Magister Eckhardus von Hochheim», flüsterte

Conrad. Der Verkäufer verstummte, schaute nurmehr nach unten, murmelte Unverständliches vor sich hin, «... nein, da habe ich nichts...», suchte währenddessen fiebrig unter der Bank zwischen irgendwelchen Akten, fand ein dickes Bündel, zog es hervor und meinte: «Wenn du mal schauen willst, vielleicht ist etwas dabei für dich. Der Autor ist getilgt.» Das Bündel war fest verschnürt und konnte auf die Schnelle nicht aufgebunden werden. Der Verkäufer machte den Eindruck, als wenn er froh und dankbar wäre, wenn er die Schriften möglichst schnell würde verkaufen können, nannte zugleich aber einen weit überhöhten Preis, für den er das Konvolut abgeben würde. Conrad warf einen Blick auf den Umschlag und las: «PROLOGUS IN OPUS TRIPARTITUM ET EXPOSITIO LIBRI GENESIS», der Name des Verfassers, der unter dem Titel angebracht gewesen war, war geschwärzt, doch befand sich noch eine Jahreszahl darunter: 1311. Conrad zuckte zusammen, als hätte ihn der Blitz getroffen, hatte allerdings dann doch noch so viel Geistesgegenwart, dass er nur die Hälfte des verlangten Preises auf den Tisch blätterte: «Das muss reichen!» Er sagte dies so bestimmt, dass jede weitere Diskussion ausgeschlossen war. Dann klemmte er die Schriften unter den Arm, genau in dem Augenblick, als sowohl sein Blick wie der des Budenbesitzers auf einige Herren fiel, die in einigem Abstand beieinander standen und den Vorgang aufs Genaueste beobachteten. Sofort war der Verkäufer mit dem Preis einverstanden und Conrad begann zu laufen, so schnell er nur konnte, zurück zwischen die Häuser, suchte in eine der Gassen zu entwischen und wusste ohne umzuschauen, dass die Häscher hinter ihm her waren. Er rannte um sein Leben, schwenkte in die nächstgelegene Gasse ein, stieß mit einer Frau, die einen Einkaufskorb in den Händen trug, zusammen, hörte hinter sich Schreie mit der Aufforderung ihn festzuhalten: «ein Dieb, haltet den Dieb!», bog wieder in eine Seitengasse ein und – wurde plötzlich von einer starken Faust am Arm gepackt und hinter eine Tür in einen dunklen Hauseingang gezerrt. Conrad war einer Ohnmacht nahe, sein Atem ging schwer, während er seine Augen geschlossen hielt und seine Festnahme erwartete. «Na, nun kannst du deine Augen schon wieder öffnen», holte ihn eine vertraute Stimme ins Bewusstsein zurück. Vor ihm stand Monsieur Juppé und lächelte ihm aufmunternd zu.

MARGUERITE

Noch zwei Tagesmärsche hatte ihn Monsieur Juppé auf seinem Weg begleitet, ihn mit beißendem Spott überzogen und ermahnt, der bittere Aufenthalt im erzbischöflichen Verlies möge ihm zu denken geben. Auch die unter Todesangst erworbenen Auslassungen seines so hoch verehrten Meisters, die Conrad seither in ein Tuch gewickelt und mit einem Riemen verschnürt über der Schulter mit sich herum trug, sollten nach Juppés Ansicht schleunigst in den unersättlichen Schlund des Vergessens geschleudert werden. Dann aber hatte er sich ebenso schnell und unauffällig verabschiedet, wie er in Paris wieder aufgetaucht war.

Zunächst hieß es für Conrad, möglichst schnell weit von Paris wegzukommen. Da er befürchtete, weiterhin gesucht und verfolgt zu werden, wählte er nicht den direkten Weg nach Osten, sondern wandte sich nach Norden, wollte über St. Denis und Compiègne den Hennegau erreichen und dabei die Grenze des französischen Königreichs überschreiten. Anschließend könnte er dann, sagte er sich, in großem Bogen über das Bistum Lüttich und die Herzogtümer Luxemburg und Lothringen das Bistum Straßburg erreichen, denn in Straßburg wollte er auskundschaften, wo Odette sich aufhielt, die Frau, der er in St. Zeno begegnet war und die ihm weitere Schriften Eckharts in Aussicht gestellt hatte.

Conrad machte einen heruntergekommenen Eindruck. Seine ärmlichen Kleider hingen ihm wie Fetzen am Leib, zerrissen und verschmutzt, und bis auf ein paar Münzen hatte er kein Geld mehr. Da war er froh, dass er von Pilgern, die ihm entgegenkamen, hörte, dass in der Nähe von Avesnes fromme Frauen ein Clarissinnenkloster gegründet hätten und Pilgern gerne eine warme Mahlzeit zubereiteten. Conrad war von der Gefangenschaft und dem Marsch so ausgehungert, ihm war so elend zumute, dass er nichts mehr im Sinn hatte, als das Kloster der Clarissinnen zu erreichen. Bei ihnen wollte er um Zuflucht anklopfen. Es gab für ihn nur noch diesen einzigen Weg, um den Hunger zu stillen und zur Ruhe zu kommen.

Als Conrad dort ankam, war er überrascht. Das Kloster bestand aus vier langen, schlichten Gebäuden und war wie ein bäuerliches Anwesen im Quadrat angelegt. Bevor die Nonnen ihm Einlass gewährten, prüften sie ihn und suchten ihn einzuschätzen; gleich drei Frauen machten sich diese Mühe, wohl um ungebetene Gäste von vornherein abzuweisen. Doch Conrad machte einen so erbärmlichen Eindruck, dass sie ihn gleich hereinbaten und ihm fürs Erste eine Gästekammer anboten, in der er sich ausruhen konnte. Eine der Frauen, wie alle trug sie die Tracht der Franziskanerinnen, brachte ihm noch einen Bottich Wasser ins Zimmer, damit er sich waschen konnte, eine Wurzelbürste, ein Tuch zum Abtrocknen, ein langes leinenes Hemd, das gebraucht, aber doch frisch gewaschen war und nach Waldmeister roch, einen Teller warmer Suppe und einen Krug mit rotem Wein, bevor sie ihn allein ließ und er sich ausruhen konnte.

Am nächsten Morgen weckte ihn die Schwester vom Vorabend: «Guten Morgen! Aufstehen! Du kannst nicht den ganzen Tag verschlafen. Es gibt Frühstück und anschließend musst du zusehen, wie du den Tag wieder selber in die Hand nimmst!»

Conrad sprang entsetzt auf, als er bemerkte, dass seine Kleider über Nacht abhanden gekommen waren und − auch das Bündel mit den Schriften Eckharts. Mit einem Satz stand er vor der Schwester und nahm eine drohende Haltung ein: «Wo sind meine Kleider? Und wo sind die in ein Tuch gewickelten Schriftstücke?» Die Nonne ließ sich nicht von den Drohgebärden Conrads beeindrucken, ließ sich Zeit, bevor sie antwortete, und beruhigte ihn dann: «Bei uns geht nichts verloren. Was du Kleider nennst, die paar Stofffetzen, müssen erst gewaschen und geflickt werden, bevor du sie wieder anziehen kannst. Und was die Schriftstücke betrifft, soll ich dich von der Schwester Oberin grüßen, sie möchte dich gleich nach dem Frühstück sprechen.»

Conrad nahm, eingeklemmt zwischen einige Pilger und andere Hungerleider, wie er ja selbst einer war, das Frühstück ein, notgedrungen nur von dem weißen Leinenhemd bedeckt. Doch nach dem heißen Brombeerblättertee und der frischen Brotstange aus Weizenmehl mit Butter ging es ihm schon wieder viel besser. Er konnte zu neuen Abenteuern aufbrechen. Doch zunächst wollte er zu der Schwester Oberin gehen, um die Manuskripte Eckharts abzuholen.

Als eine der Schwestern Conrad die Türe zur Klostervorsteherin öffnete und ihn bat einzutreten, konnte er zunächst nur die Silhouette der Frau erkennen, die vor dem Fenster, mit dem Rücken zu ihm, an einem Tisch saß. Der überwältigende Duft eines über und über von weißen Blüten bedeckten Strauchs, den er noch nie zuvor gesehen hatte, durchströmte das Zimmer. Das Weiß hob sich dezent von den zart rosa Blüten einer Heckenrose ab, Buchfinken schmetterten ihr Lied in eine Stille, die selbst der Atem nicht stören wollte, das Licht der frühen Morgensonne durchdrang die aus Blumenrabatten kühl aufsteigende Luft und wärmte sie, ohne ihre Frische zu verdrängen. Die Oberin wandte sich langsam zu Conrad um – und wieder, wie bei ihrer ersten Begegnung, erschrak er im Grunde seines Herzens, als er die entstellenden Narben in ihrer linken Gesichtshälfte sah. Seit ihrem Zusammentreffen in St. Zeno waren erst wenige Monate vergangen, doch kam es Conrad viel länger vor.

«Dich schickt der Himmel!», begrüßte sie Conrad. «Entschuldige, dass ich dein Tuch mit den vielen Pergamenten geöffnet habe. Leider kann ich die lateinische Sprache nicht lesen. – Sind das Schriften von Meister Eckhart?»

Die Oberin und Conrad saßen lange beieinander und erzählten sich, was in den letzten Monaten geschehen war. Die Oberin war vor allem an Dingen interessiert, die Meister Eckhart betrafen. Als sie aber von sich selbst erzählte, von ihrer Zeit als Begine in Valenciennes, von der Zeit, als sie nach dem Verbot des Beginenstands durch die Kirche verfolgt, in den Kerker geworfen und gefoltert worden war, und schließlich von der Gründung des Clarissinnenkonvents, hier in der Nähe von Avesnes, kam unversehens die Sprache auf Marguerite Porète, die sie als junges Mädchen, wie eine große Zahl der anderen Schwestern im Konvent auch, gut gekannt und verehrt hatte.

Nun war Conrad in seiner Neugier kaum mehr zu bremsen. Er wollte unbedingt mehr über diese Frau erfahren, deren Büchlein er zu Hause wähnte, bei Hannah in Halberstadt, die es vielleicht bereits abgeschrieben hatte. Die Schwester Oberin erklärte sich auch gerne bereit, ihm mehr über Marguerite Porète zu erzählen, doch habe auch sie eine Bitte, nicht umsonst habe sie ihn mit dem Satz «Dich schickt der Himmel!» begrüßt. Die Bitte lasse sich vielleicht recht gut mit dem Anliegen Conrads verknüpfen. Und so trug sie ihm ihre Not vor: «Lieber Conrad, fast niemand in unserem Konvent beherrscht die Kunst des Lesens und Schreibens. Ich selbst kann zwar die französische Schrift entziffern und auch lesen, in der deutschen Sprache aber kann ich mich nur verständigen und in der lateinischen nicht einmal das, geschweige denn lesen oder gar schreiben. Nun drohen aber die Ereignisse, die uns Beginen so hart getroffen haben, endgültig vergessen zu werden, die Ereignisse um Marguerite Porète, um uns, ihre Freundinnen und Verehrerinnen. Marguerite Porète war uns ein Vorbild, doch geht es nicht nur um sie und ihr Buch, sondern auch um die Zukunft von uns Frauen überhaupt. Die Bewegung der Beginen ist gescheitert, aber für die Würde der Frauen werden wir uns weiter einsetzen und für unsere Rechte kämpfen. Auch ihr Männer müsst uns dabei helfen. Und so komme ich zu meiner Bitte: Conrad, hilf uns beim Schreiben einer Chronik! Was Marguerite Porète für uns Frauen getan hat, wie sie selbstbewusst in Bereiche eingedrungen ist, die bislang Männern vorbehalten waren, welchen Mut sie aufbrachte, um selbständig zu denken und zu diesem Gedachten auch zu stehen, welche Schikanen sie auf sich nahm und welche Leiden, alles das möchten wir gerne aufgeschrieben sehen, zur Ermutigung und Stärkung späterer Generationen.»

Conrad überlegt nicht lange, stellte jedoch die Bedingung, dass das Vorhaben in spätestens drei Wochen abgeschlossen sein sollte. Er müsse weiter seinen Weg gehen, sagte er, seinen Auftrag erfüllen. Sein nächstes Ziel sei Straßburg. Die Oberin war einverstanden und bereitete für den Abend in einer Ecke des quadratischen Innenhofs ein Schreibpult und mehrere Bänke vor, wo sich die ehemaligen Beginen mit Conrad treffen sollten. Bereits am Nachmittag bekam er seine geflickten Kleider zurück, und für eine gute Verpflegung wurde während seines Aufenthalts auch gesorgt. Conrad konnte sich an Körper und Seele erholen.

⁜

«Marguerite Porète entstammte einer wohlhabenden Patrizierfamilie in Valenciennes», begann die Schwester Oberin. Von nun an versuchte Conrad Wort für Wort mitzuschreiben, was sie und die anderen Schwestern, die sich im Kreis um ihn gesetzt hatten, erzählten. Von Zeit zu Zeit hob er die Hand und gab dadurch zu erkennen, dass sie mit ihren Berichten warten sollten, bis er alles aufgeschrieben habe. Nicht immer hielt er sich an den genauen Wortlaut, denn manchmal erhitzten sich die Schwestern so sehr, dass sie nur noch im Dialekt redeten, ins Nebensächliche abschweiften oder die Ereignisse durcheinanderbrachten. «Die Familie Porète pflegte rege Kontakte zu gebildeten Klerikern, nicht nur in Valenciennes selbst, sondern auch zu Geistlichen, Adligen und anderen Patriziern in allen Landstrichen des Hennegau. Die kleine Marguerite erhielt früh Privatunterricht, wurde gefördert und ermuntert, bei der Sache zu sein und fleißig zu lernen. Sie las viel, Bücher, die ihr empfohlen und von Bekannten der Familie in die Hand gedrückt wurden, Bücher die von edlen Rittern handelten, von Minneabenteuern an adligen Höfen, von Helden, aber auch über das Leben von Heiligen und anderen frommen Frauen und Männern.» «Ich erinnere mich noch genau», erzählte die wohl älteste Clarissin der Runde, «wie sie im Fenster ihrer Kammer saß und mit lauter Stimme in den Büchern las, so dass man sie weithin hören konnte. Ich setzte mich dann auf den Weg, direkt unter ihr Fenster, und hörte zu, denn meine Eltern konnten mir den Unterricht nicht bezahlen. Manchmal jedoch, wenn sie brummig war, las sie nicht laut, sondern bewegte nur die Lippen. Das ärgerte mich und ich entfernte mich enttäuscht. Überhaupt entfremdete sich Marguerite mehr und mehr von dem Leben, wie es für uns junge Frauen üblich war, von den Arbeiten, die wir verrichteten, von den Freundinnen, mit denen wir uns trafen, und von der Art, wie wir miteinander umgingen.»

«Die Frömmigkeit einiger Beginen, mit denen sie Bekanntschaft geschlossen hatte, steckte Marguerite an», fuhr die Oberin fort. «Sie ließ sich von ihrem Leben faszinieren, eiferte ihnen nach, suchte aber immer auch selbständig und kritisch zu denken, arbeitete und betete mit ihnen. Sie führten intensive Gespräche und sprachen über das, was bekannte Lehrer und Meister der Kirche gepredigt und geschrieben hatten. Marguerite trat schließlich einer Gemeinschaft von Beginen bei, lernte ihre Regeln, Moral und praktische Askese kennen, legte vor einem Kleriker das Gelöbnis ab, bescheiden und keusch zu leben und sich durch eigener Hände Arbeit zu ernähren.» «Was ist das für ein Gelöbnis?», fragte Conrad. «Ist es dasselbe wie ein ewiges Gelübde bei Mönchen und Nonnen?» «Nein», erhielt er zur Antwort, «ein Gelöbnis bindet nicht lebenslang. Die Beginen versprechen nur, sich an die Regeln ihrer Gemeinschaft zu halten, zum Beispiel keusch zu leben, können das Gelöbnis aber auch widerrufen und heiraten. Eine Rückkehr ins weltliche Leben ist jederzeit möglich und steht immer offen.»

«Als Habit bekam Marguerite, wie alle Beginen, einen zweiteiligen Mantel aus Leinen und Baumwolle, grau-braun, der vom Kopf über die Schultern hängt und von den Schultern bis zum Boden reicht. Diese einfache Kleidung lässt die bescheidene Lebensführung auf Anhieb erkennen.»

«Nach einer gewissen Frist jedoch, in der Marguerite in einer Béguinage lebte, ging sie auf Distanz zu der Gemeinschaft, in der sie lebte. Die ständige Nähe der anderen Schwestern war ihr zu eng und bedrängend geworden, sie suchte nach größerer Unabhängigkeit.» Die Schwestern wechselten sich nun in ihren Berichten mehr und mehr ab, fielen sich ins Wort, suchten sich zu korrigieren oder zu ergänzen. «Danach schloss sie sich mit nur *einer* anderen Begine zu einer kleineren Gemeinschaft zusammen.» «Nein, zwei waren es, zwei weitere Frauen waren es, mit denen sie sich zusammentat.» «Gleichgültig, auf jeden Fall kehrten sie sich noch mehr von der Betriebsamkeit der äußeren Welt ab, versorgten sich durch Arbeit selbst, studierten, beteten und sammelten spirituelle Erfahrungen.» «Diese Abgeschiedenheit erkauften sie jedoch teuer, da ihnen dadurch der besondere Schutz des Bischofs verloren ging.» «Wirtschaftlich sicherten sie sich durch kleinere Arbeitsaufträge ab, mit Spinnen und Weben, aber auch durch Pflegedienste bei Kranken und Nachtwachen bei Toten. Sie stützten sich gegenseitig in liebevoller Zuneigung. Die durch Stille und Einsamkeit herbeigerufene Armut an sinnlichen Eindrücken bewirkte eine hohe Konzentration auf die innere Welt. Sachte Regungen des Denkens und Fühlens registrierten sie sensibel, und unauffällige Ereignisse des Alltags, die sie wahrnahmen, wirkten wie Sensationen auf sie. Bei allem aber, was sie wahrnahmen, richteten sie ihre Aufmerksamkeit auf die liebende Vereinigung mit dem Göttlichen.»

Von ihren Erzählungen auf sich selbst zurückgeworfen, wurde den Schwestern ihre eigene Situation voll bewusst. Nur weil Marguerite eine Frau gewesen sei, ereiferten sie sich, habe sich ihr keine Möglichkeit geboten, dass ihre hohe Bildung hätte bekannt werden können. Frauen blieben, völlig ungerechtfertigt, Ämter und Karrieren verwehrt: in der Kirche, in der Universität, ja im gesellschaftlichen und kulturellen Leben überhaupt.

An dieser Stelle sprach die Schwester Oberin Conrad direkt an: «Die Welt von Marguerite, das musst du wissen, lieber Conrad, sah ganz anders aus als die von Meister Eckhart, und das nur, weil Marguerite eine Frau war und Eckhart ein Mann. Diesem stand von Kindheit an die Welt offen, er durchlief Schulen und machte eine Karriere als Dominikaner. Schon als Schüler und Student, noch weit mehr jedoch als Prior, Provinzial und Magister fand er sich in einem Orden beheimatet, in der Hierarchie platziert und in sie eingebunden. Bis zu seinem Prozess, der am Ende seines Lebens gegen ihn geführt wurde, konnte er sich von seiner Institution gestützt fühlen. Marguerite dagegen blieb, wie allen Frauen, der Besuch von Kathedralschulen und Universitäten verwehrt. Sie lebte als Begine, war in allem benachteiligt, insbesondere in Bezug auf das Erlernen der lateinischen Sprache sowie des systematischen Studiums der Freien Künste, der Philosophie und Theologie. Deshalb ging Marguerite zu den Wissenschaftlern und deren selbstgefälligem Auftreten immer mehr auf Distanz. Wer oder was immer ihr drohte, Vorschriften oder Einschränkungen machen wollte, hat sie weit von sich geschoben.» «Genau diese Eigenständigkeit», warf eine junge Clarissin ein, «war es doch wohl gerade, die ihr Raum schaffte zur freien Entfaltung ihres Denkens; nichts stand ihr mehr im Wege.» Die älteste Mitschwester bestätigte dies und vermutete: «Marguerite unterwarf deshalb ihr Denken zunehmend stärker der Disziplin des Schreibens. Im fortgeschrittenen Alter von fünfzig Jahren oder, wie sie selbst einmal sagte, als sie ‹die Kindheit hinter sich gelassen hatte und ihr Geist daran war, ein Greis zu werden›, legte sie ein Buch mit dem Titel ‹Spiegel der einfachen zunichte gewordenen Seelen› vor. Unabhängig von äußeren Beeinflussungen und Druckmitteln, couragiert und zuweilen sogar dreist, stellte sie allen, die sie hören wollten, ihre ganz persönlichen Einsichten vor.»

«Den einfachen, empfänglichen Leuten auf der Straße versuchte sie mitzuteilen, was sie bewegte, nicht aber den klerikalen Robenträgern, deren Bereitschaft zu unvoreingenommener Prüfung sie wenig vertraute. Wie eine Bänkelsängerin stellte sie sich auf die Straßen und Plätze von Valenciennes, trug aus ihrem Buch vor, erläuterte und verteidigte es.»

‚✣‚

Am Abend des folgenden Tages, als Conrad und die Schwestern wieder beisammen saßen, baten einige der Schwestern, ihre Erinnerungen in einem Spiel vorstellen zu dürfen. Sie hatten eine kleine Szene entwickelt und vorbereitet, verschiedene Sprechrollen unter sich aufgeteilt und konnten kaum an sich halten, lachten aufgeregt und schwatzten, als wären sie junge Mädchen.

Erzählerin: Vier Mal ertönt die Glocke von St. Gery. (Sie schlug viermal mit einem Löffelchen an eine Keramikschüssel, um einen leisen Klang zu erzeugen.) Die Blätter der Platanen spielen mit dem nachmittäglichen Sommerlicht und werfen ihre Schatten auf den Weg, auf dem drei Frauen der Place du Marché Aux Fleurs zueilen. Die Erste rudert mit beiden Armen und gleicht den Nachteil ihrer kurzen Beine durch besonders ausgreifende Schritte aus. (An dieser Stelle musste die Erzählerin ihren Vortrag unterbrechen, denn die Schwestern konnten nur mit Mühe ihr Lachen unterdrückten. Dann aber fuhr sie umso bestimmter fort.) Sie ist den andern voraus und steuert, ohne zurück oder um sich zu blicken, auf den Brunnen am Rande des Marktes zu. Die Zweite schleppt eine armlange, aber nur handbreit tiefe Kiste und hat zudem eine ausgebeulte Leinentasche über die Schulter gehängt. Einerseits macht sie einen zerbrechlichen Eindruck, bewegt sich aber zugleich mit erstaunlicher Behendigkeit zwischen den zahlreicher werdenden Marktbesuchern, ist agil und beobachtet sensibel, was um sie vorgeht. Die Dritte trägt mit ausgestreckten Armen einen Krug vor sich her, um kein Wasser über ihre Kleider zu schütten. Sie kann den beiden anderen kaum folgen. Alle drei tragen bodenlange dunkelbeige Kleider aus grober Baumwolle, den Kopf bedeckt aus demselben Stoff eine ausladende Haube, die Füße stecken in einfachen Sandalen aus Rindsleder.
Am Brunnen angekommen, schaffen sich die Frauen Platz, die eine drängt Kinder, die mit Wasser aus dem Trog um sich

spritzen, energisch zurück, die zweite setzt die Kiste aus Holzbrettern auf die erhöhte Brunnenumrandung, stellt sich zur Probe darauf, um ihre Stabilität zu prüfen, und holt ein zerschlissenes Buch aus der Tasche. Die dritte schließlich stellt zu dem Wasserkrug hinter dem kleinen Podest eine Tonschale. Das Brunnenwasser wäre zu schmutzig gewesen zum Trinken.

Auf dem Markt hat sich inzwischen herumgesprochen, dass die Beginen wieder da sind. Eine Handvoll Leute sammelt sich locker im Halbkreis, freut sich und plaudert erwartungsvoll, andere wenden sich mürrisch ab und gehen ihrer Wege, und wieder andere grölen aus einiger Entfernung unflätige Kommentare und erzählen sich gegenseitig Witze ins Ohr, über die sie dann in schallendes Gelächter ausbrechen.

Die zweite Begine steigt nun endgültig auf das Podest. Das helle Sonnenlicht zeichnet ein freundliches Lächeln auf Auge, Wange, Nase und Mund und legt zugleich dunkle Schatten auf die andere Hälfte ihres Gesichts. Jetzt kann man deutlich erkennen, dass diese Frau gewohnt ist, ihren Verstand zu gebrauchen, mit Büchern umzugehen und ein selbstbestimmtes spirituelles Leben zu führen. Mehr als vierzig Lebensjahre haben ihre Spuren hinterlassen. Sie hält das Buch, ‹ihr› Buch, vor die Brust, als wolle sie sich schützen, lässt den Blick weit über den Platz gleiten und genießt die Wärme und Helligkeit des Tages, aber auch die muntere Betriebsamkeit der Menschen. Nur die Fenster des bischöflichen Palais blicken wie schwarze Höhlen herüber. War da nicht kurz die Silhouette des Bischofs zu bemerken? Die Frau steht still, schaut vor sich auf den Boden und verharrt lange in Schweigen und Konzentration, richtet sich dann auf und beginnt mit erhobener Stimme zu den Umstehenden zu sprechen.

Marguerite: Edle Leute, hört zu, was die Liebe euch sagt! Gleichgültig, ob ihr einem handwerklichen oder beschaulichen Beruf nachgeht oder ob ihr euch sogar etwas ganz anderem verschrieben habt, die Liebe ist so rein, edel und hoheitlich, dass sie eure Seele frei macht. Wie auf einem Schiff setzt ihr der Heilige Geist sein Segel. Merkt alle auf, ich erzähle euch eine Geschichte! Setzt euren ganzen Verstand ein, seid begierig und achtet mit Sorgfalt auf das, was euch die Liebe zu sagen hat, sonst werdet ihr in die Irre gehen!

In einem fernen, fremden Land lebte einst eine Königstochter mit großem, edlem und mutigem Herzen. Einmal hörte sie, wie von dem großen König Alexander erzählt wurde, von seinem Adel und Ruhm, seiner Hoheit und Vortrefflichkeit. Schon bald ergriff sie eine tiefe Liebe zu ihm. Da sich der König jedoch in unerreichbarer Ferne befand, so dass sie ihn weder sehen noch mit ihm zusammen sein konnte, überkam sie untröstlicher Kummer. Keine andere Liebe, außer eben dieser, konnte ihr mehr genügen. Obwohl äußerlich so fern, war Alexander ihr innerlich doch ganz nahe. Sie stellte sich die Gestalt ihres Geliebten, von dem ihr Herz so wund war, gemäß ihrer Liebe und Zuneigung bildhaft vor und überlegte, wie sie ihrem Kummer abhelfen könne. Schließlich ließ sie sich ein Bild malen, das die Züge des Königs so getreu wie nur möglich abbildete. Mittels dieses Bildes und anderer Kunstgriffe, die ihre Vorstellungen und Erinnerungen stützen konnten, verband sie sich mit ihrem Geliebten, so gut es eben nur möglich war.

Ihr Leute, übertragt nun diese Erzählung einer großen weltlichen Liebe auf eure Liebe zu Gott. So ist es! Genau so, ich, Marguerite Porète, bestätige es euch! Bei meiner Seele, auch ich vernahm von einem mächtigen König, groß an Adel, Ruhm, Hoheit und Großmut. Doch befindet er sich so weit von mir entfernt und ich mich von ihm, dass ich mir nicht mehr zu helfen wusste. Um mich an ihn zu erinnern, schenkte er mir dieses Buch als Zeichen seiner Liebe.

Erzählerin: Marguerite reckt das Buch, das sie bisher vor ihrer Brust gehalten hatte, weit empor, so dass es alle sehen können, und verharrt eine kurze Zeit in Schweigen.

Marguerite: Aber wenn ich nun auch ein ‹Bild› von meinem Geliebten habe, so bin ich doch weit entfernt von seinem Haus, in dem er und seine Freunde wohnen. Der Liebe steht erst dann nichts mehr im Wege, wenn alle, die er liebt, mit diesem König zusammen wohnen. Dann erst wird sie lauter und frei sein.

Von dieser Liebe will ich nun zu euch sprechen. Insbesondere zu euch einfachen Leuten spreche ich, denn weder Gelehrte noch der bloße Verstand selbst bringen dafür Verständnis auf. Mutig und frei spreche ich zu euch, ohne Rücksicht auf irgendwelche Autoritäten, denn die Liebe darf sich alles erlauben, ohne dass sie jemandem schadet.

Erzählerin: Inzwischen sind die Zuhörer immer zahlreicher geworden. Einige Schwestern aus dem Beginenhof St. Isabelle, die Marguerite seit langem kennen, sind gekommen, eine Lehrerin mit ihren Schülerinnen und Schülern aus der Schule, in der sie schon selbst unterrichtet hat, fromme Witwen, die ihr Leben neu ausrichten wollen, interessierte Geschäftsfrauen, Mägde und Landfrauen aus der näheren Umgebung, die auf dem Markt von Valenciennes Gemüse und Fleischwaren anbieten, einige Minoritenpatres aus dem nahe gelegenen Franziskanerkloster, ein Kaplan aus der bischöflichen Verwaltung, der Marguerite mit seinen Blicken unablässig verfolgt und sich eifrig Notizen macht, als sei er von Marguerite und ihrem Vortrag besonders fasziniert. Sogar aus dem gegenüberliegenden Gasthof ‹Goldener Topf› sind einige angetrunkene Grobiane herübergetorkelt, palavern geräuschvoll und rempeln junge Mädchen an.

Marguerite macht eine kurze Pause, trinkt einen Schluck Wasser, bückt sich und kramt aus ihrem Leinenbeutel einen silbernen Spiegel, an dem ein Stiel angebracht ist. Sie steigt von ihrem Podest herunter und geht gezielt auf einen jungen Mann, um die dreißig, zu, der gerade vorbeigekommen und stehen geblieben ist, hält ihm den Spiegel vor das Gesicht und fragt.

Marguerite: Was siehst du?

Georg: Was werde ich schon sehen? Mein Gesicht natürlich.

Augen, Nase, Wangen, Mund, Ohren, Haare, einen leichten Bart usw.

Marguerite: Du siehst nicht deine Augen, sondern lediglich ein Bild von ihnen, wie du auch nur ein Bild von deinem Gesicht siehst! Wem aber gehört dieses Bild?

Georg: Mir natürlich!

Marguerite: Gehört es nicht vielmehr mir, denn mir gehört doch auch der Spiegel?

Georg: Haarspalterei! Natürlich gehört dir der Spiegel. Wenn ich aber weggehe, gehört dir zwar der Spiegel immer noch, doch du hast kein Bild mehr von mir. Also gehört das Bild von meinem Gesicht allein mir.

Marguerite: Sicher! Doch weder bist du das Gesicht, das du im Spiegel siehst, noch bist du das Gesicht, das ich direkt vor mir habe. Schau dir nur einmal deine schönen Augen an! Ich sehe da mitten in einer weißen Fläche einen hellblauen Reif um ein schwarzes Loch. Nein, in bloße Farben und Formen verliebt sich kein Mädchen, das weißt du selber ganz genau. Erst wenn es dir tief in die Augen schaut, gleichsam durch das Auge hindurch auf den Grund deiner Seele, erst dann springt der Funke blitzartig über. Auge und Gesicht sind also selbst nur Spiegel deiner selbst.

Erzählerin: Dem jungen Mann glühen die Wangen, während er sich zu sammeln sucht und um Fassung ringt. Er beschwört sich selbst: Ich darf mich nicht vorführen lassen! Was will die Frau überhaupt von mir? Ich darf nicht einfach weggehen, das bin ich meinem Stand schuldig. Ich will ihr standhalten. Vorsichtig, aber doch bestimmt schiebt er die Hand zur Seite, die ihm den Spiegel vors Gesicht hält, und antwortet bedächtig.

Georg: Ja, du hast recht, mein Gesicht spiegelt mein Inneres.

Marguerite: Dein Inneres, sagst du. Und wozu gehört dann dein Äußeres, zum Beispiel deine schönen blauen Augen?

Georg: Die gehören mir auch.

Marguerite: Dir? Was meinst du mit ‹dir›? Du sagst das gerade so, als würdest du über den Geldbeutel in deiner Jackentasche sprechen. Wer bist du, über den du da sprichst?

Georg: Wer bin ich? Wer bin ich? Was soll diese Frage? Ich bin Georg von Quesnoy, der Sohn von Meister Adalbert von Quesnoy, dem derzeitigen Vorsteher der Schreinergilde.

Marguerite: Nun sprichst du gerade so, als würdest du deinem Vater gehören? Hast du deine Kindheit noch nicht hinter dir gelassen? Wem gehörst du denn nun wirklich?

Erzählerin: Georg von Quesnoy sieht sich durch die penetranten Fragen zunehmend bloßgestellt und vorgeführt, so dass es verärgert aus ihm herausbricht.

Georg: Hör endlich mit deiner obszönen Fragerei auf!

Marguerite (beschwichtigend): Du bist nicht zerbrochen in ein Inneres und ein Äußeres.

Erzählerin: Marguerite streicht ihm liebevoll mit der Hand über den Arm.

Marguerite: In deiner Seele bist du ein Ganzes. Wo auch immer Inneres und Äußeres sichtbar werden, es zeigt sich das Spiegelbild deiner Seele. Die Seele aber, und zwar ausschließlich sie, spiegelt ihren eigenen Ursprung und den aller Kreaturen.

Erzählerin: Erstmals ergreift nun Georg die Initiative und stellt eine Frage.

Georg: Ursprung – was meinst du damit?

Erzählerin: Marguerite hält kurz inne, als wolle sie prüfen, wie ernst die Frage gemeint sei, bevor sie zu einer ausführlichen Antwort ausholt, die zunehmend in eine hymnische Tonlage übergeht.

Marguerite: Ursprung ist der Ort, wo alles war, bevor es geschaffen wurde, und wohin alles, was ist, zurückkehren wird. Dieser Ursprung, der lockt und sich anbietet, ist unser Zuhause und unsere Heimat. Und die Seele sehnt sich unter heftigem Heimweh dort hin. Sie ist diesem Ort in Liebe verbunden und doch zugleich so weit von ihm entfernt, wie die Königstochter von Alexander. Seit wir – du, ich und alle Kreaturen – aus dem Paradies vertrieben und als Menschen unter die Dinge geraten sind, zeigt sich dir dieses Original und Urbild der Seele in aller Regel nur als Abbild. Abbilder aber verweisen zwingend auf das Original, ohne das es sie nicht gäbe. Das Original nähert sich der Seele nicht allmählich, Schritt für Schritt. Vielmehr wird sie wie vom Strahl eines Blitzes geblendet, überwältigt und in Besitz genommen. Der Blitz des fernen und doch so nahen Urbildes durchzuckt die Nacht, um sich genau so schnell wieder zu verschließen, er packt die Seele im Zeitraum seines Niederfahrens, gerade so lange sein Licht sie erleuchtet, verwandelt sie und lässt die ganze Herrlichkeit der Seele aufscheinen. In keiner Kreatur vermag dies lange anzuhalten.

Wie ein Bräutigam seine Geliebte zu sich holt, so holt die Liebe die Seele in ihren Ursprung. In bedingungsloser Leidenschaft lässt sich die Braut auf das Liebesabenteuer ein, ohne Warum, Lohn oder Verdienst, ohne Maß und Interesse. Die Liebe liebt, weil sie liebt, und die Liebenden betten sich in ihrem Haus zur Ruhe. So lange die Liebe sie in ihrem Banne hält, zeigen und offenbaren sie sich, ohne Decke, ungeschützt, verletzlich, nackt, und bedienen sich aller Dinge. Da werden sie tief, weit, hoch und fest. Die Braut vereinigt sich in Liebe mit dem Bräutigam, erschaut in einem einzigen Blick den Unterschied seiner Göttlichkeit und ihrer eigenen Kreatürlichkeit und für den Blitz eines Augenblicks ist alles einmalig, einzigartig, eins.

Erzählerin: Bei den letzten Sätzen von Marguerite kommt unter den Zuhörern Unruhe auf. Eine junge Frau ruft entzückt und mit sehr hoher Stimme.

Junge Frau: Sublim! Sublim! Sublim! Welch erhabener Gedanke.

Student der Artes: Das ist nun aber sehr, sehr schwer zu fassen. Seid demütig und haltet euch an die Wissenschaft, sonst werdet ihr nie zum Verständnis gelangen. Vernunft ist niemals zu überwinden.

Steinmetz (redet wie besessen auf den Kaplan ein): Recht hat sie! Ist es nicht ein Mangel an Unschuld, wenn die Liebende das, was der Geliebte benötigt, zurückhält? Die Liebe gehört den Geliebten und nicht den Liebenden. Weshalb auch sollten sich die Liebenden ein Gewissen daraus machen, das zu nehmen, was ihnen fehlt, wenn die Not es verlangt? Das wäre ja gerade so, als wollten wir uns ein Gewissen daraus machen, die vier Elemente zu beanspruchen, das Licht des Himmels, die Wärme des Feuers, den Tau des Wassers, die Erde, die uns erhält. Wir nehmen die Elemente der Natur selbstverständlich in Gebrauch, je nach Bedarf.

Erzählerin: Und auch die Trunkenbolde aus dem ‹goldenen Topf› halten sich nicht mehr zurück: Unter Hohngelächter, üblen Gesten und sich überschlagenden Stimmen machen sie sich über die, wie sie sagen, selbst ernannte ‹Minnesängerin› lustig.

Betrunkener: Suchst du einen Troubadour, der dich in Versen verehrt, oder jemanden, der sich auf dich schwingt? Wir sind immer bereit.

Erzählerin: Die Situation droht zu eskalieren. Zwei Männer von der Bürgerwehr sind aufmerksam geworden und nähern sich der Versammlung. Der Wirt vom ‹goldenen Topf›, eine hünenhafte Gestalt, tritt aus der Tür, geht auf die betrunkenen jungen Leute zu, packt, ohne ein Wort zu sprechen, den Wortführer an einem Ohr und zieht ihn hinter sich her. Auch die anderen folgen ohne aufzumucken und verschwinden hinter einer Hausecke. Frater Johannes tritt vor. Er kommt aus dem Franziskanerkloster St. Gery und ist allen Anwesenden wegen seiner zupackenden Art und Frömmigkeit bekannt. Frater Johannes hält die Hand hoch und mahnt mit sonorer Stimme zur Ruhe. Marguerite trinkt einen Schluck Wasser aus ihrem Becher, steigt wieder auf das Podest und fährt fort.

Marguerite: Merkt wieder auf, ihr lieben Leute! Ich bekenne, ich selbst bin von Natur aus schlecht, ja, die schlechteste unter euch allen. Wer so schlecht ist wie ich, ist ganz und gar niedrig, hat nichts Gutes an sich, ist vor Gott nichts. Gott aber ist gut, er ist die Summe alles Guten, ja, er ist das höchste Gut. Wie ich schlecht bin, so ist er gut, und wie ich bedürftig bin, so ist er die Fülle. Da aber, wenn es gerecht zugeht, das Gute auch mir zusteht, kann Gott gar nicht anders, als mir, der Armseligsten, von seiner Güte abzugeben. Wenn aber das Gute in mich einkehrt, hat mein Schlechtsein keinen Platz mehr und wird zunichte. Mit weniger als dem Guten, das mir zusteht, gebe ich mich aber nicht zufrieden.

So mancher von euch mag mich nun fragen, wie es dazu kommen kann, dass die Seele bei ihrem Geliebten einkehrt und Wohnung nimmt. Darauf antworte ich: Hört her und beeilt euch, denn ihr seid auserwählt! Der Weg nämlich ist weit vom Hier und Jetzt bis hin zu der Freiheit, in der die Liebe ihre volle Herrlichkeit entfaltet. Es hängt auch davon ab, ob ihr eher von heiterer oder aufbrausender Natur seid. Wenn diese beiden Naturen zusammen wirken, sich also die Heiterkeit mit der Glut des geistigen Verlangens verbindet, so ist dies von großem Vorteil. Wenn es dann noch zu einer weiteren Übereinstimmung kommt zwischen dieser seelischen Natur und dem

Abgrund der Herrlichkeit, so teilt sich das Gute gerechterweise mit. Es gibt allerdings keine Leiter, über die ihr mit eigener Kraftanstrengung zu einem garantierten Erfolg hinaufklettern könnt.

Wer bei dem fernen und doch so nahen Geliebten seiner Seele ankommen will, muss einen dreifachen Tod sterben. Der erste Tod ist der Tod der Sünde, durch den alle Dinge, die auf Irrwege locken, an Farbe, Geschmack und Geruch verlieren. Dieser Mensch hütet sich vor dem Verbotenen, folgt seiner Natur und entspricht den göttlichen und irdischen Gesetzen.

Der zweite Tod ist der Tod der Natur. Dieser Mensch ist unabhängig von seiner Natur, kämpft um Selbstbeherrschung und gegen die Willkür des eigenen Willens, tut gute Werke, bemüht sich um Einsicht in die eigene Lebensführung und führt ein geistliches Leben.

Der dritte Tod schließlich ist der geistige Tod. Dieser Mensch stirbt allem ab, was ihn zu etwas Besonderem macht und ihm eigentümlich ist. Beständig ist er ohne sich selbst. Das rationale Denken, Argumentieren und Disputieren ist ebenso von ihm gewichen wie alles Bemühen um bestimmtes Erkennen oder Wollen – nie mehr verliert sich die Seele auf Irrwegen. Einzig die Liebe herrscht. Die Seele lässt die Toten die Toten begraben und die Verirrten die Tugendwerke vollbringen.

Student der Artes (Zwischenruf): Wann ist die Seele ohne sich selbst?

Marguerite: Die Seele ist ohne sich, wenn sie sich selbst gehört.

Student der Artes: Wann aber gehört sie sich selbst?

Marguerite: Wenn sie von sich aus nirgendwo ist, weder in Gott noch in sich selbst, noch im Nächsten, vielmehr, wenn sie völlig bloß ist und nur wirkt. Dieses bloße Wirken aber ist so kostbar und edel, dass man von dem Ausblick, den der Blitzstrahl auf diese Herrlichkeit eröffnet, nichts aussagen kann. Es gibt keine Kenntnis von dem Erleben dieser Herrlichkeit. Und da die Seele sich selbst nicht mehr liebt und vergessen hat, ja, sogar völlig zunichte geworden ist, kann sie davon auch nichts berichten. Die Freiheit feiert sich, unabhängig von der Seele.

Ich weiß nicht, ihr edlen Leute, ob es euch langweilt, doch kann ich nichts daran ändern, verzeiht mir! Überladen von Liebe wurde dieses Buch geschrieben, als Spiegel für einfache Seelen, und wer nachlesen will, was ich hier gesprochen habe, möge es nachlesen. Doch in seiner Spitze übersteigt es das Verstehen. Wer aber frei geworden ist von allen Dingen und sogar dem eigenen Willen, der füge dem Buch seine eigenen Erläuterungen bei.

Erzählerin: Um ihren trockenen Mund zu befeuchten, füllt sich Marguerite noch einmal ein Schale mit Wasser. – Da erblickt sie ihn. Obwohl seine Augen zusammengekniffen und die ihren von der Plötzlichkeit überfordert sind, finden sich für einen Moment ihre Blicke. Auf Anhieb ist ihr klar, wer, wenn nicht er ..., doch mit weit ausholender Geste des Arms holt der junge Mann aus und wirft geschickt und mit großem Schwung einen Kieselstein knapp über die Köpfe der Zuhörer hinweg, flach gehalten, wie Steine, die Kinder über Wasserflächen springen lassen. Sie sieht den Kiesel auf sich zufliegen, ganz langsam, als wolle er sich bei seinem Rotieren von ihr bewundern lassen. Schnell zieht sie den Krug vor ihre Brust, ehe er getroffen wird, zerspringt, sich das Wasser über ihr Kleid ergießt, lange dunkle Schlieren hinterlässt und die Scherben klirrend zu Boden fallen. Für einen Augenblick prägt blankes Entsetzen die Gesichter der Umstehenden. Die Hand Marguerites umklammert den Henkel des Tontopfes, bis sich endlich die Stille löst, sie sich bückt, die Scherben sammelt und in ihre Leinentasche steckt. Der Kiesel schmeichelt in ihrer Hand, bevor er in der Falte ihres Kleides verschwindet. Wer sich nach dem Attentäter umschaut, erkennt nur noch den Rücken eines davoneilenden jungen Dominikanermönchs, seine Tonsur, die eine Glatze umrahmt, die fliegenden Fahnen einer Kutte sowie die Waden, die sich beim Lauf entblößen. Kurz blickt er um und schon ist er verschwunden. Die Beginen raffen ihre Habseligkeiten zusammen und verlassen, wie sie gekommen sind, erschrocken den Platz, die Erste rudert mit den Armen, die Zweite schleppt eine Kiste und eine ausgebeulte Leinentasche, die ihr über die Schulter hängt, nur die Dritte hat keinen Krug mehr, den sie nach Hause tragen könnte.

＊

Immer wenn Conrad sich ertappte, wie seine Gedanken in beschönigende Erinnerungen flüchteten oder fantasievoll eine erfolgreiche Zukunft beschworen und herbeizureden versuchten, sei es am Tag, sei es in der Nacht, immer stand Marguerite Porète im Zentrum seiner Gedanken. Er hatte von der Schwester Oberin ein Exemplar des ‹Spiegel› geliehen bekommen und las viel in ihm. Das Buch musste Eckhart nahe gegangen sein. Hatte es ihn inspiriert? Manchmal reicht ja die Begegnung mit einem Menschen aus, manchmal sogar das bloße Lesen eines Buches, um das Leben von Grund auf zu verändern.

Marguerite Porète hatte ihren Aufzeichnungen den Titel gegeben: «Spiegel der einfachen zunichte gewordenen Seelen und jener, die einzig im Wollen und Verlangen der Liebe verbleiben.»

Ihr, die ihr in diesem Buche lesen werdet,
wollt ihr es richtig verstehen,
so nehmt euch in Acht, was ihr darüber sagt,
denn es ist schwer zu erfassen.
An die Demut müsst ihr euch halten.
Sie ist die Schatzmeisterin der Wissenschaft
Und die Mutter der übrigen Tugenden.
Ihr Theologen und sonst wie Gebildeten,
ihr werdet nicht zum Verständnis gelangen,
wie scharf eure Denkfähigkeit auch sei,
wenn ihr nicht demütig vorgeht,

und beide, Liebe und Glauben,
euch nicht die Vernunft überwinden lassen.

Conrad fühlte sich von dem Text seltsam angerührt. Die Stimme sprach ihn in einer Glaubwürdigkeit an, wie er sie beim Lesen noch selten empfunden hatte. Aufgeregt blätterte er durch das Buch, verlor sich mehrfach in den geheimnisvollen Bedeutungen der Worte und fühlte in sich ein leichtes Schwingen, als hätte der Klang einer fernen Glocke in ihm einen zarten Widerhall hervorgerufen.

Eine Seele, die ein Nichts geworden ist, hat alles und
hat doch nichts, will alles und will nichts, weiß alles und
weiß nichts.

Das hatte Conrad doch schon einmal gehört, damals, als ihm Meister Eckhart seine Armutspredigt erklärt hatte: *Das ist ein armer Mensch, der nichts will und nichts weiß und nichts hat!*
Conrad las weiter in dem ‹Spiegel› von Marguerite.

… Die Seele hat keine Empfindung der Gnade und kein
geistiges Verlangen, da sie eben Abschied genommen hat
von den Tugenden.

Und wieder hörte er in sich die Stimme Meister Eckharts:

Der wahre Mensch steht oberhalb der Gnade und ober-
halb des Seins und oberhalb der Erkenntnis und des Wil-
lens und alles Begehrens. … Solange der Mensch noch an
sich hat, den Willen Gottes erfüllen zu wollen, so hat der
Mensch immer noch einen Willen, mit dem er dem Wil-
len Gottes genügen will, und das ist nicht rechte Armut.
Darum bitten wir Gott, dass wir ‹Gottes› ledig werden
und dass wir die Wahrheit dort erfassen und genießen,
wo die obersten Engel und die Fliege und die Seele gleich
sind, dort, wo ich stand und wollte, was ich war, und war,
was ich wollte.

Eifrig stürzte sich Conrad auf das Buch von Marguerite.

> *... Die Seele denkt, redet und tut was immer sie will,*
> *wenn es nur die Liebe genehmigt und gutheißt. ... Ich,*
> *die Seele, bin einzig und allein, was Gott in mir ist, und*
> *nichts anderes. Und auch Gott ist eben das, was er in mir*
> *ist. Denn nichts ist nichts, doch ist, was ist. Also bin ich,*
> *sofern ich bin, nur das, was Gott ist. Außer Gott näm-*
> *lich ist nichts, und darum finde ich nichts außer Gott,*
> *nach welcher Seite ich immer mich wende. Denn, um die*
> *Wahrheit zu sagen, außer ihm ist nichts.*

Als stünde er mitten in einem Gewitter, eingekreist von grellen Blitzen und tosendem Donner, hallte während des Lesens eine Predigt Eckharts in Conrad nach:

> *Wenn der Mensch so frei und ledig von Gott ist, dass nur*
> *Gott selbst die Stätte in der Seele ist, in der er wirkt, so*
> *wirkt Gott in sich selbst. Der Mensch aber ist ein reiner*
> *Gott-Erleider. ... Darum bitte ich Gott, dass er mich*
> *Gottes quitt mache; denn mein eigentliches Sein ist ober-*
> *halb aller Kreaturen und oberhalb aller Ursachen der*
> *Kreaturen. Mein eigentliches Sein bricht durch alles Sein*
> *und alle Unterschiede hindurch. Dort, wo ich so sehr ich*
> *selbst bin, dass ich nur mich selbst will und erkenne, dort*
> *schaffe ich mich sogar selbst, bin Ursache meiner selbst*
> *– der Ewigkeit nach, nicht aber nach der Zeit und dem*
> *Werden. Im Durchbrechen aller Seinsbeschränkungen*
> *bin ich ungeboren und kann nicht sterben. Ich und Gott*
> *sind da eins.*

Conrad erfasste ein Schwindel, der Schweiß brach ihm aus den Poren, er fühlte sich, als stünde er in einem Unwetter. Noch einmal fiel sein Blick auf das Buch von Marguerite.

> *... Die Seele ist frei, wenn sie sich keine Vorhaltungen*
> *macht, selbst wenn sie die Werke der Tugenden nicht*

ausführt oder wirkt. … Sie ist aus der Liebe ins Nichts
gefallen, ohne dieses Nichts vermag sie nichts zu sein.
Dieser Fall ist ein so tiefer Fall, dass die Seele, ist sie ganz
hinuntergestürzt, sich aus einem solchen Abgrund nicht
mehr erheben kann. Doch muss sie dies auch nicht tun,
vielmehr hat sie dort zu verbleiben.

Marguerite klang in Conrads Ohren viel milder als Meister
Eckhart. Ihre Sätze brachten in ihm etwas zum Schwingen,
wie es selbst Eckhart nicht bewirkt hatte. Ähnlich klang ihre
Sprache, glichen sich die Bilder, mit denen sie sich erklärten,
die Frau, die aus einer Frömmigkeit heraus lebte, die ihm durch
inbrünstige Erfahrungen verbürgt schien, und auf der anderen
Seite der Mann, der durch die Strenge und Radikalität seines
Denkens zu sich selbst gefunden hatte, ein wirklicher Meister
der Theologie und Philosophie. Waren die Unterschiede nur
darauf zurückzuführen, dass er ein Mann war und sie eine
Frau?

Es fiel Conrad nicht leicht, dem Buch von Marguerite die
Treue zu halten. Oft reihten sich Kapitel für Kapitel die Bilder
und Gedanken gleichförmig aneinander, als glitten einer Nonne die Rosenkranzperlen durch die Finger, hymnisch meditie-
rend, oft langatmig, sich regelmäßig wiederholend. In immer
neuen Anläufen suchte sich die Seele selbst zurückzunehmen,
sich auszulöschen, dem Nichts auszuliefern, um der Liebe allein Platz zu schaffen.

Der Seele geht es immer um die Liebe. Seele und Liebe
sind so sehr aufeinander bezogen, dass die Seele, wenn
sie sich bemüht vollkommen zu sein, völlig in der Liebe
aufgeht und mit ihr zu einer Einheit verschmilz. Alle
euphorischen oder misanthropischen Stimmungen lösen
sich wie Nebelschleier unter ihrer Sonne auf.

Woran denkt Marguerite, fragte sich Conrad, wenn sie von der
Seele spricht? Auf Altarbildern hatte er sie manchmal darge-
stellt gesehen, kleine Personen, die Sterbenden aus dem Mund

entweichen oder dem todgeweihten Körper aus der Seite entfliehen.

Sind Leib und Seele gesonderte Teile, die sich im Leben zu Menschen addieren und im Tod wieder trennen? Oder bilden sie eine Einheit und sind einander so sehr zugeordnet, dass der Leib ohne Seele zu einem bloßen Leichnam zerfällt und die Seele ohne Leib zu einem leeren Wort? Gibt die Seele dem Leib seine Form und hält das Leben in Bewegung? Ist die Seele das am Menschen, was schon vor der Geburt existierte und nach dem Tode weiterleben wird?

Die Liebe allein kann den Adler der Seele in die Höhe führen und sich anverwandeln. Wenn alles Hier und Jetzt, alles Dies und Das, vernichtet ist, mit allen Eigenschaften, Wahrheiten, Geboten und Tugenden, entsteht notwendigerweise ein Sog, der aus der Leere, dem Nichts, kommt. Auf diese Weise zwingt die Seele die Liebe in sich hinein. Die leer gefegte, vernichtete Seele kann gar nicht anders, als Liebe in sich einzusaugen und sich zugleich in sie umzuformen, sich zu transformieren.

Conrad war bestürzt, unglaublich, was Marguerite ihm da zumutete. Kann denn die Seele tun und lassen, was sie will? Um was auch immer sie sich verdient macht, es hat keine Bedeutung. Alles ist gut, nichts kann der Seele zum Wohle oder zum Schaden gereichen: Armut und Drangsal, Gottesdienst und Predigt, Fasten und Beten, Sakramente und Gehorsam, alles verflüchtigt sich in den Armen der Liebe, wird ein bloßes Nichts, gerade wie der Duft von Rosen an einem heißen Sommertag.

Conrad kam sich klein vor, unscheinbar angesichts so großer Gedanken. Wie ein Einäugiger kam er sich vor, der meint König zu sein, oder wie eine Eule, die denkt, es gäbe keinen schöneren Vogel im Wald. Er stand wie neben sich und meinte gleich zwei Leben zu führen, die jedoch nicht miteinander vereinbar sind. Seine eigene Seele schien ihm bei weitem nicht so unschuldig, rein und nichtig, dass sie nicht durch alltägliche Sorge um das Nötige hätte zugrunde gerichtet werden können.

❖

Die nächsten Abende saß Conrad wieder bei den Clarissinnen im Hof und schrieb an der Chronik. Die Schwestern diktierten ihm nun geordneter als zuvor in die Feder, denn sie hatten sich zuvor abgesprochen und geklärt, in welcher Reihenfolge sich die Ereignisse in Valenciennes und Paris ereignet hatten.

«Mit Sorge beobachtete unser Bischof, der Bischof von Cambrai, Gui II., das Treiben von uns Beginen in der Diözese und besonders in Valenciennes. Wir waren in den letzten Jahren immer mehr geworden und dominierten das religiöse Leben der Stadt, mischten die Bevölkerung neu auf, indem wir in ärmlichen Kleidern bettelnd durch die Straßen zogen und uns in Dinge einmischten, die uns, seiner Meinung nach, nichts angingen. Wir übernahmen die Pflege von Kranken und Nachtwachen bei Toten, richteten Schulen ein, in denen Jungen und Mädchen gemeinsam unterrichtet wurden: Religion, Lesen, Schreiben und Rechnen. Und wir nahmen, das müssen wir leider zugeben, den städtischen Spinnereien und Webereien Aufträge weg, da wir für einen geringeren Lohn ähnlich gute Waren lieferten. Besonderes Kopfzerbrechen bereitete dem Bischof aber, dass die Gläubigen mit einem Glaubensverständnis und einer Schriftauslegung konfrontiert wurden, die mit der Tradition nicht zu vereinbaren war. Überhaupt traute er uns nicht zu, dass wir die Evangelien auslegen könnten, wie das nun einmal so ist, wenn Amtsträger für das Seelenheil kleiner Leute Verantwortung übernehmen. Er konnte schlichtweg nicht begreifen, dass Marguerite Porète ohne Studium an einer Hochschule, ohne Unterstützung durch Gelehrte und ohne vertiefte Kenntnisse der theologischen Autoritäten ein Buch geschrieben hatte – da sie das Latein nicht hinreichend beherrschte, in französischer Volkssprache –, aus dem sie in privaten Zirkeln wie auf öffentlichen Plätzen vorlas. Nach Auffassung des Bischofs fehlte Marguerite der gebührende Respekt gegenüber der Kirche.

Um der allgemeinen Verunsicherung entgegenzuwirken, begann Bischof Gui gleich nach Amtsantritt, die öffentlichen Auftritte von uns Beginen genauer unter die Lupe zu nehmen. Mehrere Kleriker wurden beauftragt, unsere Lebensführung auszukundschaften. Wir waren zu undurchschaubar geworden.

Neben der Sorge um die Rechtgläubigkeit der Bürger bedrückte den Bischof ohne allen Zweifel auch das gesteigerte Selbstbewusstsein von uns Frauen, vor allem der jüngeren, die für sich in Anspruch nahmen, in Distanz zur offiziellen Lehrmeinung selbständig zu denken. Unverhohlen übten wir Kritik an der Lehre der Kirche, aber auch an dem praktizierten Glauben, wir lasen gelehrte Bücher und legten diese, ohne auf die Meister der Schrift zu achten, aus. So erschienen wir dem Bischof und überhaupt den meisten Klerikern als hochmütig. Gui II. fühlte sich geradezu gekränkt, als er daran dachte, wie viele Jahre er allein dem Erlernen der lateinischen Sprache gewidmet hatte, wie viel Mühe, Fleiß, Gehorsam und Demut es ihn gekostet hatte, die Schriften philosophischer und theologischer Autoritäten zu studieren und die Launen und Willkürhandlungen von Lehrern und Vorgesetzten zu ertragen – und nun musste er erleben, wie sich einfache Frauen über alle Konventionen hinwegsetzten. Wir biederten uns dem einfachen Volk an, behauptete er, indem wir deren vulgäre Volkssprache benützen und einen trivialen Glauben verkündigen würden. Mit boshafter Berechnung würden wir die Stimmungslage des Volkes zu treffen suchen. Unerbittlich zehrten Misstrauen, Missgunst und Neid an seinem Selbstbewusstsein.

Der Bischof machte es sich dennoch nicht leicht. Als ihm seine Kapläne den ‹Spiegel der einfachen Seelen› von Marguerite Porète vorlegten, bestellte er drei anerkannte Theologen und ließ von ihnen Gutachten erstellen. Frater Johannes vom Minoritenkloster in Valenciennes kannte Marguerite, bewunderte sie persönlich ebenso wie ihr Buch. Domnus Franco aus der Zisterzienserabtei Villers in Brabant suchte objektiv zu urteilen und legte den ‹Spiegel› streng nach dem Buchstaben aus. Der Kanoniker Gottfried von Fontaines interessierte sich seit jeher für den mystischen Glauben und zeigte sich daher für die Darlegungen Marguerites besonders empfänglich. Gottfried, ein charakterstarker Magister der Theologie an der Sorbonne, schätzte Marguerites ‹Spiegel› wohlwollend als ein Buch ein, das zum göttlichen Leben führen könne, und charakterisierte die Verfasserin als starken und glühenden Geist. Er hob das hohe Niveau des Buches hervor und würdigte die Gelehrsamkeit von Marguerite.

Die drei Gutachter kritisierten das Buch zwar in einzelnen Punkten, sprachen sich aber nicht grundsätzlich gegen es aus. Dennoch folgte der Bischof seiner eigenen Einschätzung. Das Buch wurde der kirchlichen Zensur unterstellt, die persönliche Rechtgläubigkeit der Verfasserin jedoch nicht in Frage gestellt. Alle Exemplare des ‹Spiegel› von Marguerite Porète, deren man habhaft werden konnte, wurden eingesammelt und der weltlichen Justiz übergeben, um sie öffentlich zu verbrennen. Bischof Gui schöpfte alle rechtlichen Mittel aus, um Marguerite zu warnen, was eigentlich eine Ausnahme darstellt, jedoch ihrem Ansehen in der Stadt geschuldet war, ihrer vornehmen Herkunft und den drei Gutachten.

Mehr und mehr Bürger aus Valenciennes und Umgebung fanden sich auf dem ansonsten leer gefegten Marktplatz der Stadt ein. Die Abenddämmerung legte sich langsam über die Männer, Frauen und Kinder, die verhalten miteinander redeten. Auf Anordnung des Bischofs musste Marguerite anwesend sein. Eine kleine Anzahl von uns hatte eine Gruppe gebildet, in deren Mitte sie sich aufhielt. Aufrecht und konzentriert verfolgte sie die Vorgänge um sich herum. Weitere Gruppen bildeten die Bettelmönche, die Angehörigen des bischöflichen Ordinariats, Studenten der Theologie und der freien Künste, Vertreter der Stadtverwaltung sowie eine größere Zahl frommer Bürger aus der Stadt, die Marguerite meist persönlich kannten. Sie hielten sich in lockeren Gruppierungen um ein Büschel aus Reisig und Stroh auf, das am Rand des Platzes aufgeschichtet lag. Als die Glocke fünf Mal schlug, trat ein Probst aus der Gruppe des bischöflichen Ordinariats nach vorne, begleitet von zwei Kaplänen mit brennenden Fackeln und einem Stapel von Handschriften unter dem Arm, sowie einem Kirchendiener, der einen Eimer in der Hand trug. In einer kurzen Ansprache erklärte der Probst, wie wichtig die Einheit aller Gläubigen in der Kirche sei und dass das Himmelreich nur durch Festigkeit im Glauben, durch gute Werke und Gehorsam gegenüber der Kirche erlangt werden könne. Dann verwies er auf das Buch ‹Der Spiegel der einfachen Seelen› von Marguerite Porète, in dem mancherlei Aussagen enthalten seien, die dem Wortlaut wie dem Zusammenhang ihrer Gedanken nach Irrtümer enthielten, andere Aussagen seien einfach nur übel klingend, sehr kühn formuliert und der Häresie verdächtig. Unter Androhung von Exkommunikation und kirchlicher Acht, so fuhr er fort, dürften weder das Buch noch seine Lehren weiter verbreitet werden. Im Namen Gottes und seines Vertreters auf Erden, Gui de Colmieu, Bischof von Cambrai, würden daher alle verfügbaren Exemplare des Buches verbrannt werden. Sodann gab er den Klerikern und dem Kirchendiener ein Zeichen, tätig zu werden. Die Kapläne zerrissen und zerknüllten die mitgebrachten Handschriften, damit sie schneller Feuer fangen konnten, und legten sie auf das Reisigbündel, der Kirchendiener goss etwas Pech über Pergament und Holz und entzündete schließlich mit Hilfe einer der Fackeln den kleinen Scheiterhaufen.

Als die Flammen emporschlugen und die Blätter vom Feuer verzehrt wurden, begannen einige Studenten beifällig zu klatschen und zu grölen. Erst als sie bemerken, dass selbst die Vertreter des Ordinariats neben ihnen dies für wenig angebracht hielten, trat betretenes Schweigen ein. Nun war nur noch das leise Beten von uns Beginen zu vernehmen.

∗

In der Nachfolge von Gui de Colmieu trat wenige Jahre später Philipp von Marigny das Amt des Bischofs von Cambrai an und übernahm zugleich die Stelle des Inquisitors von Lothringen. Er verdankte diesen Aufstieg seinem Bruder Enguerran, dem

Finanzminister, Schatzmeister und Vertrauten des französischen Königs. Energisch und mit jugendlichem Elan packt er die anstehenden Probleme an und suchte sich zu profilieren.

Marguerite Porète wiederum, durch die theologischen Gutachten und die wohlwollende Aufnahme ihrer Lehre in der Bevölkerung selbstsicher und im Umgang mit dem ‹Spiegel› zu leichtsinnig geworden, wurde wiederum denunziert. Man sagte ihr nach, auch nach ihrer Verurteilung besitze sie den ‹Spiegel der einfachen Seelen›, lasse das Buch sogar abschreiben und bringe es, zusammen mit anderen häretischen Schriften, in Umlauf. Außerdem verbreite sie insgeheim, in frommen Zirkeln, ihre ketzerischen Lehren. Beweismaterial bekam der Bischof zwar nicht in die Hände, doch war ihm an einem neuen Verfahren viel gelegen, denn, wie er fand, musste den wilden Aktivitäten von uns Frauen endlich ein Riegel vorgeschoben werden. Schon zu viele seien von der neuen Art, ihren Glauben in Unabhängigkeit von kirchlichen Riten zu leben, infiziert, behauptete er. Und als er dann bei Gesprächen mit seinem Bruder erfahren hatte, dass das Königshaus durchaus daran interessiert sei, ein Zeichen zur Verteidigung des Glaubens zu setzen, übergab er den Fall Porète den Händen des französischen Generalinquisitors Wilhelm Imbert. Damit wollte er dem König sein strategisches Geschick vor Augen führen, seinen Gehorsam unter Beweis stellen und öffentlich seine Treue zum Glauben demonstrieren. Ohne auf die Belange von Marguerite Porète Rücksicht zu nehmen, was nur zu Unruhen in der Bevölkerung hätte führen können, ließ er die völlig Überraschte über Nacht festnehmen und nach Paris überführen.

Tatsächlich befanden sich einige Exemplare des ‹Spiegel der einfachen Seelen› im Umlauf. Das Buch wurde insgeheim weitergereicht und abgeschrieben, so dass sich beim Abschreiben zunehmend Fehler einschlichen. Es lag Beginengemeinschaften zur Lektüre und Meditation vor. Vorsichtsmaßnahmen, um Konflikten mit den Bischöfen aus dem Weg zu gehen, hatten wir leider außer Acht gelassen. Und, was besonders schwer ins Gewicht fiel, Marguerite bekannte sich weiterhin, auch öffentlich, zu ihrem Werk.

Der Fall lag von nun an bei dem päpstlichen Generalinquisitor des Königreichs Frankreich. Wilhelm Imbert von Paris war Dominikaner und seit langem Beichtvater und Vertrauter des Königs. Allein schon durch diese Zuständigkeit wurde deutlich, wie hoch dieser Fall nun plötzlich gehängt wurde und welche Bedeutung ihm in den Machtspielen zwischen König und Papst, Staat·und Kirche, zugemessen wurde. Der Fall löste sich aus einem eher privaten religiösen Zusammenhang und wurde zu einem machtpolitischen Musterprozess.

Wilhelm Imbert übernahm den Fall Porète. Sein Ruf als Inquisitor war durch das korrupte Verhalten in der Templeraffäre angekratzt. Daher erschien es ihm opportun, durch ein Verfahren gegen eine einfache Begine sein Bestreben nach Rechtgläubigkeit und Kirchendisziplin unter Beweis zu stellen. Waren aber die Mühlen der Inquisition erst einmal in Gang gebracht, nahm der Prozess seinen Lauf. Marguerite wurde in regelmäßigen Abständen verhört. Doch sie schwieg und verweigerte somit jede Rechtfertigung und jeden Widerruf von Sätzen, die ihr in den Mund gelegt wurden und angeblich häretisch sein sollten. Schließlich wurde sie exkommuniziert. Die Sakramente wurden ihr verweigert, die Absolution durch die Beichte, der Empfang der heiligen Kommunion, die Wiedereingliederung in die kirchliche Gemeinschaft.

Mit dem Geist der Freiheit, der den ‹Spiegel der einfachen Seelen› durchweht, hatten viele Vertreter der Kirche Schwierigkeiten. Er stellte für Staat und Kirche eine Provokation dar, die das herrschende Ordnungsgefüge zu erschüttern drohte. Wie eine Musikerin, die sich auf ihr Spiel konzentriert, überließ sich Marguerite ihrer äußersten Möglichkeit, verließ sich auf die Botschaft ihres Herzens, die nur in vollkommener Liebe zu vernehmen ist.

Der Generalinquisitor wiederum befand sich in einer misslichen Lage, da von Gottfried von Fontaines, dem angesehenen Magister, bereits ein positives Gutachten zum ‹Spiegel› vorlag, andererseits der Prozess aber schon beschlossene Sache war. Wilhelm Imbert entschloss sich zu einem aufwendigen Verfahren. Er rief einundzwanzig Magister der Theologie zusammen, alles Lehrstuhlinhaber der Sorbonne, zeigte ihnen ein Exemplar des ‹Spiegel›, verteilte auf einem einzigen Blatt fünfzehn exzerpierte Artikel und betraute das hehre Gremium mit der Aufgabe, diese zu beurteilen.

Doch die Theologen vertraten unterschiedliche Auffassungen und taten sich schwer mit ihrem Urteil. So schleppte sich der Prozess hin, weshalb sich der Inquisitor nach über einem Jahr gezwungen sah, das Verfahren erneut aufzugreifen. Diesmal wurden nur noch elf Theologen beauftragt und zusätzlich fünf Rechtsgelehrte. Das vorbereitende Treffen ergab, dass die Theologen den Fall ganz aus der Hand gaben und ihn allein den Rechtsgelehrten überließen.

Inzwischen hatten wir Frauen aus Valenciennes uns auf den Weg gemacht, um auf den Prozess gegen Marguerite, die wir tief verehrten, Einfluss zu nehmen. Wir machten uns Sorgen, denn Marguerite befand sich immer noch im Kerker.

Die zahlreichen Versuche, Marguerite zu bewegen, Antwort zu geben, Reue zu zeigen, zur Einheit des christlichen Glaubens zurückzukehren und ihren Irrtümern abzuschwören, wehrte diese durch beharrliches Schweigen ab. Ebenso die wiederholten Angebote, durch Beichte eine Absolution zu empfangen. Und schließlich weigerte sich Marguerite sogar, einer gerichtlichen Ladung des Inquisitors selbst Folge zu leisten, bis sie dieser in Fesseln vorführen ließ. Bei dieser persönlichen Begegnung wurde sie von Wilhelm Imbert aufgefordert, unter Eid die Wahrheit zu sagen. Doch Marguerite verwahrte sich beharrlich und hartnäckig gegen jede Verdächtigung.

Zwei Gründe bewogen schließlich die Kirchenrechtler, Marguerite als rückfällige Häretikerin zu verurteilen und dem weltlichen Arm zu übergeben, zum einen das hartnäckige und in keiner Weise kooperative Verhalten während des Prozesses und zum anderen die Missachtung des bischöflichen Verdikts, das Buch ‹Spiegel der einfachen Seelen›, mit allen seinen häretischen Lehren und Irrtümern, weiterhin zu besitzen und zu verbreiten. Sie plädierten jedoch ausdrücklich für eine milde Strafe. Die Verurteilte sollte weder getötet noch verstümmelt werden, soweit das kirchliche Recht solches zulasse.

Der Inquisitor übernahm die Empfehlung der Kirchenrechtler. Am 31. Mai 1310 erfolgte auf der Place de Grève die Urteilsverkündung. Fünfzehn Sätze aus dem Buch ‹Spiegel der einfachen Seelen› wurden endgültig verurteilt, seine Verbrennung festgesetzt und unter Strafe der Exkommunikation alle, die noch in seinem Besitz waren, aufgefordert, dieses bis spätestens zum Feiertag Peter und Paul abzuliefern. Die Anklageartikel bezogen sich auf drei Felder: die Freiheit von Tugenden, von Frömmigkeitsübungen und von Sünden. Es sei falsch zu behaupten, die zunichte gewordene Seele nehme Abschied von den Tugenden und stehe nicht weiter in ihrer Knechtschaft. Und es sei falsch, dass sich eine vollkommene Seele weder um Tröstungen Gottes noch um seine Geschenke kümmern müsse, das auch nicht dürfe und könne, da sie ja ganz auf Gott bezogen sei und anders ihre Bezogenheit auf Gott nur gestört würde. – Marguerite wurde als rückfällige Ketzerin verurteilt und den weltlichen Behörden überliefert.

※

Nach der Urteilsverkündung, noch am Pfingstsonntag, übernahm die weltliche Gerichtsbarkeit Marguerite Porète und brachte sie in ihre eigenen Verliese. Die königlichen Beamten und städtischen Ratsherren berieten erneut und setzten sich über das milde Urteil des Inquisitionsgerichts hinweg: ‹Nehmt sie hin und verbrennt sie als eine Ketzerin.›

Am nächsten Morgen holten die Ratsknechte und der Henker Marguerite aus dem Kerker und führten sie hinaus auf die Place de Grève, gleich hinter das Rathaus am nördlichen Ufer der Seine, um sie zu verbrennen. Sie ließen ihr lediglich das Gewand, den Gürtel und die Schuhe.

Mit einem großen Aufgebot an bewaffneten Männern wurde sie durch die Straßen geführt. Wenige Schritte hinter ihr ging ein verurteilter Jude, der zum christlichen Glauben übergetreten, dann aber rückfällig geworden war. Angeblich hatte er auf gotteslästerliche Weise die Gottesmutter verspottet. Er wurde zeitgleich mit Marguerite verbrannt. Beide waren nicht gefesselt. Wegen des großen Gedränges musste der Zug einen Umweg nehmen. Nur truppweise wurden die Menschen über die Seinebrücke gelassen, da zu befürchten war, dass sie zusammenbrechen würde.

Während Marguerite zögerlich Schritt vor Schritt setzte, versuchte sie ihre Gedanken in Worte zu fassen und leise Gebete zu sprechen. Ihre Finger krampften sich um einen dunklen Kiesel, so dass ihre Knöchel weiß hervortraten. Als sie auf dem Platz ankam und die Pfähle, das Stroh, Holz und Feuer bemerkte, fiel sie auf die Knie und benötigte einige Augenblicke, um sich zu fassen. Ein junger Priester ging auf sie zu: ‹Liebe Frau, wollt ihr dem Unglauben und der Ketzerei, um derentwillen ihr leiden müsst, entsagen, so will ich gern eure Beichte hören. Wollt ihr das aber nicht tun, so wisst ihr selbst, dass in den geistlichen Vorschriften steht, dass man keinem Ketzer die Beichte hören soll.› Marguerite blickte auf und erwiderte nachsichtig, es sei nicht nötig, da sie keine Todsünderin sei.

Rings um den Platz, auf den Balkonen und in den Fenstern, war viel Prominenz vertreten, weltliche Behörden und kirchliche Würdenträger. Auf dem Platz selbst aber befand sich eine riesige Volksmenge, die dem Sterben Marguerites zuschaute, sensationslüsterne Gaffer ebenso wie trauernde Verehrerinnen und Verehrer Marguerites. Einsam stand sie zwischen den geschäftigen Henkersknechten und harrte mit vor Furcht gezeichnetem Gesicht der Schmerzen, die sie erwarteten. Dennoch suchte sie inmitten dieser Szenerie des Schreckens ihren Überzeugungen ein Gesicht zu geben. Kann die Begegnung mit dem einzig Geliebten so schrecklich sein? Demütig fügte sie sich den Anordnungen der Knechte. Viele Zuschauer brachen in Tränen aus und seufzten herzergreifend. Da ergriff sie der Henker, stellt sie auf einen Schemel und band sie in ihrem Gewand an den Pfahl. Er legte Holz und Stroh um sie herum, schüttete etwas Pech darüber und steckte es mit einer Lunte in Brand. Starr und mit weit geöffneten Augen stand sie am Pfahl, die Fesseln waren festgezurrt und ließen kein Spiel für Bewe-

gungen, der Rauch nahm ihr den Atem und die Sinne – sie
verbrannte. Über den Platz legte sich ein widerlicher Geruch
und das Publikum verlief sich in Eile. Diener des Magistrats
fegten alles, was übrig geblieben war, zusammen, luden es auf
eine Karre und entleerten es in die Seine.»

STRASSBURG

AM VORABEND SEINER ABREISE nach Straßburg saß Conrad noch einmal, ein letztes Mal, bei den Clarissinen im Hof des Klosters von Avesnes. Alles, was ihm die Schwestern über Marguerite Porète erzählt hatten, war in zierlichen Buchstaben, geordnet in Linien und doppelten Reihen, aufgezeichnet, so dass es wieder und wieder gelesen und in Erinnerung gerufen werden konnte, auch von Menschen, die selbst nicht bei den Ereignissen zugegen waren. Indem Conrad diese Mühe auf sich genommen hatte, war die Geschichte der Marguerite Porète zu einem Teil seiner eigenen Geschichte geworden.

Ob das gut war? Konnte eine Chronik Vergangenes unverfälscht bewahren? Wäre es nicht besser, die Last, die eine glücklose, um ihr Recht und ihren Lohn betrogene Frau ihm unaufgefordert aufbürdete, hinter sich zu lassen, sie einfach zu vergessen? Dann wäre es aber vielleicht auch besser, die Geschichte Meister Eckharts zu vergessen – und eventuell sogar seine eigene, die ja auch nicht gerade von Erfolg gekrönt war?

Oder, fragte sich Conrad, verliert das Leben seinen Sinn, wenn die Mühen und Anstrengungen, Leiden und Irrwege eines Lebens umsonst sind? Verpflichtet nicht das unverschuldete Scheitern von Marguerite Porète und Meister Eckhart spätere Generationen zur Erinnerung, verpflichtet es nicht sogar ihn, Conrad, den unerfüllten Anstrengungen und Mühen zu ihrem Recht zu verhelfen?

Conrad fühlte sich verpflichtet, gegen die Zumutung zu protestieren, das Vergangene einer allzu bequemen, vermeintlich angenehmen Gegenwart zu opfern. Er brachte es einfach nicht über sich, die Lebensaufgaben von Marguerite und Eckhart nur deshalb verloren zu geben, weil die vorherrschenden Überzeugungen und Machtansprüche in der Kirche sie derzeit zum Scheitern verurteilten. Er stemmte sich mit all seinen Kräften gegen den Rückzug in die Beschaulichkeit, gegen das Glück einer ins Leere laufenden Kontemplation, die nicht zum Handeln führt. Die Anliegen von Marguerite und Eckhart, das nahm sich Conrad vor, sollten erneut eine Chance bekommen.

An diesem letzten Abend bei den Clarissinnen schnürte Conrad, zum ersten Mal überhaupt, das Bündel mit den Handschriften Meister Eckharts auf. Vor Aufregung zitterten ihm die Hände. Eckhart hatte in Köln zumeist in deutscher Sprache gesprochen, hier aber lagen nun lateinische Texte vor Conrad. Er legte, in andächtiger Vorsicht, mehrere Stapel von Pergamentblättern auf den Tisch: Predigten, Predigtentwürfe, Traktate, Mitschriften von Lehrveranstaltungen, Quaestionen und Disputationen, Teile eines dreiteiligen Werks mit Auslegungen zu Büchern aus dem Alten Testament und, wahrscheinlich erst angefangen, einen Kommentar zum Evangelium des Johannes. Insgesamt also ein recht umfangreiches Konvolut.

Conrad wählte den Kommentar zum Evangelium des Apostels Johannes aus, las den Clarissinnen daraus vor und übersetzte daraufhin, Abschnitt für Abschnitt, den lateinischen Text in die deutsche Sprache.

‹Im Anfang war das Wort›. Dazu ist zu bemerken: es ist natürlich und gilt allgemein, dass das aus dem Göttlichen Hervorgehende, aber auch das, was aus der Natur oder Kunst hervorgeht, vorher in ihm ist. Denn die Feige könnte ebenso gut aus dem Weinstock oder dem Birnbaum hervorgehen wie aus dem Feigenbaum, wäre sie nicht vorher schon in dem Feigenbaum enthalten. Das, was hervorgeht ist in dem, was es hervorbringt gerade so enthalten, wie der Same in seinem Ursprung. Ebenso verkündet das Wort von dem, der es spricht. Es ist in ihm als Idee und Gleichnis.

Wenn etwas von einem andern hervorgeht, heißt das auch, dass es von ihm unterschieden ist. Das Hervorgebrachte ist immer niedriger, geringer, unvollkommener als das Hervorbringende. Gleichartige Dinge aber sind immer gleich: das Hervorgebrachte nimmt nicht nur an der Natur seines Ursprungs teil, sondern empfängt sie von ihm ganz, ohne Abzug und in derselben Vollkommenheit.

Das Hervorgehende ist der Sohn des Hervorbringenden, denn Sohn ist, wer ein anderer der Person nach ist, nicht ein anderer der Natur nach. Der Sohn oder das Wort ist dasselbe, was der Vater oder der Ursprung ist. Die Truhe im Geist eines Künstlers ist keine Truhe, sondern Leben und Denken des Künstlers, sein lebendiger Entwurf. Die Truhe, die wirklich entsteht, ist und bleibt nichtsdestoweniger im Künstler selbst, wie sie von Anfang in ihm war, noch bevor sie zu einer Truhe wurde, selbst dann, wenn sie zerstört wird.

Das Hervorbringen findet eigentlich zuerst und vor allem im Entstehen statt. Dies geschieht außer der Zeit. Es verliert sich nicht im Nichts und versinkt nicht in die Vergangenheit. Ohne Zeit ist der Abend der Morgen: Anfang ist immer, die Geburt ist immer, das Entstehen ist immer.

Der Verstand nimmt den Gegenstand nicht, wie er ihm erscheint, sondern in seinem Ursprung. Die Truhe im Geist ist weder eine Truhe, noch ist sie gemacht, sie ist vielmehr Kunst, Leben, lebendiger Entwurf. Das Wort oder die Idee gehört zur vernünftigen Kraft des Menschen. In den geschaffenen Dingen wird nur deren Idee erkannt, sonst nichts. Die Idee ist in den Dingen, und zwar ganz in jedem einzelnen, und trotzdem ist sie ganz außerhalb jedes einzelnen. Das Wort ist ganz drinnen und ganz draußen.

Conrad suchte sich zu versichern, dass die Schwestern den Ausführungen Eckharts gefolgt waren. Doch in sich gekehrt hielten diese die Augen geschlossen. Sie waren doch wohl nicht eingeschlafen? Da für eine Weile Stille eingetreten war, gab sich die Schwester Oberin einen deutlichen Ruck und fragte verlegen, ob die Magister der Universität immer so schwierig und unverständlich schreiben würden. Was sie bisher von Meister Eckhart gehört habe, hätte ganz anders geklungen. «Was meint Eckhart eigentlich mit Hervorbringendem und Hervorgebrachtem?», hakte eine andere Schwester nach. «Ist doch klar, das eine ist der Feigenbaum, das andere seine Frucht, die Feige.» «Oder die Pflanzen überhaupt sind gemeint und deren Samen.» «Immer geht eines aus dem anderen hervor.» Es entspann sich ein munteres Gespräch. «Auch der Sohn geht aus dem Vater hervor.» «Nicht nur das, auch die Tochter aus der Mutter.» «Nein, das stimmt wohl nicht, denn immer noch kommt der Same allein vom Mann!» Um eine weitere Steigerung des Streitgesprächs zu verhindern, mischte sich Conrad ein: «Das ist doch wohl etwas zu einseitig von der Natur her betrachtet. Eckhart verwendet noch andere Bilder, zum Beispiel das Verhältnis von Gerechtigkeit und dem Gerechten.»

Der Gerechte ist, was er ist, von der Gerechtigkeit, seinem Ursprung. Der Gerechte wäre in sich selbst dunkel, wenn ihn nicht die Gerechtigkeit erleuchtete. Die Gerechtigkeit ist immer ganz in jedem Gerechten, denn eine halbe Gerechtigkeit ist keine Gerechtigkeit. So geht das Individuelle immer aus dem Allgemeinen hervor, welches früher ist.

«In Köln haben Schüler Eckhart einmal spaßeshalber gefragt», fuhr Conrad fort, «ob das Huhn zuerst da gewesen sei, oder das Ei.» Er hielt sich mit der Beantwortung vorerst zurück und wartete auf die Reaktionen der Schwestern. «Natürlich das Ei, denn aus ihm geht das Huhn erst hervor.» «Nein, das Huhn, denn es legt ja erst das Ei.» «Nein, es muss doch das Ei sein, denn das Huhn, das das Ei legt, ist ein anderes Huhn als das Huhn, das aus dem Ei schlüpft.» Conrad rückte endlich mit der Antwort Eckharts heraus.

*Die Natur macht den Mann aus dem Kinde und das
Huhn aus dem Ei; Gott aber macht den Mann vor dem
Kinde und das Huhn vor dem Ei.*

«Vielleicht ist mit dem Hervorbringenden und Hervorgebrachten auch noch etwas anderes gemeint», meldete sich eine junge
Clarisse zu Wort, die sich bei den Berichten über Marguerite
Porète besonders hervorgetan hatte. «Wenn ein Künstler einen
Gegenstand abbildet, geht das Abbild aus dem Vorbild hervor.»
Und sofort erhielt die Schwester Unterstützung: «Oder, wenn
sich jemand im Spiegel betrachtet, empfängt das Spiegelbild
sein ganzes Sein von dem Gesicht, dessen Abbild es ist, und
zwar von ihm allein.» Und wieder hakte Conrad nach: «Ich le-
se euch nochmals ein Stück aus Eckharts Johanneskommentar
vor.

> *Das Abbild ist in seinem Vorbild und das Vorbild ist in
> seinem Abbild. Das Abbild und das Vorbild sind als sol-
> che eins. Das Entstehen des Abbildes ist gewissermaßen
> ein Ausfließen der Form nach. Beide sind gleichzeitig.
> Das Abbild kennt niemand als das Vorbild, und das Vor-
> bild kennt niemand als das Abbild. Sie haben beide ein
> Sein. Die Prinzipien des Vorbilds und Abbilds, des Seins
> und Erkennens, sind die gleichen.*

«Was sollen diese Spielereien?», warf nun wiederum eine der
Schwestern ein. «Was interessieren mich, Hühner und Eier,
Feigen, Samen, Spiegelbilder oder Bilder, die Künstler gemalt
haben? Einzig wichtig ist doch, dass ich erkenne, wer ich selber
bin. Hat uns das nicht Meister Eckhart selbst zugerufen, als er
noch jung war: ‹Nimm dich selbst wahr!›»

Da erwiderte die Schwester Oberin, nicht ohne einen er-
mahnenden Ton anzuschlagen: «Hast du nicht bemerkt, dass
das alles nur Beispiele und Gleichnisse sind? Wenn Meister
Eckhart vom Hervorbringenden und Hervorgebrachten redet,
meint er immer zugleich die Geburt Gottes im Menschen. Wir
– du, ich und wir alle – sind Söhne und Töchter Gottes, wenn

wir uns nur öffnen, frei machen, ihn, den Herrn, bei uns einlassen.»

«Nicht ganz», korrigierte da Conrad und wiegte bedächtig seinen Kopf, «Gott wird im Menschen nicht nur dann geboren, wenn sich der Mensch für ihn frei macht, vielmehr wird er ohne Unterlass in ihm geboren, wie ich euch das vorhin vorgelesen habe, ‹Anfang ist immer, die Geburt ist immer, das Entstehen ist immer›. Der Sohn geht seit Ewigkeit aus dem Vater hervor und in uns ein. So wirkt er in jedem von uns von Anbeginn.»

Und wieder meldete sich die junge Clarisse zu Wort, die zuvor schon an Marguerite Porète erinnert hatte, und zitierte aus dem Gedächtnis einen langen Abschnitt, der einer Predigt Meister Eckharts entnommen war. Die Predigt lag auf dem Gebetsstuhl ihrer Kammer und hatte sich Wort für Wort in das Herz der Schwester eingebrannt, gerade weil sie nicht mit ihr zurecht kam und Tag für Tag mit ihr rang.

Der Vater gebiert seinen Sohn ohne Unterlass in meiner Seele. Er muss es tun, es sei ihm lieb oder leid. Und ich sage mehr noch: Die Seele ist nicht allein bei ihm und er bei ihr, sondern er ist so sehr in ihr, dass er sie ist. Vater und Sohn sind sich in der Seele nicht nur gleich oder ähnlich, sondern sie sind ein- und derselbe. Er gebiert mich als seinen Sohn in derselben Weise, wie er seinen Sohn in Ewigkeit gebiert. Ich sage noch mehr: Er gebiert mich nicht allein als seinen Sohn; er gebiert mich als sich und sich als mich und mich als sein Sein und als seine Natur. Im innersten Quell, da quelle ich aus in seinem Geiste, dem Heiligen Geiste. Da gibt es nur ein Leben und ein Sein und ein Werk. Alles, was Gott wirkt, ist Eins. Darum gebiert er mich als seinen Sohn ohne jeden Unterschied. Mein leiblicher Vater ist nicht eigentlich mein Vater, außer einem kleinen Stückchen seiner Natur. Ich bin getrennt und unterschieden von meinem leiblichen Vater, er kann tot sein und ich lebe. In Wahrheit ist der himmlische Vater mein Vater, denn ich bin sein Sohn und habe alles, was ich habe, nur von ihm. Sein Sohn bin ich, völlig transformiert und verwandelt in den göttlichen Vater.

Und wieder kam ein empörter Einwurf: «Ist denn Eckhart wirklich Gott? Bist du Gott? Bin ich Gott? Was für Jesus Christus gilt, gilt noch lange nicht für uns alle!»

Conrad, selbst immer wieder verunsichert durch diesen Vorwurf, den er nun schon so oft hatte anhören und auch beantworten müssen, versuchte zu argumentieren: «Meister Eckhart lehrt uns, was es heißt Sohn zu sein.»

Sohn ist, wer ein anderer der Person nach ist, nicht ein anderer der Natur nach, so, wie auch du der Natur nach Tochter deiner Eltern bist, nicht aber der Person nach. Du bist du selbst. Und ebenso ist es auch bei Gott, er ist Mensch geworden, der Natur nach, nicht aber der Person nach. Wir sind dieselbe Natur wie Gott und wenn wir in der Nacktheit dieser Natur stehen wollen, müssen wir allem Personhaften entsagen. Gerade so, wie es Marguerite Porète geschildert hat: die Königstocher nahm sich als Person so sehr zurück, dass sie Alexander dem Großen, der jenseits des Meeres wohnte und den sie nie mit Augen gesehen hatte, ein vertrauter Freund sein konnte.
Doch was heißt das Wort, Gott ist Mensch geworden? Ist Gott allein in Christus Mensch geworden? Christus ist unser Bruder. Doch was hülfe es mir, wenn ich einen Bruder hätte, der da ein reicher Mann wäre und ich wäre dabei ein armer Mann? Was hülfe es mir, hätte ich einen Bruder, der da ein weiser Mann wäre, und ich wäre dabei ein Tor? – Ich sage etwas anderes und Eindringlicheres: Gott ist nicht nur Mensch geworden, vielmehr: er hat die menschliche Natur angenommen. Und daher ist all das Gute, das alle Heiligen besessen haben, Christus und Maria, seine Mutter, all das Gute ist auch mir zueigen. Nun könntet ihr mich fragen: Da ich in dieser Natur alles habe, was Christus in seiner Natur zu bieten vermag, woher kommt es dann, dass wir Christus so heraushe-

ben und als Herrn verehren? Das kommt daher, weil er
ein Bote Gottes war und uns unsere eigene Seligkeit vor
Augen geführt hat. Doch da wo der Vater im innersten
Grunde der Seele seinen Sohn gebiert, da schwebt diese
selbe Natur in jeden von uns mit ein.

«Dann bin ich also doch Gott?» gab die Schwester, die sich zuvor schon so empört hatte, innerlich aufgewühlt zurück. Und
Conrad erwiderte: «Nein, du bist nicht Gott und ich bin nicht
Gott. Der Person nach sind wir Mensch, von unseren Eltern
haben wir ein kleines Stückchen unserer Natur und ein weiteres kleines Stückchen haben wir von der Welt empfangen, in
der wir leben, im Wipfel unseres Seins jedoch ist unsere Natur
göttlich. Wie sich der Wipfel eines hohen Baumes hoch oben
im frischen Wind bewegt, ebenso bewegt sich die Spitze unserer Seele ohne Unterlass im unendlichen Atem Gottes. Wenn
auch immer sich der Mensch auf sich selbst besinnt, besinnt
er sich seiner Ungeschaffenheit, Unvergänglichkeit und Unbegreiflichkeit.»

Und ein drittes Mal meldete sich die junge Clarissin zu
Wort.

Eigentlich geht es nicht nur um Gott und die Seele; um
Gott, der das Wort spricht, und die Seele, die es ver-
nimmt. In diesem ewigen Eins- und Geborenwerden
erblüht ein Drittes, der Heilige Geist. Seine Kraft er-
gießt sich in die Seele, ist ganz und gar geistig. Dieser
Geist glimmt und brennt ohne Unterlass, in all ihrem
Reichtum, ihrer Süßigkeit und Wonne. Wer ihn erspürt
und wahrnimmt ist erfüllt von so großer Freude und
unermesslicher Wonne, dass es niemand erschöpfend
auszusagen oder zu offenbaren vermag. Wodurch klar zu
erkennen ist, dass Gott ein dreieiniger ist.

❈

Da er keine weitere Verfolgung zu befürchten hatte, ließ sich Conrad Zeit, genoss die Färbung der Wälder, die Berghänge, die wie durch Feuer in Brand gesetzt schienen, und ließ sich von der milden Wärme des Herbstes verwöhnen. Mehr als einen Monat lang war Conrad unterwegs, als er sich endlich Straßburg näherte. Würde er in die Stadt eingelassen werden? Wo konnte er unterkommen? Er kannte niemanden, bei dem er hätte anklopfen können. Odette, die Frau aus der Kölner St. Zeno-Kapelle, hatte angekündigt, ihn in Straßburg zu treffen. Doch auch die Mutter Oberin der Clarissinnen hatte nicht gewusst, wo er sie hätte suchen sollen.

Eine knappe Tagesreise von der Stadt entfernt fand er Quartier, für eine Nacht nur, bei einem Müller. Am Morgen schreckte ihn das aufgebrachte Geschrei des Müllers auf, der gerade dabei war, seinen Knecht aus dem Haus zu jagen. Dieser habe, wie der Müller später erzählte, seiner vierzehnjährigen Tochter schon lange schöne Augen gemacht. Am Morgen, als er aufgestanden sei, habe er ihn aus ihrer Kammer schleichen sehen. Kurzerhand habe er ihn davongejagt. Nun aber hatte der Müller niemanden mehr, der ihm hätte helfen können, das Fuhrwerk zu beladen und die Säcke voll Mehl und Kleie in die Stadt zu fahren.

Conrad witterte seine Chance und bot sich an, für den Knecht einzuspringen und beim Beladen und Entladen des Fuhrwerks mitzuhelfen. Ein paar Gulden könne er gut gebrauchen, denn auf der Reise habe sein Geldsäckel Schwindsucht bekommen. Auch könne er, dachte er für sich, auf die Weise die Tore von Straßburg passieren, ohne groß kontrolliert zu werden. Der Müller begutachtete abschätzig den eher schmächtigen Körperbau von Conrad, willigte in seiner Not aber ein und forderte ihn auf, einen großen Leiterwagen, vor den zwei schwere Ackergäule gespannt werden sollten, auf den Hof zu ziehen. Conrad stellte sich nicht sehr geschickt an und hätte seine Aufgabe ohne kräftige Mithilfe des Müllers nicht bewältigen können. Unter Gezeter, heftigen Vorwürfen, Stößen gegen den Leib und blauen Flecken spannte er die Pferde an, in der Tat keine leichte Übung. Nun begann eine elende Schlepperei, der

Conrad noch weniger gewachsen war. Der Müller musste ihm helfen die schweren Säcke auf seine Schultern zu hieven, dann schwankte er mit schweren Schritten über den Hof und ließ die Last auf den Karren plumpsen. Über eine Stunde dauerte die Rackerei, und Conrad wäre vor Schwäche und Hunger fast umgekippt, hätte die Müllerin nicht Erbarmen gezeigt und ihm Brot und warme Milch gebracht.

Der Durchlass durch das Stadttor war dann kein Problem mehr, da der Müller jede Woche Mehl anlieferte und daher den Wachleuten wohlbekannt war. Sein Bündel aber hatte Conrad zwischen den Säcken gut versteckt. Als sie an der Zunftscheuer ankamen, standen schon mehrere andere Fuhrwerke im Hof und warteten auf ihre Abfertigung. Der Gildemeister kam aus dem Haus, fluchte was das Zeug hielt auf den Magistrat und schimpfte über die neuen Verordnungen, nach denen die verpflichtenden Abgaben neu kontrolliert und registriert werden mussten. Die Schuld für die Verzögerungen bei der Abfertigung, klagte er, liege allein bei der Stadtverwaltung.

Nach zwei Stunden waren sie mit ihrem Fuhrwerk noch keinen Schritt weiter gekommen. Conrad schlenderte über den Hof, schaute den anderen Müllern beim Warten zu und warf dabei auch einen Blick ins Kontor. Der Mann, der die Liefermengen notieren, zusammenzählen, die Menge der Abgaben nach der neuen Verordnung berechnen und schließlich einen Gutschein für die Ware ausstellen sollte, hatte sich deutlich zu viel zugetraut, konnte kaum schreiben und noch weniger rechnen. Auch den anderen Müllern fiel so nach und nach dieses Unvermögen auf, sie fühlten sich geprellt, wehrten sich, es kam zu wüsten Beschimpfungen, Streitereien und Rangeleien. Der Gildemeister ging dazwischen, konnte sich jedoch selbst seiner Haut kaum erwehren.

Und wieder sah Conrad eine Möglichkeit, seine Fähigkeiten unter Beweis zu stellen und gleichzeitig dem Entladen der schweren Säcke zu entgehen. Er bot sich als neuer Kontorgehilfe an. Der Gildemeister musterte den Fremden argwöhnisch, bedachte dabei seine Situation, ständig die Flüche und das Gezeter der Müller im Ohr, und entschloss sich schließlich, Conrad in dem Kontor Platz nehmen zu lassen. Schon kurze Zeit später lief die Abwicklung der Geschäfte wie geschmiert und zu aller Zufriedenheit. Der Gildemeister verhandelte mit dem Müllermeister um die Freistellung seines Gesellen für Kontorarbeiten, worüber dieser wiederum hoch erfreut war, denn Conrad hatte sich als zu schwach erwiesen für das Be- und Entladen der Mehlsäcke und, das war seine Bedingung, er brauchte ihm keinen einzigen Dukaten für seine bisherigen Leistungen auszuzahlen. Conrad wiederum sagte einer Anstellung als Kontorarbeiter vorerst nur für die Dauer einer Woche zu. Der Gildemeister konnte sich bis dahin nach einem Nachfolger umsehen. Als Entlohnung vereinbarten sie freie Kost und Logis sowie eine angemessene Summe Geld.

Die Arbeiten im Kontor der Müllerzunft begannen früh am Morgen und endeten um die Mittagszeit. Dann machte sich Conrad auf den Weg und erkundete die Stadt. Die neu errichtete Kathedrale war sein erstes Ziel, dann besuchte er die Predigerkirche, um sich nach eventuellen Spuren Odettes umzusehen, und schließlich stieg er, um sich einen Überblick zu verschaffen, auf den Pfennigturm und betrachtete die Stadt von oben.

Überwältigt blickte Conrad von dem hohen Turm auf Straßburg hinunter. Er konnte die Stadt im Ganzen überschauen. Von den Anstrengungen der ungewohnten Arbeiten, aber auch von der langen Reise gezeichnet, schweiften seine Augen und Gedanken unruhig über ein Labyrinth von Häusern, Wegen und Straßen. Das lichte Gewölbe des Himmels spannte sich darüber, wie ein luftiger Mantel, der besänftigt und schützt. Straßburg glänzte und glitzerte wie ein verlorenes Kleinod mitten in einem gewaltigen Garten, prächtig anzusehen. Durch hohe Wälle und Mauern gesichert, erschien die Stadt wie eine Insel, die mehrfach von einem Fluss und Kanälen umschlossen wurde. Nach allen Richtungen öffneten sich Tore, die zu Brücken und Straßen führten, parallel zum Rhein von Basel nach Köln, oder auf dem Weg der Sonne von Erfurt nach Paris. Unzählige Reisende bewegten sich in alle Richtungen, schrumpften jedoch von der Höhe des Turms betrachtet mit wachsender Entfernung, erschienen winzig und verloren.

Eindrucksvoll dominierte die jüngst errichtete Kathedrale das Stadtbild. Über zwei Etagen erhob sich eine breite, filigran geschmückte Fassade, die von zwei stumpfen Türmen eingerahmt war. Die lang gestreckten Figuren der Portale waren zu erkennen. Um Notre-Dame herum und dahinter, gleich in erster Reihe, stellten sich die repräsentativen Gebäude von Stadt und Kirche zur Schau: Rathaus und Erzbischöfliches Palais, die prächtigen Häuser von Kaufleuten und Patriziern. In einiger Entfernung ragte, nahezu ebenbürtig, die Anlage des Predigerklosters auf. Beide Zentren schienen umzingelt von hohen und niedrigen Fachwerkhäusern, aus denen vereinzelt Kirchtürme und wuchtige Gebäudekomplexe herausragten, die in sich geschlossenen Lebensbereiche von Klöstern. Dazwischen, auf engstem Raum, oder an die Stadtbefestigung gelehnt, befanden sich die winzigen Katen der Armen.

Die Quartiere der Stadt unterschieden sich säuberlich nach Stand, Ansehen und Beruf ihrer Bewohner. Die weltlichen Machthaber, Stadtherren, Rechtsgelehrten und vornehmen Patrizier hatten sich im Zentrum breit gemacht, gleich neben dem Weltklerus mit dem Erzbischof an der Spitze. Die angrenzenden Straßen beherbergten die Gewerbe- und Handeltreibenden mit ihren lärmenden Werkstätten, Lagern und Geschäften. In vielen der Häuser lebten einfache Bürger mit ihrem Gesinde, andere waren als Schulen ausgewiesen oder als ehemalige Beginenhäuser, mit einem weißen Kreuz am Hoftor. Die Klosteranlagen der alten Orden beherbergten fromme Ordensgemeinschaften, die beteten, studierten und lehrten, sowie Brüder, die für den Lebensunterhalt sorgten. Etwas entfernt hatten die Bettelmönche ihre Klöster errichtet, nachdem sie sich aus dem Umland der Stadt zugewandt hatten. Frauenklöster hatten mit ihren bescheideneren Gebäuden deren Nachbarschaft gesucht. Nahe den Stadttoren lebten Ritter und Kriegsleute und in einem gesonderten Bereich Juden. Auf den ersten Blick schien alles wohl geordnet. Jedem war sein Platz zugewiesen, und jeder diente sich und den anderen auf seine Weise. Und doch wirkte die Stadt wie ein Labyrinth voller Geheimnisse, mit fremden, unheimlichen Quartieren, in denen man sich leicht verirren konnte oder unerwarteten Gefahren ausgesetzt sah.

Vor der Stadt, ungeschützt außerhalb der Mauern, zwischen einem bunten Fleckenteppich kleiner Flurstücke mit Getreide, Wiesen und Koppeln für Pferde, Schafe und Rinder, die von Hirten bewacht wurden, zwischen kleinen Schutzhütten und Speichern für Heu und Stroh, lag die Jakobsvorstadt mit ihren einfachen Herbergen, in der fremde Reisende vorübergehend unterkommen konnten.

In der Stadt selbst sah Conrad die Menschen ständig in Bewegung, sie liefen hektisch durcheinander, die Straßen waren mit Geschrei erfüllt, es hämmerte, pochte und rasselte, Pferde, Hunde, Katzen, Schweine, Geflügel drängten sich durch das Gewühl. Aus den Wirtshäusern lärmte es, Betrunkene torkelten in die Gassen.

Das verwirrende Durcheinander unter all den Dingen, Tieren und Menschen verunsicherte und ängstigte Conrad, als er die enge Wendeltreppe nach unten stieg. Hinter den Fassaden des Reichtums und einer allgemeinen Wohlanständigkeit machten sich Elend und Verzweiflung breit. Mitten in dem Glanz und der Pracht von Besitz und Geschäftigkeit klafften Risse und Spalten, aus denen die Ausdünstungen von Armut und Verbrechen drangen, dass es zum Erbarmen war.

✳

Mehrmals besuchte Conrad die Predigerkirche, wohnte dem Gottesdienst bei und beobachtete die Frauen und Männer, die ein- und ausgingen. Heute fiel ihm eine Wachstafel auf, gleich neben der Eingangstür, auf die in großen Buchstaben ein Leitspruch geritzt war.

Wenn ich in den Grund, in den Boden, in den Strom und
in die Quelle der Gottheit komme, so fragt mich nie-

mand, woher ich komme oder wo ich gewesen sei. Dort
hat mich niemand vermisst, dort ist Gott nicht mehr
Gott.

In kleiner Schrift war vermerkt, dass jedermann zu gemeinsamen Gesprächen eingeladen sei, die freitags, ab 6 Uhr abends, im Gästehaus Marguerite, Obere Straße, stattfinden würden.

Zwei Tage später, Freitagabend, machte sich Conrad auf zu der schmalen Gasse, in der sich das Gästehaus Marguerite befand. Er war überrascht, als er neben dem unauffälligen Häuschen durch ein Scheunentor trat und in einen hübsch hergerichteten Garten gelangte, in den zwischen wilde Reben und rot-blaue Astern einige grobe Holztische und Bänke gestellt waren. In einem Becken aus rotem Sandstein sammelte sich Wasser. An den Tischen saßen mehrere Leute beisammen, Frauen und Männer, plauderten, aßen frisches Obst oder tranken Wein. Die getöpferten Schalen auf den Tischen waren gefüllt mit Äpfeln und Birnen, mit Trauben, Feigen und Pflaumen aus der Region.

Conrad war sich nicht sicher, den gesuchten Ort gefunden zu haben, und blieb unschlüssig am Tor stehen. Da kam eine Frau auf ihn zu, die hier wohl zu Hause war und in sympathisch zupackender Art dafür sorgte, dass sich die Gäste wohl fühlten. Ja, er sei hier schon richtig und solle sich nur mit an einen der Tische setzen, alle würden sich freuen, ihn kennen zu lernen. Ohne zu fragen, wer er sei oder woher er komme, führte sie Conrad an einen Tisch, zu einer kleinen Gruppe von Frauen und Männern, die sich fröhlich über alltägliche Dinge unterhielten. Auch er bekam unaufgefordert einen Becher Wein, wurde in das Gespräch einbezogen und erzählte seinerseits einige kleine Geschichten, die ihm auf dem Weg von Paris nach Straßburg zugetragen worden waren.

Nach einer gewissen Zeit trat eine jugendliche Frau in die Mitte des Hofes und unterbrach die Unterhaltungen. Sie hatte ein weites dunkelbraunes Tuch über die Schultern gelegt, das bis zum Boden reichte, so dass ihr aus grobem Leinen gewobenes Kleid kaum sichtbar war. Auch über ihr blondes Haar hatte sie ein Tuch gelegt, die nackten Füße steckten in einfachen Ledersandalen.

Conrad schien für einen Augenblick das Herz stehen zu bleiben. Er kannte die Frau, es war eine der Frauen aus der St. Zeno-Kapelle in Köln, die jüngste von ihnen, die, die mit etwas zu hoher Stimme geredet hatte. Sein erstaunter Blick fiel nun auch der Frau auf. Auch sie stutzte und brauchte, wie er selbst, eine ganze Weile, bis sie wusste, woher ihr das Gesicht bekannt war. Dann aber hellten sich ihre Züge auf. Sie unterbrach ihre Ausführungen und eilte überschwänglich mit offenen Armen auf Conrad zu, begrüßte ihn, berührte mit ihren Wangen die seinen und hieß ihn von Herzen willkommen. Die Blicke aller Anwesenden richteten sich auf Conrad. «Schön, dass du zu uns gefunden hast», rief die junge Frau, immer noch etwas zu hoch gestimmt, «wir haben schon lange auf dich gewartet.» Dann nahm sie ihn an der Hand, zog ihn mit in die Mitte des Hofes und stellte ihn den anderen Gästen vor: «Liebe Freundinnen und Freunde, es ist wie ein Wunder, euch heute den Mann vorstellen zu dürfen, der sich der Sache Meister Eckharts verschworen hat, Conrad von Halberstadt. Er war in den letzten Jahren des Meisters rechte Hand, hat ihn nach Avignon begleitet und stand an seinem Totenbett.»

Es entstand eine lange Pause, die Conrad auch benötigte, um mit der für ihn ungewohnten Situation zurechtzukommen. Warum hatte die Frau sein Geheimnis so offen verkündet? Wie kam sie darauf, ihn so herzlich zu empfangen, da sie ihn doch kaum kannte? Die Gäste erhoben sich von ihren Plätzen, umringten Conrad, setzten sich zu ihm, stellten Fragen, gestikulierten und redeten aufgeregt durcheinander. Conrad dagegen kam sich in seinen abgetragenen Klamotten, dem struppigen Haar, an dem man, selbst wenn man genau hinschaute, keine Spur einer Tonsur mehr erkennen konnte, und den harten Bartstoppeln komisch vor und konnte sich das Interesse der Leute an ihm ganz und gar nicht erklären.

Leuchtende Augen schauten ihn erwartungsvoll an. Befand er sich in der eingeschworenen Gemeinde einer frommen Sekte? Wurde sein Lehrer Eckhart, und wurde mit ihm er, sein

Schüler, unversehens in ein verklärtes Licht gerückt? Ohne dass er es gewollt oder irgendwie veranlasst hätte, erwiesen ihm die Anwesenden Ehrenbezeugungen, die er nicht verdient hatte, küssten ihm die Hand, umarmten ihn, reichten ihm Wein und Brot und hingen an seinen Lippen, obwohl kaum ein Wort über sie kam. Er wurde sich denn auch rasch bewusst, dass nicht eigentlich er der Gegenstand der Verehrung war, sondern Meister Eckhart oder, wie sie ihn auch nannten, der fromme Weise aus Hochheim, der große Gute oder Gerechte, der sich bewährt habe. Conrad wurde mit Fragen überschüttet, aber auch mit Erzählungen und Gerüchten, was der heilige, weise, alte Mann alles gesagt und bewirkt habe. Eine schwindsüchtige Frau sei über Nacht gesund geworden, während sie den ‹Liber benedictum› gelesen habe; drei junge Männer seien in den Wald gegangen, hätten wie er, der verehrte Meister Eckhart, ein Feuer entfacht und dann die Augen so lange geschlossen gehalten, bis ihnen der Sohn Gottes und tausend Engel leibhaftig erschienen seien. Noch viele weitere Geschichten stürmten auf Conrad ein, so dass er selbst gar nicht zu Wort kam und, Gott sei gedankt, nichts zu sagen brauchte. Diese übermäßig wundergläubigen Anhänger beraubten Eckhart aller Vernunft, also gerade der Kraft, die er für die wichtigste gehalten hatte, und erklärten ihn zum Geheimgelehrten, stellten ihn sich mit geschlossenen Augen vor, der in der Wüste lebt, hungert, sich kasteit und ohne Unterlass betet, als einen durch und durch mystischen Menschen stellten sie ihn sich vor.

Conrad atmete erleichtert auf, als ihn die junge Frau von St. Zeno von den immer zudringlicher werdenden Verehrern befreite, auf die Seite nahm und sich für deren Indiskretion entschuldigte. Sie führte ihn in eine kleine, mit Büchern und Manuskripten nicht sehr üppig bestückte Bibliothek, einen warmen, heimeligen Raum.

Bei ihrem Eintreten verharrte eine weibliche Gestalt, tief in sich gebeugt, in einem Lesestuhl, hatte jedoch kein Buch vor sich liegen, schien vollkommen in die Ruhe und Atmosphäre des Raumes eingetaucht zu sein. Sie hatte, als wolle sie sich zusätzlich vor jeder Ablenkung schützen, ein weites Tuch übergeworfen, über Kopf, Schultern, Arme und Hände, als befände sie sich im Kokon einer Seidenspinnerraupe. Als sie endlich wahrnahm, dass jemand in den Raum getreten war, erhob sie sich bedächtig, warf dann aber, als sie Conrad erkannte, mit entschiedenem Ruck den Schleier in den Nacken.

Die Züge ihres Gesichts wirkten auf Conrad immer noch so markant, wie er sie erinnerte, und doch machte Odette einen viel milderen und nachsichtigeren Eindruck als damals in Köln. Ein befreiendes, sensibles Lächeln strahlte ihm nun entgegen, schien auf ihn gewartet zu haben. Ausgeglichen, konzentriert und noch immer voll Energie kam sie ihm in ihrem langen bunten Rock entgegen, legte die Hand auf seine Schulter und begrüßte ihn mit inniger Wärme. Wieder fielen ihm ihre großen, festen Hände auf, die seine eigenen ergriffen, drückten und lange nicht los ließen. Über eine von ihnen zog sich das dunkelrote Mal. Wie von selbst stellte sich eine Atmosphäre der Offenheit und des Vertrauens ein, wie sie vielleicht nur zwischen einer älteren Frau, gesättigt von den Erfahrungen des Lebens, und einem noch jungen Mann, drangvoll von Unternehmensfreude, möglich ist.

᛭

Odette erzählte, wie sie von früh bis spät in den Weinfeldern von Colmar gearbeitet hatte. Einmal, als sie gerade Unkraut an den Rebstöcken entfernte, vernahm sie von Ferne eine Horde heranziehender Kerle, die sich wieder einmal aufgemacht hatten, um zu plündern und zu rauben, was ihnen unter die Finger kam. Und gleichzeitig sah sie zwei ahnungslose Bettelbrüder des Weges kommen, die ins Gespräch vertieft waren. Auf Anhieb erfasste sie die drohende Gefahr. Kurz entschlossen rannte sie, aufgeregt gestikulierend, auf die beiden Geistlichen zu, packte sie an den Armen und zerrte sie hinter dornige Schlehensträucher am Waldrand, warf sie energisch, mit aller Kraft, die sie besaß, auf den Boden, drückte sie nieder und legte den Zeigefinger vor den Mund, zum Zeichen, sie mögen doch um Himmels willen schweigen und sich ruhig verhalten. Und schon vernahmen sie eine laute, marktschreierische Unterhaltung. Nur wenige Schritte von ihnen entfernt tauchte eine Rotte kriegerischer Kerle auf, die gegen die Stadt vorrückte, offensichtlich um Reisende, die von Colmar kamen oder dorthin wollten, zu überfallen und auszuplündern. Sie bestand aus einigen verarmten Edelleuten mit zerschlissenen Wämsern, Lederkappen und eisernen Armwehren und einem knappen Dutzend verwahrloster und armselig gekleideter, zahnloser Männer, eher alt als jung, die Schwerter, Lanzen und knorrige Holzprügel mit sich führten. Sie waren jedoch mit sich selbst so sehr beschäftigt, dass sie, angetrunken wie sie waren, nicht besonders auf das, was um sie herum vorging, achteten. Erst später, als sich alles wieder beruhigt hatte, konnte Odette den Predigern erklären, dass es sich um allseits bekannte Räuber aus der näheren Umgebung gehandelt habe, die fast täglich plünderten und die Bürger beunruhigten. Aus Furcht vor diesen Unholden waren die Städter sogar genötigt, Colmar mit Mauern und einem Graben zu umgeben. Selbst die Klosterschwestern hatten die ‹Aufmühlen› vor der Stadt verlassen und waren wieder ‹Unter die Linden›, in den Schutz der Stadt, zurückgekehrt.

Odette hatte zwar einmal den Namen Meister Eckhart gehört, aber mehr, als dass er ein berühmter Dominikaner sei, wusste sie nicht. Für sie sahen alle Dominikaner gleich aus: schwarz-weiß gekleidet, «wie Kater, die durch die Straßen streifen und arme graue Mäuse jagen» – so hatte sie manchmal in einer Mischung aus Spaß und Hohn gesagt. Ein paar Tage später jedoch, an einem frühen Sonntagmorgen, war Odette wieder in den Weinbergen, um etwas Obst und erste Trauben für den Mittagstisch ihrer Herrschaft zu holen, als sie einen der Bettelbrüder, dem sie schon einmal begegnet war, langsam den schmalen Weg durch die Weinreben zum Waldrand hochsteigen sah. Sie stand zwischen den Reben, so dass er sie nicht bemerken konnte. Geradenwegs ging der Mann auf einen groben Holztrog zu, der unter einer hohen Buche stand und aus einer langen hölzernen Rinne Wasser sammelte. Da sah sie zu ihrem Erstaunen, wie sich der Bruder kurz entschlossen den Habit über den Kopf zog, ihn auf die Seite legte und sein Gesicht tief ins Wasser steckte. Dort verharrte er so lange, dass sie schon meinte, ihn retten zu müssen. Ihm muss der Kopf fast geplatzt sein. Aber wahrscheinlich wollte er nur seine Stirn kühlen, Träumen entfliehen und frei durchatmen. Endlich tauchte er plusternd auf und rieb sich mit einem nicht sehr sauberen Tuch das Wasser von der Haut, aus den Augen und dem schütteren Haar.

Plötzlich drehte er sich erschrocken nach Odette um. Er brauchte eine Weile, bis er sie wiedererkannte, warf sich rasch seinen Habit über und suchte die Situation zu retten, indem er hilflos stammelte: «Schon so früh unterwegs?» Sie wiederum sah ihn mit großen Augen und geöffnetem Mund an, raffte ihren langen Rock zusammen, zog dann aber langsam ihre Mundwinkel in die Breite, lachte spöttisch und – ein Schalk muss es ihr ins Ohr geflüstert haben – griff tief in die Tasche und reichte ihm einen frischen, knackigen Apfel. Ihr spöttisches Lächeln ging in ein fröhlich glucksendes Gekicher über, wobei sie vor Fröhlichkeit und Übermut fast geplatzt wäre. Der Bettelbruder nahm die Frucht zögerlich an, murmelte verschämt ein Dankeschön, biss schließlich beherzt hinein – obwohl er dies vor der heiligen Messe nicht hätte tun sollen – und stimmte belustigt in das fröhliche Lachen ein. Als jedoch die hellen Schläge der Kirchenglocke über die Felder klangen, wandte er sich kurz entschlossen um und kehrte zurück in die Stadt.

Erst zwei Stunden später, als eben dieser Bettelbruder auf die Kanzel der Klosterkirche stieg, begriff Odette, wen sie da getroffen hatte: Meister Eckhart. Sie war bass erstaunt. Innerhalb von Sekunden, noch bevor der Prediger seine Aufzeichnungen auf das Pult legte, erfüllte den Raum eine geballte Atmosphäre der Konzentration und Sammlung. Offensichtlich war Eckhart sein Ansehen und Ruf vorangeeilt. Dicht gedrängt warteten die Gottesdienstbesucher auf eine ungewöhnliche Predigt. Sie wollten alle den berühmten Meister aus Paris hören und waren sich doch schon im Voraus klar, dass nicht alles, was ihnen zu

Ohren kommen würde, zu verstehen wäre, unerhörte Dinge, die fremd klangen oder die überhaupt und für alle, auch für die, die lesen und schreiben konnten, unbegreiflich waren. Die Blicke der aufmerksamen Gläubigen tasteten sein Antlitz ab. Und Eckhart suchte diesen Kontakt zu den Gläubigen. Er wollte sie abholen, sie in ihrer Sprache erreichen. Die Distanz sollte verschwinden, Vertrauen entstehen.

Stille breitete sich aus. Die eindringliche Atmosphäre der Aufmerksamkeit bemächtigte sich der Menschen. Eckhart hob seinen Blick und begann zu sprechen, zunächst sehr leise, dann zunehmend bestimmt, fragend und suchend, verunsichernd und herausfordernd. Es ließ sich nicht immer unterscheiden, ob er lächelte, ermunterte oder ermahnte. Der Zeigefinger seiner Hand bog sich zum Daumen, als halte er etwas Zerbrechliches und unendlich Kostbares fest. Im Einklang mit der Stimme öffnete sich die Hand, weitete sich zur größeren Geste, streckte sich aus, bis an den Horizont des Denkens.

Die Gläubigen saßen auf der vorderen Kante der Kirchenbank, leicht nach vorne gebeugt, die Gesichter gesammelt, konzentriert. Auf einmal ähnelten sie verblüffend dem Prediger, schienen ihre Eigenheit an ihn abzugeben, während er ihnen das Gefühl gab, nur sie allein seien wichtig. Seine Ausstrahlung verzauberte.

Eckhart sprach zu den Leuten und zugleich mit ihnen. Er sprach mit seinem Körper, den Händen, Augen, in einem etwas fremd anmutenden Dialekt, nicht so, wie im Elsass normalerweise gesprochen wird, wie in Thüringen eben, woher er kam. Er rang um eine prägnante, präzise und klare Sprache, die verstanden werden wollte. Die Hörer nahmen die Kraft, die aus seinen Worten strömte, in sich auf, wurden entzündet, in Brand gesetzt und hätten vor Schmerz laut geschrien, hätte Eckharts einfühlende Liebe die Wunden nicht sogleich geheilt, den Schmerz gestillt oder wenigstens gemildert.

Als Eckhart, begleitet von verhaltenen Bewegungen der Hand, seine Stimme an die Stille zurückgab, wechselten die Gläubigen Blicke, versicherten einander, dass sie dasselbe vernommen hatten. Trotzdem gefiel Eckharts Predigt nicht allen.

Wie könnte es anders sein? Er hatte nicht gepredigt, was die Leute ohnehin schon immer glaubten oder zu wissen meinten.

❉

Sankt Lukas schreibt im Evangelium, dass Jesus in ein kleines Städtlein ging; dort nahm ihn eine Frau auf, die hieß Martha. Sie hatte eine Schwester, die hieß Maria. Diese saß zu den Füßen unseres Herrn und hörte auf seine Worte. Martha aber ging umher und diente ihm.

Warum verhalten sich die beiden Schwestern so unterschiedlich? Maria, die zu Füßen Jesu sitzt und an seinen Lippen hängt, ist so von ihm ergriffen, dass sie sich, um Trost, Freude und Genuss zu finden, in den Wohlklang seiner Worte wie in ein weiches Polster aus Moos und Gras bettet. Sie träumt und ahnt nicht, worauf sie warten sollte und wonach sie sich eigentlich sehnt.

Martha verrichtet währenddessen den Haushalt. Sie ist älter als Maria, gereifter und in Haushaltssachen geübter. Sie weiß, was not tut und was sie ihrem Gast schuldig ist. Sie handelt umsichtig, vernünftig und weise.

Maria und Martha handeln so, wie es ihnen persönlich entspricht. Und doch zeigt sich dabei ein Unterschied. Maria ist glücklich, genießt Trost und Freude, schwelgt in Gefühlen, gibt sich erhabenen Gedanken hin und saugt die Gegenwart Jesu lustvoll auf. Martha dagegen steht kraftvoll im Leben, schmachtet nicht vor Liebessehnsucht, selbst Leid kann sie nicht beugen.

Martha sagt: ‹Herr, sag ihr, dass sie mir helfen soll!› Sie sagt dies nicht, um sich zu beschweren, sondern weil sie sich um Maria sorgt. Erfahrung am eigenen Leibe führt nämlich zu einem klaren und deutlichen Erkennen, das nicht getrübt wird durch Begeisterung, Lust oder Verzückung. Wer handelt, bekommt seine Stärken und Schwächen direkt vor Augen geführt. ‹Lehre sie den aufrechten Gang›, sagt Martha zum Herrn, denn sie hat den Verdacht, dass Maria, während sie zuhört und sich trösten lässt, im wohligen Gefühl stecken bleibt und dem Leben ausweicht.

Da tröstet der Herr: ‹Martha, du sorgst und kümmerst dich um vieles. Es ist jedoch notwendig, dass sich Maria zunächst auf das, was ihr besonders gut tut, einlässt. Was sie an sich selbst erlebt, kann ihr nicht mehr genommen werden.› Damit tadelt er Martha nicht, sondern gibt ihr Zuversicht, Maria würde schon noch zu sich finden.

Martha besitzt alles, was man braucht, um glücklich zu sein: Geschick und Tugend. Sie besorgt alles Nötige, ohne sich vom Alltag tyrannisieren zu lassen. Auch übt sie ihre Fertigkeiten und Fähigkeiten für den Gebrauch der Vernunft. Beides ist notwendig. Unsere Zeitlichkeit lehrt, dass wir nur durch das Licht der Vernunft der göttlichen Wahrheit näher kommen und ihr ähnlich werden, nicht beliebig, nach eigenem Geschmack.

Martha und mit ihr alle Freunde der Wahrheit sorgen sich und sind bekümmert, nicht aber verzärtelt und weinerlich. Das zeitliche Werk ist ihnen ebenso wichtig wie irgendein Aufstieg zu Gott. Sie sorgen sich um die Dinge, lassen sich jedoch nicht vor lauter Sorge von ihnen überwältigen, wahren Distanz und Unabhängigkeit. Nur der unmittelbare Anblick des Göttlichen kann das überbieten.

Nun will ich noch etwas zu den Tugenden sagen! Leute, die es besonders gut meinen, sagen, der Mensch solle so vollkommen werden, dass weder Freude noch Leid ihn berühren. Sie haben unrecht. Niemand war je so groß, dass ihn nichts mehr gerührt hätte. Wer meint, unvollkommen zu sein, weil er sich durch Worte rühren lässt und Freude oder Mitleid empfindet, hat unrecht. Selbst Christus war betrübt bis auf den Tod. Worte taten ihm so weh, als hätte er alles Leid dieser Welt erlitten. Noch nie hat es jemand gegeben und niemals wird es einer dahin bringen, dass ihn weder Pein schmerzte noch Freude ihm nicht wohl täte.

Wer kann bei Bezeugungen von Liebe und Leid gleich-
gültig sein, wenn einer kommt, dich beleidigt und als
Ketzer beschuldigt? Nur wenn du völlig abgeschieden bist
von allen Dingen der Welt, kannst du solche Vorwürfe
ertragen. Nichts kann dich dann mehr ablenken, dein
Herz peinigen oder Zweifel aufwerfen, ob du im Recht
bist. Was immer über dich hereinbricht, nichts kann dich
beirren, solange die Wurzel deines Denkens unbeschä-
digt ist.

Martha wird durch ihr Geschäftigsein nicht behindert.
Als Maria aber in Wohlgefühl und süßer Empfindung
zu den Füßen des Herrn sitzt, ist sie noch nicht bei sich
angekommen. Sie muss erst einmal in die Schule genom-
men werden und lernen, was Gehorsam heißt, dass näm-
lich der Wille dem entspricht, was die Einsicht gebietet.

Einige Leute wollen es so weit bringen, dass ihnen
die Dinge nichts mehr bedeuten. Das gelingt aber nicht.
Niemals erreiche ich, dass ein Lärmen, das meine Ohren
peinigt, mir so angenehm ist wie liebliche Musik. Wenn
aber die Vernunft dem Willen gebietet, sich von schäd-
lichen Einflüssen abzuwenden, sollte er so stark und
unabhängig sein, dass er nicht schwach wird und sich
verlocken lässt. So wird der Kampf zur Lust und Freude,
denn was mit großer Anstrengung erkämpft ist, wandelt
sich in Herzensfreude und bringt Frucht.

Gewisse Leute wollen es sogar dahin bringen, dass sie
nicht einmal etwas Gutes vollbringen wollen. Auch das
kann nicht sein. Erst wenn Maria zu leben gelernt hat
und verständig geworden ist, beginnt sie zu handeln,
fährt über das Meer, predigt, lehrt und umsorgt die Jün-
ger, wird ihre Dienerin und Wäscherin.

Folgen wir Maria und Martha nach. Amen.

✣

Eines Abends war Odette sehr daran gelegen, Conrad einen Freund Eckharts vorzustellen, Matthäus von Finstingen. Diesen hatte sie kennen gelernt, als Meister Eckhart in Colmar war. Noch immer sah sie die beiden vor sich, wie sie übermütig und wohl auch erleichtert, die anstrengenden Gespräche mit den Ordensfrauen hinter sich gebracht hatten, auf der hölzernen Brücke über die Lauch standen und über die dicht zusammengedrängten Häuser und Türme der Stadt zurückblickten. Es war ein wunderschöner Spätsommertag gewesen. Im Himmel schwebten, von leichtem Wind getragen, herbstliche Blätter, trieben vorwärts, stiegen und sanken, ließen sich schließlich über den Häusern nieder, verkrochen sich in Nischen oder krallten sich am Mauerwerk fest, fielen schließlich von den Dächern, kurz bevor sie sich selbst aufgaben und dem Gesetz der Erde überließen.

Odette kniete an der Lauch und schwenkte Wäsche in dem schmutzigen Wasser. Von weitem schon sah sie die beiden Prediger kommen, stieg kurz entschlossen vom Ufer der Lauch zur Straße hoch, nahm allen Mut zusammen und sprach die beiden Männer, die sie so beeindruckt hatten, an. Eckhart erkannte Odette sofort wieder und erinnerte sich, wie sie ihnen bei der Ankunft zur Hilfe geeilt war. Und Eckhart erinnerte sich auch, Odette bemerkte es an seiner Art zu lächeln, an ihre Begegnung bei dem Brunnen am Waldrand. Odette ging langsam auf die Brüder zu, trocknete verlegen ihre Hände an der Schürze ab und grüßte, indem sie Knie und Kopf leicht zu Boden neigte. Unbeholfen, bemüht, nicht aufdringlich zu erscheinen, begann sie stockend: «Ich bin ein wenig einfältig und nicht sehr fromm, weiß aber, was ich will, und zwei kräftige Arme und Hände habe ich auch, die zupacken können.» Die beiden Bettelbrüder blickten Odette erstaunt an, doch diese war in ihrem Redefluss nun kaum mehr zu bremsen. «Am Sonntag war ich in der Kirche und habe Eure Predigt gehört, verehrter Meister Eckhart. Danke. Ich will auch in die Schule genommen werden, wie die Maria. Ich werde mich auf den Weg machen und nach Straßburg kommen. Wo immer ihr seid, will ich auch sein und mehr Predigten hören. Vielleicht werde ich dann auch so eine

Dienerin des Herrn, wie Martha. Allerdings glaube ich nicht, entschuldigt mein freches Mundwerk, dass ich dazu Dienerin und Wäscherin von irgendwelchen gescheiten Herren werden muss, nie und nimmer, ich kenne genügend Herrschaften und weiß, was allein ihnen wichtig ist. Entschuldigung, ich meine natürlich nicht Euch.»

Eckhart fragte, wie sie denn heiße. «Odette», antwortete sie, «einfach Odette, ohne jedes ‹von›, obwohl auch ich von woher komme.» – «Woher kommst du denn, Odette?» – «Ach, ich bin hier im Elsass geboren, in einem kleinen Dorf, das heißt Weißenburg. Also eigentlich müsste ich Odette von Weißenburg heißen.» Sie lachte verschmitzt in sich hinein. «Ich habe inzwischen viel erlebt, die Herren von der Burg Fleckenstein haben unsere Stadt überfallen und wir mussten fliehen. Ich habe gearbeitet ohne Ende, gehungert, Prügel bezogen, bin von Hunden gebissen worden, habe viel im Freien oder in Scheunen übernachtet, bis ich schließlich, nach über zwei Jahren, hier in Colmar untergekommen bin. Hier geht es mir recht ordentlich. Ich arbeite und habe mein Auskommen. Lange aber werde ich nicht mehr bleiben. Ich komme auch nach Straßburg.» – «Warum willst du nicht hier bleiben, zur Ruhe kommen, fleißig sein, etwas frömmer werden und vielleicht einmal einen ordentlichen Mann heiraten?» – «Nein, das werde ich nicht tun», antwortete Odette‹ «ich bin lieber unterwegs und sehe mir die Welt genau an, und die Sache mit der Liebe kommt dabei auch nicht zu kurz. Nein, nein, bald komme ich nach Straßburg und dann, irgendwann einmal geht es weiter.» Odette war von ihren Vorstellungen nicht abzubringen und fügte in ihrer Einfalt hinzu: «Ich würde gerne immer in eurer Nähe bleiben.» – «Na ja, da werden wir uns ja bald wieder sehen. Ich freue mich darauf. Odette von Weißenburg werde ich dich dann zwar nicht nennen», schmunzelte Eckhart, «für mich bist und bleibst du einfach Odette.»

Es hatte dann doch länger gedauert, bis Odette Colmar verließ und nach Straßburg ging. Dort kam sie gerade rechtzeitig an, um Meister Eckhart bei seiner Abreise nach Köln noch einmal zu sehen, das letzte Mal. Eckhart war noch mit den Wachen am Stadttor beschäftigt, um sich auszuweisen und das Ziel seiner Reise zu nennen, nur wenige Schritte vor der Brücke über die Ill, da blieb er abrupt stehen und wandte sich noch einmal um. Im Vorübergehen hatte er Odette in der Nische eines Hauses wahrgenommen, in die sie sich verschämt gedrückt hatte. Er brauchte eine gewisse Zeit, um sich ihrer zu vergewissern, dann aber trat er auf sie zu, blickte sie lange durchdringend an und, als ihr zugleich Tränen der Freude und der Verzweiflung über die Wangen rannen, nahm er sie liebevoll in die Arme und strich ihr sanft über das Haar. Odette stand stumm und rang verzweifelt um Fassung.

«Bleib hier!», hatte ihm Odette zugeflüstert, «du darfst nicht nach Köln gehen! Ich habe Angst!» Unwillkürlich hatte sie ihn mit «Du» angeredet und errötete bis über beide Ohren, als ihr dies, noch während des Aussprechens, bewusst wurde. Sie stieß ihre Befürchtungen mühsam und von Seufzern unterbrochen hervor. «Ich weiß», antwortete Eckhart, «aber wo gibt es einen Ort, wo ich nichts zu fürchten hätte? Wo gibt es einen Ort, wo es immer Tag ist?» Eine Weile blieben sie stumm beieinander stehen. Da raffte sich Eckhart auf, drückte sie nochmals an sich, kramte unbeholfen ein Bündel eng beschriebener Pergamentblätter aus seinem Gepäck und drückte es ihr in die Hand: «Bewahre dies gut auf, bei dir ist es am besten aufgehoben!» Dann wandte er sich um und ging, ohne sich nochmals umzublicken, durch das Tor.

«Der Begleiter und Freund Meister Eckharts, Matthäus von Finstingen, lebt noch», wusste Odette zu berichten. «Er wurde Prior des Predigerklosters und genießt dort, weit in die Jahre gekommen, bis heute hohes Ansehen. Wir sollten ihn aufsuchen!»

Odette und Conrad warteten ungewöhnlich lange in dem kleinen, nüchternen Gästezimmer, außerhalb der Klausur, in dem die Predigerbrüder auch Frauen empfangen durften. Endlich tastete sich, auf einen Stock gestützt, eine ehrwürdige Gestalt durch die Tür. Der Blick seiner blinden Augen verlor sich in unendliche Fernen. Die tiefen Furchen seines Gesichts zeugten von den Leiden und dem Geschick eines langen, schmerzhaften Lebens. «Bruder Matthäus, erinnert Ihr Euch noch an mich?», fragte Odette, indem sie sich ihm zaghaft näherte. Matthäus tastete nach vorne, befühlte ihren Arm mit den Fingerkuppen, strich zärtlich zitternd über Schulter, Kopf und Gesicht, fühlte ihre Wangen, die Nase und den Mund. «Ich bin Odette! Sie haben mich vor langen Jahren in Colmar gesegnet, damals zusammen mit Meister Eckhart.» Ein feines Lächeln legte sich über das Gesicht von Bruder Matthäus. Er erinnerte sich. «Ich habe jemand mitgebracht», fuhr Odette fort, «Bruder Conrad von Halberstadt hat viele Jahre lang an der Seite Meister Eckharts gearbeitet, hat ihn nach Avignon begleitet und war in seiner Todesstunde bei ihm.» Nun betastete Bruder Matthäus auch Conrad, als wolle er sich mit den Händen ein Bild von ihm machen, stutzte kurz, als er durch seinen dichten Haarschopf fuhr, begrüßte ihn dann jedoch mit herzlichen Worten und hieß ihn willkommen.

Bruder Matthäus von Finstingen war lange Zeit Prior des Straßburger Predigerklosters gewesen, bis sein Augenlicht so schwach geworden war, dass er völlig im Dunkel der Blindheit versank. Fast süchtig nahm er jede Gelegenheiten wahr, um aus dem Schatz seiner Erinnerungen zu erzählen, von seiner Kindheit, dem Leben im Orden und eben auch von dem denkwürdigen Besuch bei den Dominikanerinnen in Colmar, zusammen mit Meister Eckhart. Sie waren Freunde geworden und auch geblieben, hatten sich aber in den vergangenen Jahren nicht mehr gesehen.

Auch jetzt, als Matthäus die Worte ‹Colmar› und ‹Meister Eckhart› vernahm, tauchten Bilder der Erinnerung in ihm auf, als wären vor einem dunklen Zimmer die Fensterläden zurückgeschlagen worden und hätte sich sein Inneres mit frühlingshafter Luft und Sonne gefüllt. Sie drängten sich ihm so heftig auf, dass er von nun an fast nur noch von diesen Bildern sprach und dabei seine Besucher völlig vergaß. Kein Wort verlor er über die Beweggründe ihres Besuchs, erbat keinerlei Auskunft über das Ergehen von Odette und zeigte auch an Conrad keinerlei persönliches Interesse.

«Ich erinnere mich, als wäre es erst gestern gewesen», erzählte Bruder Matthäus, «es war Abend als Eckhart und ich in

Colmar eintrafen. Die Tagestour war eher kurz gewesen, wir hatten sie in wenigen Stunden entspannt und fröhlich zurückgelegt. Nach einem heftigen Gewitter dehnte sich der Himmel in leichtem, hellem Blau unendlich weit über die Stadt und deren Landschaft. Gras, Bäume und auch die Gebäude des Klosters blickten uns an, als wären sie gerade erst neu entstanden. Es schien, als wendete sich uns die Welt zu, legte sich uns zu Füßen. Dinge, die uns schon immer vor Augen standen, nahmen wir plötzlich wahr, als wäre es zum ersten Mal: den feuchten Geruch, der in der Luft lag, die verhaltenen Laute von Tieren in Ställen und den feinen Gesang von Vögeln. Natur und alles, was Menschen daraus gemacht haben, war nicht mehr nur da, vielmehr glänzte aus allem eine geheime Schönheit, als wäre ein Tropfen Unendlichkeit in sie hinein gefallen.

Ich hatte Eckhart mit meiner penetranten Fragerei genervt, was er davon halte und ob er es richtig fände, dass sich seit einiger Zeit fast überall eine große Zahl frommer Frauen zusammenschlösse, dass sie kleine Kommunitäten bildeten, in Klöster gingen oder betend und vor allem bettelnd übers Land zögen – fast das ganze Abendland sei in Aufregung versetzt. Doch der Magister konnte mir keine Antwort geben, die mich befriedigt hätte. Er erfasste die Sprengkraft dieses Vorgangs überhaupt nicht, ließ sich nicht darauf ein, wich aus und beantwortete die Frage aus einer übergeordneten Warte. ‹Zwei Kräfte›, sagte er, ‹sind in der Seele: eine ist der Mann und eine ist die Frau. Wären nicht Frauen, so wären auch keine Männer. Eine Frau und ein Mann, die sind einander ungleich; in der Liebe aber sind sie gar gleich.›

Gleich hinter der Stadtmauer ging der Feldweg in eine breitere Straße über, doch mussten wir trotzdem knöcheltief durch Abfall und Schmutz waten. Freilaufende Hunde bellten aus Hofeingängen, waren jedoch zu feige, um sich näher an uns heranzuwagen. Wahrscheinlich hatten sie schon zu oft Prügel bezogen. Wie alle anderen, die sich auf Wanderschaft begeben, trugen auch wir zur Verteidigung knorrige Stöcke. Schwarzgefleckte, hagere Borstenschweine suchten in dem Matsch nach Küchenabfällen, das Geschrei von Hühnern, Gänsen, Enten,

Ziegen und Geißböcken war hinter den Häusern, vor Dieben versteckt, zu vernehmen.»

«Odette», plötzlich wurde sich Bruder Matthäus bewusst, dass er Besuch hatte, «Odette, Ihr kennt ja Colmar selbst sehr gut. Einige stattliche Linden überschatten den Platz vor dem Kloster, unter deren Schatten die Schwestern zuweilen sitzen, um sich auszuruhen.»

✣

Odette hörte der Erzählung von Bruder Matthäus merklich amüsiert zu, auch sie schien sich gerne zurück zu erinnern, dann aber unterbrach sie vorsichtig den Prior: «Bruder Conrad ist mitgekommen, weil er sich für Meister Eckhart interessiert. Dürfte er einen Blick in Eckharts Arbeitszimmer werfen, das er in seiner Straßburger Zeit benutzt hat? Ich weiß, Ihr habt nichts darin verändert, vielleicht, weil Ihr hofftet, dass er wieder einmal zurück kommen würde.» «Oh ja», entgegnete Bruder Matthäus, «noch immer ist die Zelle unberührt. Alles befindet sich noch genau an derselben Stelle, an der er es vor Jahren zurückgelassen hat, Bücher, Handschriften, Schreibzeug, sogar noch einige abgetragene Kleider. Manchmal, wenn es Abend wird, betrete ich den Raum, gehe in ihm auf und ab, von der Türe zum Fenster, von der Truhe zum Bett, vom Regal zum Schreibpult, betaste all die Dinge und freue mich an ihnen. Leider kann ich sie nicht mehr sehen, kann in keinem der Bücher mehr lesen. Nun, da Eckhart gestorben ist, habe ich versucht, sein Erbe an jüngere Brüder zu verteilen, die Bücher und Handschriften in die Bibliothek zu stellen, doch eigenartigerweise scheint niemand mehr Interesse daran zu haben, gerade so, als würde von ihnen eine schlimme Krankheit ausgehen. Selbst die Bibliothek scheut sich, die Bücher aufzubewahren. Verheimlicht man mir etwas? Wie das auch immer sei, lieber Bruder Conrad, kommt morgen Nachmittag vorbei und fragt nach mir, dann werde ich Euch in das Zimmer führen.»

Conrad erschien pünktlich im Predigerkloster und ließ sich bei Bruder Matthäus melden. Wieder schien sich der Predigerbruder über den Besuch zu freuen und diesmal erkundigte er sich sogar, wenn auch nur ganz kurz und ohne wirkliche Anteilnahme, über das Anliegen, das Conrad nach Straßburg geführt habe. Eigenartigerweise wollte er weder über den Ausgang des Prozesses gegen Eckhart etwas wissen noch über die Umstände seines Todes. Conrad wurde ständig mit ‹Bruder› angeredet und war froh, dass er keine Rechenschaft über sich und seine Flucht aus Köln ablegen musste.

Endlich fasste Bruder Matthäus seinen Gast unter und begleitete ihn in die Nachbarzelle: «Hier, das war Eckharts Reich. Hier hat er gelebt und gearbeitet.» Mit dem ersten Schritt über die Schwelle der überraschend großen Zelle tauchte Conrad in einen Raum ein, der durch seine vollkommene Stille die volle Aufmerksamkeit auf sich lenkte. Sie breitete sich spürbar, wie ein warmes Getränk, das einem frierenden Pilger durch die Kehle rinnt, in jeder Faser seines Leibes aus und erzeugte in ihm eine Gestimmtheit, wie sie sich gewöhnlich nur nach langen Übungen der Konzentration und Meditation einstellt. «Ich lasse Euch etwas Zeit. Schaut Euch um und wenn Ihr etwas braucht, findet Ihr mich nebenan», forderte ihn Matthäus mit gedämpfter Stimme auf und zog sich lautlos zurück.

Allein gelassen schob Conrad die Tür hinter sich zu, behutsam, ohne sich umzuwenden, und verharrte auf der Stelle. Die Ritzen des Fensterverschlags lenkten die letzten Strahlen der untergehenden Sonne über die Oberflächen von Schreibpult, Tisch und Stuhl, Bett, Truhe, Bücherbrett und Betschemel. Eine karge Einrichtung. Langsam tastete sich Conrad vor, Schritt für Schritt, und strich mit den Fingerkuppen über die kalte Wand, das Holz der Möbelstücke, Pergamentblätter, fasste Dinge an, nahm sie vorsichtig in die Hand, als ob sie zerbrechlich wären, setzte sich auf den Stuhl und stand wieder auf. Als sich die Sonne aus dem Raum verflüchtigt hatte, nahm er eine Öllampe, ging in den Flur, entzündete sie an einem brennenden Kienspan und kehrte zurück. Und noch einmal brauchte er viel Zeit, um den Raum in dem neuen Licht und zwischen den nun schrofferen Schatten wahrzunehmen.

Auf der Ablage des Schreibpults, zwischen zwei schwere Holzklötze eingeklemmt, befand sich ein gutes Dutzend Handschriften, deren Blätter notdürftig mit Lederbändern zusammengehalten wurden. Einige dieser Bände sahen recht mitgenommen aus, die Blätter waren durch jahrelangen Gebrauch zerfleddert, andere wieder blickten ihn wie neu an und schienen darauf zu warten, in die Hand genommen, gelesen und weiter geschrieben zu werden.

Viele bekritzelte Merkzettel waren zwischen die Seiten gelegt, einzelne Blätter lagen lose bei. Auf den Vorderseiten der Bände waren in großen Buchstaben, mit dicker Tinte, Inhalte vermerkt: Vorreden zum dreiteiligen Werk, Das Buch Genesis, Das Buch Exodus, Die Bücher der Weisheit, Auslegung des heiligen Evangeliums nach Johannes, Das Buch der Bilderreden, Sermones, Predigten, Reden der Unterweisung, Buch der göttlichen Tröstung und weitere mehr. Ein kleines Lexikon philosophischer Begriffe hatte sich der Meister für den eigenen Gebrauch zusammengestellt, in das vielfältige Erläuterungen eingetragen waren.

Conrad griff eines der Handexemplare heraus, das zuoberst lag und an dem Eckhart offensichtlich zuletzt gearbeitet hatte, ‹Das Buch der Bilderreden›, legte es vor sich auf die abgeschrägte Fläche des Pults, schlug es bei einem Akanthusblatt auf, das zwischen die Seiten gelegt war, blätterte vor und zurück, beugte sich über einen Abschnitt, an dem mit einem Messer einige Worte aus dem Text herausradiert waren. Conrad befühlte die Feder, die sorgfältig gespitzt auf der Ablage des Tintenfasses lag. Die Tinte an ihrer Spitze war eingetrocknet. Der Platz für Verbesserungen hatte Eckhart nicht ausgereicht, auf dem Blattrand war weiter geschrieben worden. Deutlich war erkennbar, wie Eckhart an seinen Texten gefeilt und sie überarbeitet hatte. Die Textstellen wurden mehrfach erklärt, jedes Mal unter einer anderen Perspektive. Da der Platz immer noch nicht ausgereicht und die Übersicht zunehmend verloren gegangen war, hatte er sogar noch ein weiteres

Blatt hinzugelegt, auf dem weitere Anmerkungen und Verweise notiert waren.

Auf dem Regalbrett standen auch einige Bücher aus der Bibliothek des Klosters. Eckhart hatte sich offensichtlich einige Werke von Kirchenvätern und Philosophen entliehen und in sein Zimmer geholt, da er sie wohl ständig gebraucht und benützt hatte. Conrad griff einen Folianten heraus, ‹Florilegien›, in denen erlesene Blüten der theologischen und philosophischen Literatur lexikalisch gesammelt waren. Conrad musste schmunzeln, als er sogar eine Sammlung von Fabeln und Parabeln entdeckte, die der Meister wohl in seine Predigten einflechten wollte.

Müde geworden legte Conrad die Bücher auf die Seite und setzte sich an den Tisch, vor sich eine dicke Mappe mit Predigten.

Wenn ich predige, so pflege ich zu sprechen von Abgeschiedenheit und dass der Mensch ledig werden soll seiner selbst und aller Dinge. Zum zweiten, dass man wieder eingebildet werden soll in das einfaltige Gut, das Gott ist. Zum dritten, dass man des großen Adels gedenken soll, den Gott in die Seele gelegt hat, auf dass der Mensch damit auf wunderbare Weise zu Gott komme. Zum vierten von der Lauterkeit göttlicher Natur – welcher Glanz in göttlicher Natur sei, das ist unaussprechlich. Gott ist ein Wort, ein unausgesprochenes Wort.

❖

Conrad stöberte weiter in der Predigtmappe. «Sprich das Wort aus!», stand hier. Eckhart übersetzte dieses Aussprechen mit Hervorsprechen, Hervorbringen, Gebären und Ausfließen.

Es ist ein wunderliches Ding, dass etwas ausfließt und doch drinnen bleibt. Das wäre ja gerade so paradox, wie

*wenn das Wasser im Krug bliebe, obwohl es aus ihm
gegossen würde. Das Wort fließt aus der Vernunft und
bleibt doch in ihr, alle Kreaturen fließen aus dem Schöpfer und bleiben doch in ihm, alles, was Gott gibt, fließt
aus ihm selbst und bleibt doch in ihm.*

*Wo die Menschen aus Gott geboren werden, da sind
sie Gott; hier in Raum und Zeit aber sind sie Kreatur. Die
Leute wähnen, Gott sei nur in Jesus Mensch geworden.
Dem ist nicht so, denn Gott ist hier ebenso wohl Mensch
geworden wie damals, und er wird aus keinem geringeren Grunde Mensch, als dass er dich als seinen eingeborenen Sohn gebiert. Gott zum Trotz, den Engeln zum
Trotz, den Seelen und allen Kreaturen zum Trotz sage
ich, dass sie die Seele, wo sie Bild Gottes ist, von Gott
nicht zu trennen vermöchten!*

Conrad wurde schwindelig. Der Zusammenhang der Schrift-
worte war zerschlagen. In immer neuen Anläufen überboten
sich die Formulierungen. Überkommene Sinndeutungen waren
in ungewohnter Weise uminterpretiert und auf andere Ebenen
der Abstraktion verlagert. Was Eckhart hier sagte, klang un-
geheuerlich, war vielleicht falsch. Die Gläubigen mussten sich
brüskiert fühlen. Conrad erinnerte sich, wie sich so manche
Zuhörer bei Eckharts Predigten verblüfft und verunsichert ansahen. Sie fanden sich in Widersprüche verstrickt oder in ungewohnte Höhen des Denkens entführt, konnten sich gleichzeitig jedoch der Suggestion seiner Rede nicht entziehen. Ihm
selbst schien es, als ob die Bilder und Argumente des Meisters
in hohem Tempo um eine dunkle Mitte kreisten und das Verstehen in einen Schwebezustand versetzten.

Angestrengt und müde geworden, sank Conrads Kopf auf
die Tischplatte. Er schlief ein und erwachte erst wieder, als die
Öllampe längst erloschen war und das Licht des Morgens in
das Zimmer drang. Er öffnete den Fensterverschlag, streckte
seine Glieder und atmete tief durch. Er musste aufbrechen, um
in der Müllergilde seine Arbeit zu verrichten. Im Vorüberge-

hen warf er nochmals einen Blick auf die Predigtsammlung und blätterte in ihr.

Fasziniert ergriff ihn diesmal eine Auslegung des Vaterunsers. Eckhart hatte nur eine einzige Bitte ausgewählt: «Dein Wille werde!» Sie war sofort korrigiert worden, indem die lateinische Vorlage «fiat voluntas tua» nun Wort für Wort übersetzt wurde: «Werde Wille dein!» Doch auch diese Übersetzung schien ihm nicht gefallen zu haben. Er hatte sie noch zweimal in seinem Sinne überboten: «dass mein Wille sein Wille werde» und, «dass ich er werde». Zuletzt war vom Willen, dem Begriff, um den es in der Bitte eigentlich ging, nicht mehr die Rede. Es ging Eckhart nurmehr um die totale Einheit mit Gott. Er suchte nach einer unbegreiflichen und unglaublichen Möglichkeit, die Existenz zum Gelingen zu führen. Der Mensch, der als Gottessohn geboren ist, lässt seine Kreatürlichkeit schlafen und nimmt nurmehr allein Gott wahr.

Conrad fiel auf, dass es für Eckhart keinen allmählichen Aufstieg zu Gott gab. Der Mensch hat am göttlichen Sein nicht teil, sondern ist in ihm immer schon angekommen.

Viele Leute glauben, sie seien ihres höchsten Gutes beraubt und nur mehr kleine Teilhaber im gemeinsamen Unternehmen Gottes. Als seine Kinder zeigen sie zwar gewisse verwandtschaftliche Ähnlichkeiten, doch die volle Identität sei nie und nimmer zu erreichen. Ich aber sage: Gott kennt keine Unterschiede und keine Verhältnisbestimmungen. Genau in diesem Sinne trägt die Seele das Antlitz Gottes.

Alles, was Eckhart über die Einheit von Seele und Gott sagte, entglitt ihm ins Ungeheuerliche. Die Wahrheit, die für Eckhart aus sich selbst sprach, klang in den Ohren von Conrad manchmal nach Unglauben. Es gelang Eckhart oft nicht, den weniger gebildeten Leuten Brücken zu bauen. Wenn er predigte, musste die Schale zerbrechen, und das, was darin ist, musste herauskommen: Sicherlich, er bemühte sich möglichst prägnant zu sprechen, mit hoher Präzision, und doch schien sich seine Rede im Kreise zu drehen. Was verbarg sich hinter den Bildern und Begriffen? Manchmal ernannte er Autoritäten zu seinen Zeugen, erklärte kurz darauf, dass sie unrecht hätten, um im nächsten Satz die Aussage nochmals zu überbieten, auf eine Ebene zu heben, wo Fliege, Mistwürmlein, Engel, Mensch und Gott ununterschieden eins sind. Eckhart, so schien Conrad, redete sich um Kopf und Kragen, redete gegen sich selbst an, wechselte Perspektiven und verschob sie, setzte die Gewohnheiten des Denkens außer Kraft, wandte sich gegen die gedankenlose Übernahme von Traditionen, übertrieb und sprach in Paradoxien.

Die Einheit mit Gott ist unbegreiflich und gleichzeitig liegt sie doch unverhüllt und offen vor unserer Wahrnehmung.

Wieder hatte sich Conrad in die Schriften Eckharts verloren und die Zeit vergessen. Schon stand die Sonne hoch am Himmel. Er würde zu spät zur Arbeit kommen, schlich sich aus dem Zimmer und klopfte bei Bruder Matthäus. Dieser schreckte aus seinem Stuhl hoch und fragte erstaunt, wo, um Himmels Willen, er denn herkomme. «Ich habe die Nacht in Eckharts Zelle verbracht», gestand Conrad, «bin eingeschlafen und habe mich am frühen Morgen nochmals in ein Buch vertieft und dabei die Zeit vergessen. Darf ich heute Abend nochmals kommen und mich im Arbeitszimmer von Meister Eckhart aufhalten?» Bruder Matthäus war einverstanden und versprach, auf ihn zu warten.

✳

In atemloser Eile stürzte Conrad durch Straßburgs Straßen, um in der Müllergilde die Abrechnung der Getreidelieferungen vorzunehmen, wurde dort jedoch ohne weitere Umstände von seiner Aufgabe entbunden. Der Gildemeister überschüttete ihn mit einer Flut wilder Beschimpfungen, zahlte ihm für die geleistete Arbeiten einen mageren Lohn aus und wies ihn an, umgehend sein Zimmer zu räumen, ein neuer, zuverlässigerer Schreiber sei bereits gefunden, der mehr von dem Müllerhandwerk verstehe und froh sei, einen sicheren und gut bezahlten Arbeitsplatz bekommen zu haben.

Conrad suchte seine Habseligkeiten zusammen, neben den Kleidern und persönlichen Utensilien auch Eckharts Handschriften aus Paris, lief durch die Straßen der Stadt und wusste nicht wohin. Es ging schon auf den Abend zu, als ihm endlich ein Küfermeister, an dessen Werkstatt er zufällig vorbeikam, gegen ein erschwingliches Entgelt eine Dachstube zur Miete anbot.

Conrad tat es nicht wirklich leid, seine Arbeitsstelle bei der Müllergilde verloren zu haben. Nachdem er seine Kleider in einer Truhe verstaut hatte, die Handschriften lagen zuunterst, um den neugierigen Blicken eventueller Besucher entzogen zu sein, machte er sich auch schon wieder auf den Weg zum Dominkanerkloster.

Bruder Matthäus erwartete ihn mit Ungeduld und in großer Erregung, packte ihn am Oberarm und zog ihn hinter sich her zu Eckharts Zelle. «Warum kommst du so spät?», flüsterte er, ohne auf Antwort zu warten, gerade als ob hinter ihnen jemand stünde, um sie zu belauschen und zu bedrohen. «Denk dir nur, heute wurde ich in einem Schreiben des Provinzials aufgefordert, Bruder Stefan hat es mir vorgelesen, sämtliche Schriften Meister Eckharts, die im Besitz unseres Klosters seien, im erzbischöflichen Ordinariat abzugeben.» Bruder Matthäus rang nach Luft: «Wenn ich dieser Anweisung nachkomme, und ich muss es über kurz oder lang tun, denn ich bin dem Provinzial gegenüber zu Gehorsam verpflichtet, wird alles, was ich jahrelang sorgfältig gepflegt und aufbewahrt habe, vernichtet werden. Ich kenne den Erzbischof und seine Gesinnung, er ist ein ausgesprochener Gegner Eckharts.» Auch Conrad erschrak zutiefst bei dieser Nachricht, suchte aber Bruder Matthäus zunächst einmal zu beschwichtigen. Man musste nachdenken und überlegen, was in dieser Situation zu tun sei. «Das kann ich nicht zulassen», fuhr Matthäus fort. «Ich habe mir gedacht», er hielt kurz inne, um das Ergebnis seiner Überlegungen nochmals zu prüfen, «ich bin zu dem Entschluss gekommen, dass Eckharts Werk, das sich in seinem Arbeitszimmer befindet, und das ist nicht gerade wenig, schnellstmöglich aus dem Haus geschafft und in Sicherheit gebracht werden muss – noch bevor mich der Brief des Provinzials offiziell erreicht haben wird und ich ihn den anderen Brüdern bekannt machen muss. Bisher kennt ihn nämlich außer uns beiden nur Bruder Stefan. Ich werde ihn nochmals rufen und ihm sagen, ich hätte den Inhalt des Briefes nicht richtig erfasst und ihn bitten, diesen mir nochmals vorzulesen. Unmittelbar darauf werde ich den Brief dem Prior geben und alle Werke Eckharts, die sich bis dahin noch im Kloster befinden, dem Erzbischof zukommen lassen.» Conrad begann am ganzen Leib zu beben, so aufgeregt war er: «Was habt Ihr vor, Bruder Matthäus?» «Auf, warte nicht so lange», antwortete dieser, «sammle alle Schriften Eckharts, die dir von Interesse erscheinen, zusammen und bringe sie ohne jede weitere Verzögerung aus dem Haus. Pack an, wir haben keine Zeit zu verlieren. Ich kann dir leider dabei nicht helfen. Wenn du so weit bist, klopfe an meine Türe und ich werde dich zur Pforte bringen.»

Conrad brannten die Finger, als er, wie ein Dieb, die kostbaren Pergamente in einen abgetragenen Mantelüberwurf Eckharts wickelte, einige seiner persönlichen Utensilien hinzulegte, darunter ein Amtssiegel aus der Zeit als Provinzial. Von Bruder Matthäus begleitet, schleuste Conrad die beiden fest verschnürten Bündel durch die Klosterpforte. Ängstlich um sich blickend, brachte er den kostbaren Schatz in die Dachstube, in der er untergebracht war.

BRENNHOLZ GOTTES

Es war tiefe Nacht. Conrad saß immer noch über den Schriften Eckharts, tauchte in sie ein, wie ein Eisvogel in perlendes Wasser. Um ihn verstreut lag das kostbare Gut, das der Meister hinterlassen hatte und das zum Diebesgut geworden war. Noch immer hallte die Stimme des blinden Bruders Matthäus durch seinen Kopf. In der Nacht, wenn ihn Träume weckten, reihten sich endlos Bilder aneinander. Eckhart verfolgte in ihnen Conrad und Conrad verfolgte den Meister. Bei Tag ertappte er sich, wie seine Gedanken immer wieder denselben Geschichten nachhingen. Eckharts Ideen und Gedanken hatten von ihm Beschlag genommen, und das wurde auch von außen verstärkt: Ehemalige Schüler, Verehrer, fromme Frauen und kluge Männer, die vernommen hatten, dass er, sein Begleiter, Gehilfe und Mitarbeiter, in der Stadt sei, sprachen ihn an, wo immer sie seiner ansichtig wurden, redeten ohne Unterlass auf ihn ein und erklärten ihm die Welt. Was er selbst dachte und wusste, interessierte nur wenig. Wenn Conrad in die Predigerkirche ging, hörte er Johannes Tauler predigen, einen viel versprechenden Schüler Eckharts. Auf der Durchreise von Köln meldeten sich ehemalige Mitbrüder und Studienkollegen, Jordan von Quedlinburg, Johannes von Dambach und Marquard von Lindau. Heinrich Seuse sprach auf seiner Durchreise von Holland nach Konstanz bei ihm vor. Wohin Conrad auch immer ging, zu welcher Zeit auch immer, bei Tag und bei Nacht, der Meister war präsent.

Seit er aus Paris zurückgekehrt ist, läuft Meister Eckhart wie ein Wolf, der gefangen gehalten wird, durch das Land, hin und her zwischen Straßburg, Köln und Zürich, den Oberrhein entlang zu dem Frauenklöstern Unterlinden bei Colmar, Adelhausen in Freiburg, Katharinental bei Diessenhofen, wunderschön gelegen zwischen Schaffhausen und dem Untersee. Dann geht es weiter nach Töss bei Winterthur und Oedenbach bei Zürich. Niemand weiß, wo er sich im Augenblick befindet.

Unterwegs sieht Eckhart erschreckende Bilder und Szenen. Gott, ihrem Schöpfer, eher unähnlich als ähnlich, irren die Menschen durch die Welt, allein gelassen, in tiefer Finsternis, ohne Ausweg aus dem Tal der Tränen. Zahllose Frauen und Männer ziehen bettelnd und predigend durch das Elsass, halten an, wo immer sie ein empfängliches Publikum finden, das ihren Heilslehren zuhört. Sie fallen nur noch zur Last.

In den klösterlichen Gemeinschaften durchforschen die Nonnen unentwegt ihr Gewissen. Tritt ihnen etwas entgegen, das die Reinheit ihrer Herzen zu verdunkeln droht, strafen sie sich aufs Schärfste und reißen die Dornen eitler Gedanken samt Wurzeln aus ihrem Denken. Alle Gedanken an weltliche Geschäfte, Vorteile und Lustbarkeiten haben sie aufgegeben, befassen sich nur noch mit göttlichen Dingen, unterwerfen ihren Leib der Knechtschaft und verachten ihn. Lärm und Getöse, die das Gemüt aus der Fassung bringen und ihm Gewalt antun wollen, steht die Kraft der Stille entgegen. Die frommen Frauen versinken in der Nacht des Verstummens, das in dumpfes Dahindämmern übergeht.

Schwestern, im Feuer der göttlichen Liebe flüssig geworden, wie sie von sich sagen, geißeln ihr Fleisch und zerreißen es mit Ruten, Dornengeißeln und verknoteten Riemen. Einige nehmen mehrere Tage keine Getränke oder nur kaltes Wasser zu sich, zerstören den Wohlgeschmack ihrer Speisen, denen sie übel schmeckende Flüssigkeiten und Abfälle beifügen. Einige legen härene Gewänder an, um ihr Fleisch zu kränken, umgürten sich mit Dornen, schlingen knotige Stricke um den nackten Leib. Besonders in der Fastenzeit schlagen sie ihren schuldlosen Leib, peitschen ihn und zerreißen ihn auf feindselige Weise. Die Schläge durchdringen die Klöster. Dabei erspüren sie eine überirdische Gnade, die ihren schweren Leib in die Höhe hebt, so dass sie eine Weile zwischen Himmel und Erde zu schweben glauben.

Gestützt durch inbrünstige Gebete und asketische Exerzitien sind viele Frauenklöster zu Orten geworden, in denen die übernatürlichen Gluten himmlischer Liebe von der Seele Besitz ergreifen. In der Stille des Schweigens formen sich Visionen, Ekstasen, Prophezeiungen. Nonnen leuchten in himmlischem Licht, erheben sich über den Boden, nehmen am Leiden des Herrn teil oder liebkosen seine zärtliche Gestalt.

Mitten auf dem Münsterplatz von Freiburg steht Meister Eckhart, eingeklemmt zwischen aberhundert begeisterter Zuhörer, die in Selbstzerknirschung ihr eigenes Leid beweinen, und hört den eindringlichen Ermahnungen eines frommen Feldpredigers zu, der auf dem Beckenrand des Brunnens steht und predigt.

Schon vor mehr als einhundert Jahren hat uns unser lieber Papst Innozenz die Augen geöffnet über das Elend unseres Menschseins. Warum, schrieb er, warum nur bin ich geboren, ging aus dem Leib meiner Mutter hervor, wenn ich ohnehin nur Mühsal und Kummer erleben muss und meine Tage mir in Schmach zerrinnen? Wer schenkt meinen Augen Tränen, damit ich das Elend beweinen kann, das mich umfängt? Aus welchem Stoff bin ich gemacht? Welch unselige Taten vollbringe ich? Welches Schicksal ereilt mich? Ich bin aus Erde geformt, empfangen in Schuld und geboren zur Pein. Ich handle schlecht und setze meine Hoffnung auf eitle Dinge. Ich ende als Raub der Flammen, als Speise der Würmer, oder vermodere. Um es noch deutlicher zu sagen: Der Mensch ist gemacht aus Staub, Kot und Asche – und, noch gemeiner, aus unflätigem Samen. Anlass unserer Empfängnis ist der Reiz des Fleisches und das Glühen der Begierde, Ausschweifung und Sünde. Geboren werden wir, damit wir arbeiten, uns ängstigen und leiden – das

ist elender als sterben. Der Mensch tut Böses und belei-
digt damit Gott, die Mitmenschen und auch sich selber.
Er handelt schändlich und setzt seinen guten Ruf aufs
Spiel, befleckt seine Person und sein Gewissen. Er hängt
sich an Nichtigkeiten und verachtet alles, was ernsthaft,
nützlich und notwendig ist. Schließlich fällt er jenem
Feuer anheim, das ewig brennt und unauslöschlich ist.
Er wird jenem Wurm ausgeliefert, der immer nagt und
zehrt und nicht vergeht. Sein Leib verwandelt sich in
stinkenden und schmutzigen Moder.

Meister Eckhart widerspricht solchen Formen der Frömmigkeit,
wo immer er kann. Er predigt von der Würde des Menschen,
gibt Rat, hört die Beichte und mischt sich in jedes Gespräch
ein, das sich bietet. Hier auf dem Münsterplatz hat er kaum eine Chance. Als er seine Stimme erhebt und mit lauter Stimme
dazwischenruft, gehen die Umstehenden auf Abstand, plötzlich
steht er frei in der Menge, und er ruft nach einer Weile ange-
spannter Stille: «*Der Mensch ist das Haus Gottes und daher voll
Würde.*» Da grummelt es in der Menge und es bricht ein Sturm
der Entrüstung los. Der Feldprediger, auf die Unruhe aufmerksam geworden, erkennt den Meister der hohen Schule von Paris,
verneigt sich ehrerbietig und fordert Eckhart auf, zu ihm auf den
Rand des Brunnens zu kommen. Die Umstehenden herrschen
den Dominikaner an, stoßen ihn unwillig nach vorne, ahnen,
dass sie um ihren Schmerz über die Schlechtigkeit der Welt be-
trogen werden. Der Prediger jedoch zieht Eckhart zu sich hoch
auf den Beckenrand und übergibt ihm das Wort: «Vor euch steht
Meister Eckhart, der an der hohen Schule zu Paris gelehrt hat
und der zugleich ein Mensch ist, an dessen Heiligkeit niemand
ernsthaft zweifeln kann. Ich gebe nur weiter, was ich von anderen gelernt habe, er aber geht kraft seines vernünftigen Glaubens den Dingen auf den Grund und spricht aus dem Herzen
Gottes unmittelbar. Hört zu, was er euch zu sagen hat.»

Die Seele des Menschen ist etwas Göttliches, sagt Eckhart. *Sie
ist das Haus Gottes und deshalb kommt ihr eine besondere*

Würde zu. Sie ist das Haus Gottes, in das sie Gott aufnimmt. Dort empfängt sie Gott und ist sein Bild.

Ich sage, dass es etwas gibt, was über der geschaffenen Natur der Seele steht. Manche Pfaffen aber verstehen das nicht, dass es etwas geben soll, was Gott so verwandt ist und so eins ist. Es hat mit nichts etwas gemein. Es ist von allen Namen frei und aller Formen bloß, ganz ledig und frei, wie Gott ledig und frei ist in sich selbst. Es ist so völlig eins und einfaltig, wie Gott eins und einfaltig ist, so dass man mit keinerlei Weise dahinein zu lugen vermag. Jene nämliche Kraft, von der ich gesprochen habe, darin Gott grünend und blühend ist mit seiner ganzen Gottheit, in dieser selben Kraft gebiert der Vater seinen eingeborenen Sohn so wahrhaft wie in sich selbst.

Wollt ihr wahren Trost finden und frei sein von allem Ärger und allem Leid, so richtet all euer Denken und Sinnen auf das, was gut und gerecht ist, denn alles Leid kommt nur daher, dass ihr euch vom Maßstab allen Gutseins und aller Gerechtigkeit abkehrt und dem vergänglichen Augenblick zu viel Aufmerksamkeit schenkt.

Ich erachtete es für weit besser, ihr ließet aus Liebe von aller Verachtung der Welt ab, von aller Verachtung der Menschen, aller Verachtung eures Leibs, aber auch von aller Askese und anderen Enthaltsamkeiten, von der Abtötung eures Fleisches, euren Visionen, Verzückung und mystischen Erfahrungen, sogar von eurem ständigen Beten. Ich erachtete es für besser, ihr ließet aus Liebe von all dem ab und dientet dem Bedürftigen in größerer Liebe. Befände sich einer von euch in Verzückung und wüsste dabei von einem kranken Menschen, der eine Suppe bräuchte, ich erachtete es für weit besser, er ließe aus Liebe von der Verzückung ab und diente dem Bedürftigen in größerer Liebe.

Der Feldprediger ist inzwischen von dem Brunnen hinunter gestiegen zu den Leuten und stillschweigend in der Menge untergetaucht, die Leute auf dem Platz aber beginnen miteinander zu diskutieren oder verlassen kopfschüttelnd die Versammlung. Eckhart jedoch fährt weiter in seinen Ausführungen.

Die vernünftige Seele des Menschen ist der wahre Tempel Gottes. In ihr liegt seine Würde. Wie die Seele vernünftig ist, so ist auch der Herr lebendige Vernunft, die sich selbst begreift und in sich selbst lebt. Gott ist als Vernunft in uns gegenwärtig. Wenn sich Gott in uns gebiert, geschieht das nicht zu einer bestimmten Zeit und ist auch kein außergewöhnliches Ereignis, das nur bestimmten Menschen zuteil wird und anderen nicht. Gott ist in jeder Seele gegenwärtig, er gehört zu ihrem Wesen. Der angeblich erbärmliche, unwürdige Mensch kann seine Würde nie verlieren und er hat sie nie verloren.

Die Unruhe unter den Umstehenden nimmt immer mehr zu, und plötzlich fliegt von einem der hinteren Plätze ein angefaulter Apfel auf Eckhart zu, zerplatzt am Stein des Brunnens.

Was kann ich dafür, wenn jemand meine Predigt nicht versteht? Wer sich selbst zu sehr liebt, blendet andere, damit seine eigene Blindheit verborgen bleibt. Mir genügt's, dass in mir und in Gott wahr ist, was ich spreche und schreibe.

Da kommt noch mehr auf Eckhart zugeflogen: Äpfel, Birnen, Unrat, auch ein Stein ist darunter. Eckhart muss sich schützen, steigt vom Brunnen und bahnt sich einen Weg durch die Menge.

✤

Auf seinem Weg entlang des Oberrheins entscheidet sich Eckhart, zuerst zum Kloster Töss zu gehen, das in der Nähe von Winterthur liegt, Königsfelden, die Grablege der Habsburger, aber lässt er abseits liegen. Wie stets predigt er, nimmt die

Beichte ab, stellt seinen Rat zur Verfügung, hört aufmerksam und geduldig zu und ermutigt die Menschen, wo er nur kann. In Töss beratschlagt er mit Schwester Elsbeth Stagel die organisatorische Leitung des Klosters und hilft einem jungen Ordensbruder, der zu verzweifeln scheint. Dieser steht eines Abends verstört vor der Tür, die Tränen rinnen ihm übers Gesicht. Als ihn Eckhart auf sein Leid anspricht, schlägt er sich an die Brust und klagt: «Weh mir, dass mich meine Mutter je gebar!» «Nun mal langsam», entgegnet ihm der Meister, «wer bist du denn und wer hat dir etwas zuleide getan? Deine Mutter doch gewiss nicht.» «Ehrwürdiger Meister», antwortet der Bruder, «entschuldige, dass ich dich mit meinen Sorgen belästige. Ich bin Bruder Clemens und gehöre seit meinem 13. Lebensjahr dem Predigerorden an. Seither quäle ich mich Tag für Tag, weil meine Seele auf ewig verloren ist. Schuld ist die Simonie, eine schwere Sünde. Meine Mutter hat meine Aufnahme in den Orden durch ihren Besitz erkauft.» Beruhigend legt Eckhart dem Bruder Clemens die Hand auf die Schulter, tröstet ihn und erklärt ihm, wie unbegründet seine Furcht ist.

Gott ist in jeder Seele und hätte sie noch so viele Sünden auf sich geladen. Der Vorwurf der Simonie aber trifft auf dich überhaupt nicht zu, denn es war für dich die einzige Möglichkeit, ein Leben als Bettelbruder zu führen, was du ja so gerne wolltest. Wenn jemandem eine Schuld vorgeworfen werden kann, dann dem Kloster, das dich nur gegen Bezahlung aufgenommen hat.

Als Eckhart ins Kloster Oedenbach bei Zürich kommt, trägt Elsbeth von Oye dem Meister vor, dass die Kasteiungen und Opfer, die sie auf sich nähme, ihre Kräfte überstiegen und ihr über alle Maßen Leid zufügten. Die Pein, die sie sich auferlege, sei so schmerzhaft, dass sie kaum in Worte zu fassen sei. In dem Gespräch mit Meister Eckhart aber erkennt Elsbeth, dass der Herr diese Selbstzüchtigungen gar nicht von ihr erwartet. Sie nimmt sich vor, sich von nun an frei zu machen von allen selbst auferlegten Zwängen, gelassen ihrer täglichen Arbeit

nachzugehen und dem Leben vor allem gute Seiten abzuge-
winnen.

Zurück in Straßburg, wird Eckhart an der Beurkundung einer Schenkung beteiligt, da die Witwe des Ritters Fritzemann
dem Dominikanerinnenkloster St. Markus ein Haus verma-
chen möchte. Zum Dank sollen jedes Jahr zwei Messen für den
verstorbenen Ritter gelesen werden. Die Schenkung ist insofern bedenklich, weil damit wieder einmal kostbarer Grund
und Boden an ein Kloster geht und damit dem Handel und
Gewerbe entzogen wird. Eckhart geht zu Bischof Johann und
verhandelt. Lange und hart in der Sache ringen sie um ihre Interessen. Diesmal noch kommt es zu einer gütlichen Einigung,
doch sehen alle Seiten handfeste Konflikte und Auseinandersetzungen auf sich zukommen, die städtische Administration,
der Weltklerus und die Bettelorden. Besonders der Bischof be-
hält sich für die Zukunft ein härteres Vorgehen vor. Der Druck
der Bürger, Zünfte und Weltgeistlichen macht sich zunehmend
bemerkbar. Doch Meister Eckhart und der Bischof sind verbindlich im Umgang und bereden sich in versöhnlichem Ton.

Kurze Zeit später erreicht Eckhart ein Brief des Bischofs, in
dem er ein besonderes Anliegen vorträgt.

Hoch verehrter Meister Eckhart,
entschuldigt, dass ich Euch Eure kostbare Zeit stehle und
mich mit einem besonderen Anliegen an Euch wende.
Wie Ihr vielleicht wisst, lebt Königin Agnes, die Wit-
we des viel zu früh verstorbenen König Andreas von
Ungarn, in Königsfelden. Sie wird unendlich vom Leid
geprüft und bedarf dringend des Trostes. Bereits vor acht
Jahren wurde ihr Vater, König Albrecht von Habsburg,
von seinem Neffen Herzog Johann von Schwaben er-
mordet. Die Königinwitwe Elisabeth und ihre Tochter
Agnes haben daraufhin in Königsfelden ein Doppel-
kloster gestiftet, einen Franziskanerinnen- und einen
Clarissinnenkonvent. Seit nun vor drei Jahren auch noch
ihre Mutter Elisabeth gestorben ist, widmet sich Agnes
voll und ganz der Förderung und Leitung dieser Klöster.

Selbst will sie zwar nicht den Schleier nehmen, sie wohnt außerhalb der Klostermauern, doch hat sie den Papst um das besondere Privileg gebeten, beliebig in den Klöstern ein- und ausgehen zu dürfen. Sie möchte demnächst die Gebeine ihrer Königinmutter Elisabeth nach Königsfelden überführen lassen und hinfort ein halb-geistliches Leben führen.

Ich selbst weiß mich der Königin, seit meiner Züricher Zeit, lange bevor ich Bischof von Straßburg wurde, eng verbunden. Nun habe ich aber vernommen, dass sie sich nichts sehnlicher wünscht, als einmal eine theologische Disputation auf hohem Niveau mitzuerleben. Sie hat bisher noch nie eine Hochschule von innen gesehen, geschweige denn an entsprechenden Studien teilgenommen. Von Elsbeth Stagel, der Seelenfreundin Heinrich Seuses, hat sie viel über Eure Gelehrsamkeit, Meister Eckhart, gehört und verehrt Euch über alles. So kam die Königin auf die Idee, ich möchte Euch, Meister Eckhart, doch bitten, in einem ihrer Klöster eine Disputation zu veranstalten, zu predigen und ihr ein Wort des Trostes zu gönnen.

Geehrter Meister Eckhart, ich wäre Euch zu Dank verpflichtet, wenn Ihr dieses Anliegen prüfen würdet. Gerne und jederzeit stehe ich Euch zur Verfügung.

Eure Eminenz Johann, Bischof von Straßburg

Eckhart ist von dem Ansinnen peinlich berührt. Es ist ihm fremd und innerlich zuwider, seine Gelehrsamkeit zur Schau zu stellen und seelsorgerische Bemühungen in den Dienst offizieller Festveranstaltungen zu stellen. Auch hat er bisher noch nie die Gelegenheit ergriffen und hoch gestellten Persönlichkeiten Sonderunterweisungen erteilt. Er zögert mit einer Antwort und sucht nach einem Ausweg aus der Situation. Schließlich entschließt er sich, nicht nach Königsfelden zu gehen und dem Ansinnen lediglich in Form eines schriftlichen Traktats zu entsprechen. Das inhaltliche Anliegen kommt ihm entgegen: Was bedeutet Leid für den Menschen? Gibt es Möglichkeiten, sein Mitgefühl auszusprechen und Trost zu spenden? Eckhart will der Königin, aber auch allen anderen Leidtragenden – und wer gehört nicht dazu? – ein kleines Buch widmen, das die Kraft göttlichen Trostes behandelt. Um der Bitte einer Disputation zu entsprechen, entschließt er sich zu einer Predigt, die er ihr zum Lesen geben will, will theologische Subtilitäten einbauen – wie wäre es zum Beispiel mit der Frage, überlegt Eckhart mit leichtem Schmunzeln, ob die Seligkeit des Menschen in der Schau oder in der Erkenntnis Gottes bestehe. Er wird vom Adel des Menschen schreiben und wie es ihm möglich ist, Gott in der Welt wahrzunehmen.

Von dem Auftrag, der ihm aufgenötigt werden soll, möchte sich Eckhart, unter Verwendung einer Portion Selbstironie, distanzieren. Jeden Bezug auf die Person der Auftraggeberin und inoffiziellen Adressantin wird er vermeiden.

Der Mensch besteht aus zwei Naturen, aus dem Leib und dem Geist, dem äußeren und dem inneren Menschen. Darum gilt auch, wer sich selbst erkennt, der erkennt alle Kreaturen, denn sie alle sind Leib oder Geist. Den inneren Menschen aber nennt der Herr auch seinen Freund oder einen neuen und edlen Menschen, weil in jeder vernunftbegabten Seele der Same Gottes liegt.

An der hohen Schule zu Paris diskutierte man einst die Frage, ob die Seligkeit des Menschen eher in der Schau oder in der Erkenntnis Gottes bestehe. Was ist darauf zu antworten? Schulmeister antworten, dass der Mensch, wenn er Gott erkennt, sich zugleich bewusst ist, dass er erkennt. Er sieht sich beim Erkennen selbst zu. Ich jedoch sage, dass Blume und Kern der Glückseligkeit nicht in der Erkenntnis Gottes liegen, sondern in der unverhüllten Schau. Diese weiß nichts, besitzt weder Wissen noch Liebe, noch irgendetwas anderes. Im Sein Gottes kommt die Seele zum Stillstand.

Die Kraft, mit deren Hilfe das Auge sieht, ist eine andere als die, durch die der Mensch erkennt, dass er er-

kennt. Das Erkennen vollzieht sich erst im Heraustreten
aus der Schau. Daher erfährt der Mensch seine Glückse-
ligkeit nicht im Erkennen oder Lieben, denn wie sollte er
erkennen, dass er Gott erkennt, wenn er sogar sich selbst
aus den Augen verliert?

Trost und Zuspruch brauchen alle, auch Meister Eckhart, auf
den so viele schauen, als stünde er über allen Verletzbarkeiten.
Deutlich macht sich sein Alter bemerkbar. Seine wenigen Haare sind grau geworden, tiefe Furchen durchziehen sein Gesicht,
blaue Adern zeichnen die Hände; die Wegstrecken, die er täglich zurücklegt, werden immer kürzer. Der Rücken schmerzt,
das Herz beginnt ohne Grund zu rasen, Zähne fallen aus oder
müssen gezogen werden. Anscheinend will sich das Sterben
nicht vorwerfen lassen, es habe sich nicht angekündigt.

Doch wer spendet ihm Trost? Sicher, er kann auf Gott vertrauen. Immer und immer wieder sagt er sich vor, weshalb
er unter dem Joch, das ihm aufgebürdet ist, nicht zu stöhnen
braucht und wie Gott sein Leid schultert. Und doch hätte es
ihm gut getan, wenn ihm jemand gesagt hätte, dass er sein
Leid nachempfinden könne, dass es wieder besser werde mit
seinen Zahnschmerzen und dass er hoffnungsvoller und muti-
ger in die Zukunft blicken solle, so schnell sterbe man nun auch
wieder nicht. Eine Person müsste es sein, mit der er innerlich
verbunden wäre, ein Freund, dem er seine Sorgen anvertrauen
könnte, vielleicht auch eine Frau.

Wie die Lage im Augenblick aussieht, bleibt mir nichts anderes übrig, als mich selbst zu trösten, sagt sich Eckhart und
fährt zu schreiben fort.

Wenn ich von hundert Mark vierzig verliere, so behalte
ich doch sechzig. Denke ich nun immerfort nur an die
vierzig, die ich verloren habe, so bleibe ich ungetröstet
und bekümmert. Wie könnte ich auch getröstet werden,
wenn ich mich immer nur dem Schaden zuwende. Ich
blicke das Leid immerzu an, präge es in mich ein und
mich in das Leid, plaudere mit ihm und spreche mit dem

Schaden, und der Schaden wiederum plaudert mit mir und wir beide schauen uns an von Angesicht zu Angesicht? Wäre es aber so, dass ich mich den sechzig Mark zukehrte, die ich noch habe, und den vierzig, die verloren sind, den Rücken kehrte, wenn ich mich in die sechzig versenkte und sie von Antlitz zu Antlitz anschaute und mit ihnen plauderte, so würde ich sicherlich getröstet werden. Wenn etwas ist und gut ist, dann vermag es zu trösten.

Was soll ich der Königin Agnes schreiben, fragt sich Eckhart, wenn ich sie persönlich gar nicht kenne. Wäre es nicht wichtig zu wissen, ob sie an ihrem Leid selbst Schuld trägt? Ich kann nur allgemeine Ratschläge geben. Es hilft nicht, wenn ich ihr für ihr Unglück selbst die Schuld gebe, man müsste ihr Leid erst einmal wahrnehmen, an ihm teilnehmen und zu Geduld mahnen. So würde ihr leicht ums Herz werden, wie groß das Leid auch immer sei.

So auch leidet Gott mit mir, wenn mir Leid zustößt, und er leidet mehr an meinem Leid als ich selbst. Was aber will ich mehr, als dass Gott mit mir leidet? Nun leide ich nicht mehr an meinem Schmerz, sondern am Schmerz Gottes, den er durch sein Mitleid mit mir auf sich genommen hat. Ich kann Gott in meinem Leiden finden. Wer das nicht erkennt, der klage seine Blindheit an, nicht mich noch die göttliche Wahrheit.

※

Die Reise ist beschwerlich, zumal Eckhart heute seit langem wieder allein unterwegs ist. Trübe Gedanken verfolgen ihn. Die Mittagssonne macht ihn müde, so dass er dringend eine Rast einlegen muss. Eckhart steigt durch üppige Wiesen einen Hang hoch zu einem Holunderstrauch, in dessen Schatten er

Schutz vor der Hitze findet. Er legt sich ins Gras, in der Ferne, hinter einer grauen Dunstschicht, vermutet er Straßburg; er schaut zu, wie sich weiße Wolkengebilde zu Ungeheuern auftürmen, dann gehen die Bilder in Träume über.

Das fröhliche Lärmen einer Kinderschar, die sich an einem Bach tummelt, weckt Eckhart. Er setzt sich auf, hat immer noch die wunderbar klare und beruhigende Landschaft vor Augen, über die sich ein strahlend blauer Himmel wölbt, in dem weiße Wolkenfetzen schwimmen. Sein Magen knurrt. Er kramt einen Kanten Brot aus seinem Bündel und beißt lustlos von ihm ab. Dann steigt er zu dem Bach hinunter, entledigt sich seiner Sandalen, hebt den Habit in die Höhe und steigt, auch um leichter trinken zu können, in das kalte Wasser. Vor allem seine Füße genießen den Bergbach und erholen sich von den Mühen der Reise.

Als ihn die Kinder bemerken, wie er sich auf dem Rain, am Ufer des Baches niederlässt und seine Beine im Wasser baumeln lässt, kommen sie auf ihn zu, grüßen ihn neugierig, doch ehrerbietig, tollen um ihn herum, ein Mädchen flicht sich aus Gänseblümchen einen Haarkranz, die Jungen bespritzen sich mit Wasser. Die Kinder sind noch keine zehn Jahre alt.

Eckhart stützt sich mit seinem Wanderstock im Wasser ab und schnitzt mit Hilfe eines kleinen Messers am oberen Ende eine Figur in den Knauf. Ein Junge stellt sich neben ihn und beobachtet, was da entsteht. «Wie machst du das?», fragt der Junge. «Wenn ich aus dem Holz eine Gestalt heraushole», sagt der Meister, «so trage ich die Gestalt nicht in das Holz hinein, sondern schnitze die Späne ab, die sie verborgen und verdeckt haben. Ich gebe dem Holz nichts hinzu, sondern nehme ihm etwas weg, um hervorzuholen, was darunter verborgen liegt.» Auch die anderen Kinder kommen vorsichtig näher, staunen und beobachten, wie nach und nach ein Adlerschnabel sichtbar wird.

Da wundert sich plötzlich ein anderer Junge über den Wanderstab Eckharts, der im Wasser steht: «Dein Stab ist ja krumm!» Alle schauen ins Wasser. «Ist er abgebrochen?» «Oder hat er nur einen Knick?» Eckhart wartet lange und lässt die

Kinder beobachten. Dann zieht er seinen Stab vorsichtig und langsam aus dem Wasser, versenkt ihn wieder bis zum Boden des Bachs und wiederholt diesen Vorgang wieder und wieder. «Der Stab scheint nur krumm zu sein», sagt ein Mädchen, «obwohl er doch ganz gerade ist. Woher kommt das?» «Vielleicht liegt es an uns», antwortet Eckhart, «vielleicht sehen wir den Stab, wenn wir ihn durch das Wasser sehen, anders, als wenn wir ihn durch die Luft sehen. Das Wasser ist nämlich gröber als die Luft. Es gibt viele wundersame Dinge auf der Welt», fährt er fort, bricht einige Gräser aus der Wiese und ordnet sie zu einem hübschen Strauß. «So beschäftigt mich seit langer Zeit, wie es kommt, dass kein Grashalm dem anderen gleicht.» Da dreht einer der Jungen die Frage einfach um: «Viel erstaunlicher ist doch, dass alle Grashalme sich so gleichen.» Verblüfft über den Einwurf denkt Eckhart nach. Zurückhaltend murmelt er vor sich hin: «Sind die Halme so verschieden, weil sie gar nicht wissen, dass es sie gibt? Wenn sie aber nicht wissen, dass es sie gibt, sind sie, genau genommen, für einander überhaupt nicht da. Vielleicht sind daher alle Grashalme gleich, weil sie in ihrem Ursprung eins sind?»

«Ja, es gibt viele wundersame Dinge auf der Welt», redet Eckhart weiter, «schaut euch zum Beispiel diesen Felsbrocken da drüben an, irgendwann einmal ist er von dem Berg heruntergerollt und liegt nun auf der Erde. Die Wiese hinderte ihn daran, weiter zu fallen. Dennoch hat er immer eine Neigung nach unten. Das ist ihm wie angeboren und kann ihm niemand nehmen, nicht einmal Gott noch irgendeine Kreatur. Ohne jede Unterbrechung, Tag und Nacht, will der Stein nach unten. Und wenn er tausend Jahre hier liegen würde, er würde noch genauso nach unten wollen wie am ersten Tag.»

«Gott aber würde schon machen können, dass der Fels zum Himmel hoch steigt, das glaube ich fest», begehrt ein Junge auf.

Und Eckhart antwortete: «Gott kann nur machen, was er machen will. Ich glaube aber nicht, dass er einen Felsen zum Himmel hoch steigen lassen möchte. Obwohl», fügte er nach einer kurzen Pause hinzu, «obwohl es das schon gibt, dass

Dinge sich anders verhalten, als wir gewohnt sind. So kann es sogar geschehen, dass Wasser bergauf steigt.»

«Ja, das kenne ich auch», ruft ein Junge, der bisher noch kein Wort gesagt hat, eifrig dazwischen, «wenn unser Vater den Wein von einem Fass in ein anderes umfüllt, nimmt er ein langes gebogenes Rohr, saugt auf der einen Seite, bis er den Wein schmeckt, und steckt es dann in das andere Fass. Der Wein fließt zunächst nach oben und dann wieder nach unten.» – «Ja, und die Sonne zieht auch manchmal das Wasser aus einem See hoch in die Wolken», fügt das Mädchen hinzu.

Und wieder holt Eckhart aus: «Könntest du einen Becher vollkommen leer machen und ihn auch leer halten, selbst von Luft, das Wasser würde zweifellos seine Natur verleugnen, bergauf steigen und den Becher füllen. An der Leere liegt auch der Grund, dass kein Gefäß gleichzeitig reinen Wein und reines Wasser enthalten kann. Soll Wein in ihm sein, so musst du zuvor das Wasser ausgießen. Das Gefäß, in das du Wein gießt, muss leer sein. Und mit dem Sehen ist es genauso, unsere Augen können Farben nur sehen, da sie im Innern, dort wo sie die Farben sehen, selbst keine Farben haben. Weil sie aber leer sind von allen Farben, deshalb erkennen sie Farben.»

Die Kinder haben nicht alles begriffen, was ihnen der Mann erklärt, doch der Kleinste von ihnen, der kleine Hans, eine kleine Rotznase, meint mit ernstem, zutraulichem Blick: «Das ist genau so, wie wenn der liebe Gott in unser Herz kommt, da muss das Herz ganz leer sein, man darf an nichts anderes denken.»

Den Kindern wird das Gespräch nun doch zu viel, sie zerstreuen sich, waten wieder durch den Bach oder rennen durch die Wiesen. Plötzlich ruft eines von ihnen, der älteste Junge, die anderen mit lautem Jubelgeschrei herbei: «Ich hab einen, ich hab einen!» In den hoch erhobenen Händen hält er eine noch zappelnde Forelle. Nachdem sie den Fisch lange genug bestaunt, betastet und wohl auch gequält haben, schlägt ihm der Junge mit einem Holz so lange auf den Kopf, bis er sich nicht mehr bewegt. Eckhart blickt ihn entsetzt an: «Wie kannst du das tun?» Doch der Junge entgegnet mutig: «Wer Tiere isst, muss sie auch töten können!»

Nun geht das Forellenfangen erst richtig los. Sie sperren den Bach mit einem alten Korbgeflecht ab, das sie für solche Zwecke wohl schon oft benutzt haben, waten ganz dicht nebeneinander von oben auf die Sperre zu und suchen Forellen, die entwischen wollen, mit bloßen Händen zu fassen. Nach mehreren Versuchen bekommen sie tatsächlich vier weitere Fische zu fassen. Sie scheinen die Kunst zu beherrschen. Nun packen sie ihre Beute, eilen davon, dem Hof zu, nicht ohne Eckhart ein fröhliches Lebewohl zuzurufen. Die Mutter empfängt sie unter der Türe, wie Eckhart noch erkennen kann, bevor er sich wieder auf den Weg macht, auf die Suche nach einer Unterkunft, denn die Dämmerung hat sich inzwischen über die Wiesen, Felder und Wälder gelegt.

Doch kaum ist er einige Schritte gegangen, da kommt einer der Jungen zurück und erklärt außer Atem, die Mutter lade ihn ein, für ihn sei auch noch eine Forelle übrig. «Bitte, komm mit, nimm die Einladung an», bittet der Junge treuherzig.

Eine frische Forelle, blau, in einem Sud von würzigen Kräutern gekocht, da geht nichts drüber. Dazu ein Stück Sauerteigbrot und eine Schale mit frischen Erbsen.

Die Bauersleute sitzen am Tisch, die Eltern des Bauern, die vier Kinder, ein Knecht und als Gast Eckhart, der Dominikaner. Sie erzählen sich in fröhlicher Atmosphäre von Ereignissen und Vorfällen während des Tages. Heute wissen die Kinder besonders viel zu berichten. Der Bauer gießt Wein ein: «Wir nennen ihn ‹Dr Alde Gott›», sagt er.

Der Abend zieht sich in die Länge. Eckhart will in dem Heuschober, nur wenige Schritte vom Hof entfernt, übernachten. Ein Paar aus der Nachbarschaft, das sich versprochen ist, kommt noch zu Besuch. Man versteht sich, will sich gegenseitig über Neuigkeiten unterrichten, macht Späße. Der Schalk lacht aus den Augen des Großvaters, Witze machen die Runde, und selbstverständlich kreist auch der Weinkrug.

Doch dann möchte die Bäuerin doch noch etwas genauer wissen, was Eckhart über ihre Kinder denkt, mit denen er den Nachmittag verbracht hat. Er habe schließlich studiert und müsse wissen, wie man mit Kindern umgeht. «Sie sind halt manchmal schon recht ungezogen», klagt die Bäuerin. «Und beim Beten sind sie auch nicht bei der Sache.»

«Ihr habt wunderbare Kinder», antwortet Eckhart, «was der kleine Hans heute Nachmittag zu mir gesagt hat, das ist unglaublich. ‹Das ist genau so, wie wenn der liebe Gott in unser Herz kommt, da muss das Herz ganz leer sein, man darf an nichts anderes denken›, hat er zu mir gesagt.

Die Kinder bilden, wenn sie sich treu bleiben, eine Würde aus, die ihrem göttlichen Ursprung entspricht. Der Same, den Gott selbst in sie eingesät, eingedrückt und eingeboren hat, gedeiht und wächst ohne unser Zutun und wird nicht vom Unkraut bedeckt und verdrängt. Und selbst wenn der Same vom Unkraut bedeckt und verborgen würde, kann er doch niemals getilgt oder ausgelöscht werden. Er neigt sich ohne Unterlass zu Gott hin.

Natürlich, zunächst gehen Kinder an den Stühlen, halten sich nahe bei den Wänden und laben sich an Milch. Dann kriechen sie der Mutter vom Schoß, entziehen sich ihr, lassen alle Furcht und Sorge hinter sich, bewegen sich aus sich selbst, wie ein Rad, das mit Schwung von selbst ins Tal rollt. Erst wenn die Kinder heranwachsen, schlagen sie Wurzeln und verschaffen sich Halt. Auf dieser Stufe sind Eure Kinder nun angelangt. Erst im Laufe des Erwachsenenalters werden sie zur Ruhe kommen und Frieden schließen mit sich selbst.

Wie Ihr und wir alle wissen, ist das Erwachsenenleben nicht leichter als das von Kindern. Der wachsende Speicher an Wissen und Können verunsichert mehr, als er Sicherheit bringt. Erst wer die volle Reife erlangt, ein hohes Ziel, lässt alle vorgefertigten Muster, Bilder und Vorstellungen hinter sich und gerät damit in den Sog eines bildlosen Abgrundes, der ihn aufnimmt, umkrempelt und in sein göttliches Urbild überformt.

Wie ein Kind von Natur aus mit seinen Eltern verbunden ist, so glüht in ihm der Funke einer vollkommenen Seele, in dem es mit Gott verbunden ist. Es weiß aus sich selbst heraus, was es zu tun und zu lassen hat, verfügt über einen uneinholbaren Maßstab, an dem es sich orientiert, sein Leben und seine Existenz ausrichtet.

Manchmal kommt es jedoch vor, dass der vernünftige Funke in Kindern durch Gewalt und Unrecht gebrochen, umgedreht und verdorben wird. Dann müssen wir sie unter großen Mühen wieder zu Gott hin ziehen, sie in ihn einbilden. Alles, was möglich ist, müssen wir daran setzen, dass sie wieder zu dem, was sie von Natur aus sind, finden.»

Die jungen Bauersleute hören interessiert zu, nicken gelegentlich mit dem Kopf oder wiegen ihn bedächtig zweifelnd hin und her. Dann aber geht die Tischrunde wieder zum Tagesgespräch über. Je tiefer die Nacht, desto schneller fließt der Wein durch die Kehlen, werden die Späße grober und die Witze derber. Dicke Kanten Brot und feine Scheiben geräucherten Specks verhindern, dass der Geist des Alkohols zu schnell in die Köpfe steigt. Eckhart sagt: «So schön kann das Leben sein.» Und der alte Bauer fragte leise: «Kann's im Himmel schöner sein?»

Das Liebespaar, die Hände unter dem Tisch verschränkt, stimmt ein melancholisches Lied an und die ganze Tischrunde summt die gleichförmige Melodie mit. Dann steht das Paar auf, es muss noch durch die Nacht, zu ihren Höfen, auch Eckhart erhebt sich, sie nehmen ihn in die Mitte, damit er nicht fällt, begleiten ihn zu dem Schober. Wie sie in der lauen Luft stehen, die Sterne über sich, scheint es den Dreien, als spiegelten sich tausend winzige Lichtfunken in allen Fasern ihres Gemüts. Eckhart hebt langsam einen Fuß, senkt ihn wieder, dann den anderen und so weiter und so weiter. Die jungen Leute begreifen zunächst nicht, was er da machte, doch dann stimmen sie, die Arme untergehakt, in den Tanz mit ein. Immer schneller und toller bewegen sich die Beine, hüpfen und jubeln von der Bewegung berauscht, bis sie völlig außer Atem vor dem Tor der Scheuer ankommen.

Die Bäuerin steht unter der Tür ihres Hauses, blickt ihnen nach und sagt: «Die haben zu viel vom ‹Alde Gott› in sich!»

Eckhart jedoch legt sich ins Heu, spürt, wie ihm die frische Luft, die durch die Latten weht, übers Gesicht streicht, und schaut noch eine Weile durch die Ritzen der Wand in die Nacht.

*

Zurück in Köln fühlt sich Eckhart fremd. Die Stadt stimmt ihn traurig. Ihre Straßen sind eng und überall von Schmutz bedeckt. Aus den Kellern dringt der Gestank von Brackwasser. In den Gassen hausen Ratten, streunen von Dreck verkrustete Schweine und räudige Hunde, aus deren Lefzen Speichel trieft. Über die größeren Straßen und Plätze, die nur selten vom gröbsten Schmutz frei gehalten werden, rattern Wagen, beladen mit Waren, Materialien und Gerätschaften, über das bucklige Pflaster, so dass ihre Räder Mauern und Häuser streifen. Ein Gedränge unzähliger Menschen aus aller Herren Länder schiebt sich durch die Straßen, Heere entsetzlich verkommener und vom Elend gezeichneter Bettler neben geschniegelten Schönlingen aus vornehmen Häusern, die sich auf der Suche nach Unterhaltung, Sensationen und lustvollen Ausschweifungen befinden. Überall Geschäftigkeit, Geschrei, Stimmengewirr und Streitereien. Erschöpfung liegt auf den Gesichtern der Menschen.

An langen Winterabenden pflegt Eckhart aus seiner Zelle in die Nacht hinaus zu blicken, auf die Stadt, hinter deren mit Häuten verspannten Fenstern Öllampen flackern. Seine Gedanken schweifen ab und wandern nach Erfurt. Dort war er zu Hause, mit sich, seiner Arbeit und der Welt im Reinen. Eine tiefe Traurigkeit erfasst ihn. Nicht, dass ihn seine Arbeit in Köln nicht mehr ausfüllte, überall, wo er hinkommt, und er kommt weit herum, wird er erwartungsvoll empfangen und meist hoch verehrt. Doch die Spannungen zwischen den Bettelmönchen einerseits und dem Weltklerus, den Kaufleuten, Verwaltungsbeamten und Herrscherhäusern andererseits sind weit größer als gedacht und einvernehmliche Lösungen sind kaum in Sicht. Die unversöhnlichen Ansprüche machtgieriger Pröpste reiben ihn ebenso auf wie die unqualifizierte Kritik religiöser Eiferer und eifersüchtiger Mitbrüder, die sich selbst gegen noch so kleine Reformbemühungen des klösterlichen Lebens wehren. Nicht selten sieht er sich ausgegrenzt und einsam, trotz oder gerade wegen des Getümmels um ihn herum.

Eckhart ist im Konvent der Kölner Dominikaner gut unter-gebracht und genießt, nicht nur kraft seines Amtes, hohe Ach-tung. Soweit ihm seine Arbeit Zeit lässt, nimmt er am geistli-chen Leben des Klosters teil. An der Hochschule führt er seine Mitbrüder in die Vernunftgründe des Glaubens ein, sitzt mit ihnen und den aus allen Klöstern der süddeutschen Ordenspro-vinz ausgewählten Studenten bei abendlichen Gesprächen beisammen, geht auf ihre Fragen ein und predigt regelmäßig in den Gottesdiensten, vor allem in den umliegenden Frauen-klöstern. Gerne wird er eingeladen und auch gut bezahlt. Viel benützt er die Bibliothek und nimmt das Skriptorium in An-spruch, um seltene Bücher, aber auch eigene Schriften, verviel-fältigen zu lassen. Um die alltäglichen Bedürfnisse des Lebens braucht er sich nicht zu kümmern.

Eckhart steht unter einem inneren Druck. Seit der Rückkehr aus der süddeutschen Provinz hat sich die Perspektive seines Denkens verändert. Er setzt neue Schwerpunkte und arbeitet noch programmatischer und konsequenter als zuvor, beginnt ein neues Werk zu den ‹Bildreden› in der Bibel. Hat Eckhart bisher den offen zu Tage liegenden Sinn herausgeschält, so kommt es ihm nunmehr auf den verborgenen Sinn an, auf das, was ‹unter der Schale des Wortlautes› bildhaft enthalten ist.

Immer wenn in Bildern gesprochen wird, haben diese ein doppeltes Gesicht, das äußere muss schön sein, damit es für jedermann leicht zu fassen ist und den Leser lockt, schöner aber muss das innere Gesicht sein, da es in sei-ner Tiefe Geheimnisse hütet, die übervoll sind von der Würde des Unbegreiflichen. Letzteres überzeugt in seiner Schlichtheit und spornt zugleich die Aufmerksamkeit aller an, die nicht leichtsinnig über Texte hinweg lesen, sondern sich so lange mit ihnen abmühen, bis sie an den Horizont des Verstehens gekommen sind.

Der Herr hat sein Siegel untilgbar den Worten der Schrift eingeprägt, dass alles, was der Verstand ihnen entlockt, sofern es vernünftig ist, auch wahr ist. Die Gleichnisse und Metaphern, Fabeln, Parabeln, Rätsel

und Allegorien der Heiligen Schrift bergen ein Wissen,
das außer in ihnen nur noch aus den Schriften der Phi-
losophen gewonnen werden kann. Die Schriften der Of-
fenbarung wie auch der Philosophie öffnen dem Denken
Türen zu immerwährenden Wahrheiten.

Eckhart liefert weder feste Definitionen noch logische Bewei-
se, weder unverrückbare Glaubenssätze noch eindeutige Weg-
beschreibungen und Methoden, vielmehr sucht er anzuregen
und herauszufordern. Jeder Einzelne muss sich selbst auf den
Weg machen, muss selbst verstehen.

Bilder und Gleichnisse bergen tiefen Sinn, doch dort, wo sich
Gott in die Seele gebiert, bleiben sie Bilder und Gleichnisse.
Sie scheitern an sich selbst, vermögen nicht durchzubrechen
zu der Geburt selbst. Eckhart spricht daher ständig gegen sich
selbst an. Er greift Worte und Sentenzen auf, legt sie aus, negiert und zerstört sie wieder, spielt mit ihnen in einem sanften
Wellengang der Gedanken, die kommen und gehen, sich heben
und senken.

Manchmal sage ich ‹Gott ist Sein›, dann wieder ‹Gott
ist Nichts›, manchmal ‹Gott ist Intellekt und Erkennen›
und dann wieder ‹Gott ist Eines›. Das lautere Sein Gottes
zeigt sich erst bei der Verneinung des Seienden, dann ist
es nichts als Vernunft. Letzten Endes jedoch übersteigt
der Mensch nicht nur das Sein, sondern auch die Ver-
nunft. Denn Gott ist der Ursprung des Übersprudelns
nach außen, und insofern er erkennt, ist er der Ursprung
des Sprudelns in sich selbst.

Eckhart bedient sich der Volkssprache, predigt und schreibt
Traktate, die auf konkrete Situationen und Anforderungen
antworten, Gelegenheitsarbeiten. Die Gestalt seiner Predigten
wandelt sich. Sein Sprechen radikalisiert sich, wird nüchterner
und sachbezogener, zupackender, nimmt direktere und subjek-
tivere Züge an.

Erbarms's Gott, dass die Leute so wenig von der göttlichen Wahrheit erkennen! Diese Menschen heißen heilig auf Grund des äußeren Anscheins; aber von innen sind sie Esel, denn sie erfassen nicht den eigentlichen Sinn göttlicher Wahrheit.

❖

Eckhart übernimmt die Leitung des ‹Studium Generale› und damit den Lehrstuhl von Albertus Magnus. Im Vorfeld hatte es zwar Unstimmigkeiten gegeben, nun aber ist die Ernennung erfolgt, alles zu einem guten Ende gebracht. Zur Übergabe hat Prior Johannes von Griefenstein viele Gäste geladen, zuvorderst natürlich den eigenen Dominikanerkonvent, die benachbarten Minoritenbrüder, den Erzbischof von Köln einschließlich großer Teile des Weltklerus, Vertreter des Kölner Benediktinerklosters und des Augustinerklosters, des dominikanischen Frauenkonvents, der Clarissinnen, des Machabäerklosters der Benediktinerinnen, des Klosters St. Mariengarten der Zisterzienserinnen und schließlich die Honoratioren der Stadt. Interessierten Laien kann leider kein Platz zugestanden werden. Da kein genügend großer Raum zur Verfügung steht, wird die Amtseinführung in die Predigerkirche verlegt.

Die Kirche ist gedrängt voll, bis auf den Vorplatz stehen die Leute, hoffen, doch noch in die Kirche zu gelangen, um den Feierlichkeiten beizuwohnen und den Antrittsvortrag Meister Eckharts nicht zu versäumen.

Der Meister beginnt seine Ausführungen mit der Ankündigung von drei großen Themen, die er während seiner Amtszeit in die Mitte der Lehre stellen möchte, erstens das Verhältnis zwischen Theologie und Philosophie, zweitens die Bedeutung des Willens für die Erlangung des ewigen Heils und drittens die Gottesgeburt in der Seele.

Zum ersten habe ich die Absicht, die Lehren des christlichen Glaubens und der Heiligen Schrift mit Hilfe der natürlichen Gründe der Philosophen auszulegen. Denn was an Gott unsichtbar ist, wird von dem Geschöpf in der Welt durch das Geschaffene erkannt und erschaut. Dies gilt sogar für die Dreieinigkeit Gottes. Die Kraft Gottes ist sein Sohn und seine Gottheit ist der Heilige Geist.

Die Heilige Schrift wird nur dann angemessen erklärt, wenn das, was die Philosophen über die Natur der Dinge und ihre Eigenschaften geschrieben haben, mit ihr übereinstimmt, denn alles geht aus einer einzigen Quelle und Wurzel hervor: was wahr ist, liegt zugleich im Sein, im Erkennen, in der Schrift und in der Natur. Es ist also absolut dasselbe, was Moses, was Christus und was der Philosoph lehren. Sie unterscheiden sich nur in der Art und Weise, wie sie es lehren.

Die wenigen Sätze Eckharts genügen, um eine Reihe von Mitbrüdern seines eigenen Konvents dazu zu bringen, aufzustehen und die Kirche, nicht ohne deutliche Zeichen des Protests, zu verlassen. Eckhart kennt sie alle, es sind rechtschaffene Anhänger des Thomas von Aquin, die seit langem darum kämpfen, dass die Lehre ihres inzwischen heilig gesprochenen Lehrers zur verbindlichen Grundlage des christlichen Glaubens erhoben wird. Nach ihrer Meinung macht es sehr wohl einen Unterschied, ob Erkenntnis aus der Natur oder aus Traditionen gewonnen wird. Die Philosophie dient der Theologie als Magd, sagen sie, nicht mehr und nicht weniger. Meister Eckhart lässt sich nicht aus der Ruhe bringen und führt seine Thesen weiter aus.

Das Sein und Seiende und sein Gegensatz, das Nichts; die Einheit und das Eine und sein Gegensatz, das Viele; die Wahrheit und das Wahre und sein Gegensatz, das Falsche; alle diese Grundbegriffe gelten sowohl für die Philosophie wie für die Theologie. Und gerade darin ist auch der Grund zu sehen, dass unser Denken eins sein

kann mit dem Gedanken Gottes. Die Distanz, die wir
haben, wenn wir normalerweise denken und erkennen,
verliert sich. Wir werden mit uns selbst identisch.

Dann setzt Eckhart seinen Vortrag mit dem zweiten Schwerpunkt fort, den er sich für seine Arbeit vorgenommen hat, die
Bedeutung des Willens für die Erlangung des ewigen Heils.

Einmal, an der hohen Schule zu Paris, wurde ich gefragt,
ob das Erkennen Gottes edler sei als das Streben zu Gott?
Ich gab zur Antwort, dass der gottförmige Mensch edel
sei. Gottförmig aber ist der Mensch, wenn er erkennt.
Daraufhin wurde mir entgegengehalten, dass viele einfa-
che Leute edler seien als große Gelehrte, die meinen, Gott
und die Welt zu erkennen. Dem kann ich nur zustimmen,
denn zum Erkennen Gottes bedarf es nicht der Gelehr-
samkeit, sondern der Freiheit. Sie aber liegt mehr in der
Vernünftigkeit des Menschen als in seinem Willen.

Eine eigentümliche Unruhe macht sich bemerkbar. Die Minoritenbrüder nämlich haben bemerkt, dass es hier um eine Auseinandersetzung mit der Lehre des Franziskanerordens geht.
Nach seiner Auffassung gelingt es dem Menschen nur kraft
eines festen Willens, das Himmelreich zu erringen. Wenn der
Mensch sündigt und Schuld auf sich lädt, tut er dies, weil sein
Wille fehlgeleitet oder zu schwach ist. Durch Buße, Opfer und
die Bitte um Vergebung und Gnade aber kann er sich retten.
Meister Eckhart fährt unbeirrt fort.

Das ist ein armer Mensch, der nichts will. Solange er
noch einen Willen hat, mit dem er den Willen Gottes
erfüllen will, und ein Verlangen nach Ewigkeit und Gott,
solange ist er nicht arm. Der Mensch muss seines ge-
schaffenen Willens so ledig sein, wie er's war, als er noch
nicht war.
Dies verstehen manche Leute nicht richtig, Leute, die
an Bußübungen und äußeren Übungen festhalten und

damit an ihrem selbstischen Ich. Wegen ihrer guten Ab-
sicht mögen sie meinetwegen das Himmelreich erlangen.
Wer jedoch glaubt, durch Innerlichkeit, Andacht, süße
Verzückung oder besondere Gnade mehr von Gott zu be-
kommen als beim Herdfeuer oder im Stall, tut gerade so,
als ob er Gott nähme, ihm einen Mantel um das Haupt
wände und unter eine Bank schöbe. Denn wer Gott in ei-
ner ‹bestimmten› Weise sucht, der nimmt die Weise und
verfehlt Gott, der in der Weise verborgen ist.

Alle Liebe dieser Welt ist auf Eigenliebe gebaut. Wür-
det ihr aber in Demut die Eigenliebe lassen, so würdet
ihr die ganze Welt loslassen. Vergesst alles, sogar den
eigenen Leib. Wer das Seine sucht, findet Gott nie und
nimmer.

Einige Franziskaner wenden sich demonstrativ um und verlassen den Raum. Sie fühlen sich beleidigt, in aller Öffentlichkeit
so angegriffen zu werden, ohne Möglichkeit sich in einer Disputation zur Wehr setzen zu können. Ihnen folgen weitere Bettelbrüder und schließlich alle Franziskaner, selbst diejenigen,
die noch immer nicht verstanden haben, worum es hier eigentlich geht. Nun ist plötzlich genügend Platz in der Kirche, auch
für diejenigen, die bisher vor dem Eingang gewartet haben und
nicht Einlass gefunden hatten.

Eckhart wartet bis alle Minoriten den Raum verlassen haben
und fügt dann eine kurze Rechtfertigung seiner Rede an.

Wer diese Rede nicht versteht, der bekümmere sein Herz
nicht damit. Denn solange der Mensch dieser Wahrheit
nicht gleicht, solange wird er diese Rede nicht verstehen;
denn dies ist eine unverhüllte Wahrheit, die da gekom-
men ist aus dem Herzen Gottes unmittelbar. Wie ein
Metall eine Flüssigkeit nur aufnehmen kann, wenn es
sich zu einem Gefäß formt, oder Licht nur sichtbar wird,
wenn es von einem Gegenstand reflektiert wird, so muss
der Mensch der Wahrheit entsprechen, um sie aufneh-
men zu können. Erst wenn die Vernunft völlig arm ge-

worden ist, leergefegt von allem Vorwissen und frei von
allen Vorurteilen, ist sie für die Wahrheit in ihrer ganzen
Einfachheit und Unbedingtheit empfänglich.

Damit geht Eckhart zum dritten Schwerpunkt seines Vortrags
über, der Gottesgeburt in der Seele.

Ich habe vor noch nicht langer Zeit einmal gesagt, dass
der Vater seinen Sohn in der Seele in derselben Weise ge-
biert, wie er ihn in Ewigkeit gebiert und nicht anders. Er
gebiert mich als sich und sich als mich und mich als sein
Sein und als seine Natur, ohne jeden Unterschied. Der
himmlische Vater ist mein Vater, denn ich bin sein Sohn
und habe alles, was ich habe, nur von ihm.

Bei dieser Geburt verhält es sich ähnlich, wie wenn
Feuer das Holz entzündet und in Brand setzt. Das Feuer
macht das Holz ganz fein und ihm selbst ungleich. Es
nimmt ihm seine Grobheit, Kälte, Schwere und Wässrig-
keit und macht das Holz sich selbst, dem Feuer, mehr und
mehr gleich. Doch beruhigt, beschwichtigt oder begnügt
sich weder Feuer noch Holz, bis dass das Feuer sich selbst
in das Holz gebiert und ihm seine eigene Natur und sein
eigenes Sein übermittelt, so dass alles ein Feuer ist, bei-
den gleich eigen, unterschiedslos ohne Mehr oder Weni-
ger. Deshalb gibt es, bis es dahin kommt, immer ein Rau-
chen, Sich-Bekämpfen, Prasseln, Mühen und Streiten
zwischen Feuer und Holz. Erst wenn alle Ungleichheit
weggenommen und abgelegt ist, wird das Feuer still und
schweigt das Holz.

Ebenso wie das Brennholz im Feuer brennt die Seele
in Gott. Die Seele ist das an uns, was uns zu Menschen
macht. Sie ist kein Ding, das sich aus mehreren Teilen
zusammensetzt. Vielmehr sind in ihr alle Dinge aufbe-
wahrt und brennen mit ihr im Feuer Gottes.

Alles, was die Seele betrifft, liegt völlig offen in ihr,
aufgedeckt, entblößt. Alles, was noch in ihr ist, muss weg
aus der Seele, bis sie völlig leer ist, leer auch von allen

Gedanken. Liebst du Gott, wie er Gott ist, Geist, Person,
Bild? Alles das muss weg! Liebe ihn, wie er ein Nicht-
Gott, ein Nicht-Geist, eine Nicht-Person, ein Nicht-Bild
ist. Mehr noch, liebe ihn wie eine lautere reine, klare
Eins, losgelöst von allen Unterschieden. Versinke in die-
sem Einen, springe vom Etwas ins Nichts.

Für einen Augblick erfüllt den Kirchenraum eine Stille, die an die kalte Zwiesprache von glitzernden Sternen am Firmament erinnert. Doch dann schiebt sich der Betschemel, auf dem sich Erzbischof Heinrich II. niedergelassen hat, zurück, kreischt, als würde einem Stück Vieh ein Zeichen ins Fell gebrannt. Der Bischof reckt sich in die Höhe, räuspert sich, wendet sich um, ohne ein Wort zu sagen, und verlässt durch die Schneise, die die Anwesenden erschreckt bilden, die Kirche. Alle Weltgeistlichen, die anwesend sind, schließen sich ihm an, folgen ihm und blicken grimmig in die Menge.

Der größte Teil des Dominikanerkonvents ist dageblieben, die Schüler Eckharts, aber auch viele Nonnen aus den umliegenden Klöstern und Frauen aus der Stadt. Eine von ihnen, die neben Conrad von Halberstadt steht, fragt ihn mit unsicherem Blick: «Hast du das alles verstanden?» Und Conrad antwortet: «Nein, das ging alles viel zu schnell. Viele Einzelheiten gingen völlig an mir vorüber. Aber das Ganze, das, worum es ihm in Innersten ging, das habe ich schon verstanden.» «Ja, so ähnlich ging es mir auch!» Verloren hallen die letzten Sätze Meister Eckharts durch den nun nur noch halbvollen Raum.

Der kürzeste Weg zur Lauterkeit der Seele führt über
Abgeschiedenheit und Demut, ganz nach dem Vorbild Je-
su Christi. Doch ist zu bemerken: Hätte Maria Gott nicht
zuerst geistig geboren, er wäre nie leiblich in ihr geboren
worden. Gott ist es lieber, von einer jeglichen guten Seele
geistig geboren zu werden, als dass er von Maria leiblich
geboren würde. Wir sind nicht adoptierte Kinder Gottes,
sondern ganz und gar seine eigenen.
Das Verhältnis Gottes zu unserer Seele ist kein Ver-

hältnis wie zwischen einem Herrn und seinem Knecht.
Die Vereinigung Gottes mit dem demütigen Menschen
geschieht vielmehr in einem innigen Kuss. Hier endet
unser Geschaffensein und Gott beginnt zu sein, ein wei-
seloses Nichts, Verborgenheit, Finsternis, Stille, Wüste.
Hier ist Gott nicht mehr Gott, hier ist er, der er ist.

Wer diese Predigt verstanden hat, dem vergönne ich
sie wohl. Wäre hier niemand gewesen, ich hätte sie die-
sem Opferstocke predigen müssen.

※

Der Aufsehen erregende Skandal bei seinem Antrittsvortrag
führt die Freunde und Anhänger Meister Eckharts noch am
selben Abend wieder zusammen. Sie treffen sich bei Schwester
Clara im Kloster Mariengarten.

«Das wird Folgen haben!», prophezeit Otto von Schauenburg. Und Schwester Clara fragt in ängstlichem Ton: «Was
wird das noch alles nach sich ziehen?»

Nikolaus von Straßburg mahnt, ruhig Blut zu bewahren
und mit klarem Kopf zu prüfen, ob etwas zu unternehmen sei:
«Was eigentlich werfen sie dir vor?», fragt er: «Ketzerei? Dass
du in der Volkssprache predigst und angeblich die Wahrheit
vor die Säue wirfst?» «Nein, nicht allein das», erklärt daraufhin Berthold von Moosburg, «du hast alle, die ohnehin etwas
gegen dich haben, nochmals gegen dich aufgebracht, lieber
Eckhart, die Thomisten mit deiner Aufwertung der Philosophie, die Franziskaner mit deiner Behauptung, die Vernunft sei
freier als der Wille, und den Erzbischof mit der Lehre, die Seele
sei in ihrem höchsten Wipfel göttlich». «Gott sei gedankt, dass
der Bischof nicht mehr anwesend war, als du gesagt hast, es
sei wichtiger, dass Gott in jeder guten Seele geboren wird, als
Jesus von Maria», fügte Nikolaus von Straßburg hinzu.

Nach und nach schaut einer nach dem anderen zur Tür, in
der Hermann de Summo steht und offensichtlich schon gerau-

me Zeit zuhört. Errötet, als fühle er sich ertappt, richtet er gepresst die Frage an die Anwesenden, ob er sich mit an den Tisch setzten dürfe, da auch er an dem, was der Meister lehre, sehr interessiert sei. Bruder Hermann gilt im Dominikanerkonvent eher als unauffällig, ohne feste Meinung, stets auf seinen Vorteil bedacht. Er wirkt auf seine Mitbrüder undurchsichtig und findet nur wenig Sympathie. Nikolaus von Straßburg ist unwirsch über die Störung durch den ungeladenen Gast, gibt aber nach kurzer Überlegung seine Zustimmung.

Der junge Predigerbruder Johannes Tauler gibt seinem Empfinden Ausdruck, auch um seinem Lehrer Mut zuzusprechen: «Lieber Bruder Eckhart, du hast den Gläubigen aus dem Herzen gesprochen, gerade so, als sprächest du aus der Ewigkeit, mitten in das vergängliche Dasein dieser Welt.»

Eckhart ist von den Vorgängen tief betroffen, versucht sich zu verteidigen.

Wer erkennt, was mit bloßen Augen nicht gesehen werden kann, der weiß, dass das, was ich gesagt habe, wahr ist. Wer davon aber nichts weiß, der lacht und spottet über mich. Alle wollen ewige Dinge schauen und empfinden und im Lichte der Ewigkeit stehen, dabei flattert ihr Herz noch im Gestern und Morgen.

Wer sagt, dass man von großen und hohen Dingen nicht vor Ungelehrten sprechen und schreiben solle, also in der Sprache des Volkes, der soll mir bitteschön erklären, wie man Leute belehren soll, die nicht zur Schule gegangen sind. So lernt niemand, wie man liest, schreibt oder gar selber lehrt. Denn darum belehrt man die Ungelehrten, dass sie aus Ungelehrten zu Gelehrten werden. Gäbe es nichts Neues, so gäbe es nichts Altes. Wer gesund ist, bedarf keiner Arznei. Dazu ist der Arzt da, dass er die Kranken gesund macht.

Auch der heilige Johannes verkündet das Evangelium allen Gläubigen, auch den Ungläubigen, auf dass sie gläubig werden, und doch beginnt er das Evangelium mit dem Höchsten, das ein Mensch überhaupt von Gott aus-

zusagen vermag. Und doch sind auch seine Worte falsch
aufgefasst worden. Was kann ich dafür, dass das, was
ich geäußert habe, nicht recht verstanden wird? Wer das
nicht erkennt, der klage seine Blindheit an, nicht mich,
noch die göttliche Wahrheit.

Conrad von Halberstadt beobachtet insgeheim den Meister. Wer ist dieser Mann, ein Predigerbruder, ein Gelehrter, Seelsorger oder Mönch? Er sieht brennende Augen, schmale, etwas eingefallene Wangen, ein kleines, aber energisch vorspringendes Kinn, eine schmale vibrierende Nase, bemerkt die Entschlossenheit, offen zu legen, was wichtig ist, und in keiner Weise den Schein zu erwecken, als hätte er etwas zu verbergen. Er ist ganz Prediger, der sich auf sein Gegenüber einlässt, Gelehrter, der an der Universität zu lehren weiß, Seelsorger, der sich denen, die von ihm Rat erbitten, liebevoll und verständnisvoll zuwendet, Mönch, der in inniger Frömmigkeit von seinem Glauben überzeugt und ergriffen ist. Die Unsterblichkeit in der Zeit genügt ihm nicht, er wünscht sich Ewigkeit. Conrad lauscht und versucht, jedes seiner Worte im Gedächtnis zu verwahren.

Die Dinge sind Boten, die uns aus der Ewigkeit zuwinken. Wenn wir ihrem Winken folgen und uns um Gott bemühen, verhalten wir uns meist wie Kaufleute. Wir hüten uns vor groben Sünden, wären gern gute Leute und tun gute Werke, fasten, wachen, beten und was es dergleichen gibt, alles Gott zu Ehren. Wir tun es, damit wir etwas dafür bekommen, was uns lieb und teuer ist. Wir handeln also genau so wie Kaufleute, die Gott suchen und doch dabei nur an sich selbst denken. Doch Gott ist ihnen für ihre Werke nichts schuldig. Wehe dem Menschen, der das Winken lieb hat statt Gott selbst.

Berthold von Moosburg, der im Streit um die Leitung des Studium Generale lange Zeit als Kompromisskandidat zwischen den Anhängern von Meister Eckhart und denen des Thomas von Aquin galt, ergreift das Wort und sucht einen Weg heraus aus den sich im Kreise drehenden Überlegungen: «Wir stehen vielleicht am Ende einer Zeit, in der die Menschen frei um den rechten Glauben ringen. Die Welt ist unsicher geworden, viele, viele Gläubige sehnen sich nach mehr Sicherheit. Diesem Wunsch wird die Kirche nachkommen. So besteht die Gefahr, dass der Glaube in unverbrüchlichen Lehrsätzen festgeschrieben und festgezurrt wird. Das freie Spiel der Gedanken und Worte aber, das sich nicht an die Maßstäbe dieser Sätze hält, wird unter Kontrolle gebracht werden.»

«Nicht nur die Gläubigen sehnen sich nach mehr Sicherheit», mokiert sich Otto von Schauenburg, «vor allem sind es die Mächtigen der Kirche, die ihre Vorherrschaft in Gefahr sehen, zu bestimmen, was wahr und was zu glauben ist. Schon bisher sind viele rechtschaffene Gläubige, die es gewagt haben, eigenständig zu denken und zu glauben, angeklagt, gefoltert oder sogar verbrannt worden.» «Man denke nur an die Katharer in Südfrankreich, an die Verfolgung der Templer, noch vor wenigen Jahren ...». «Oder, lieber Bruder Eckhart, was ungefähr während deines zweiten Aufenthalts als Magister in Paris geschehen sein muss, die Hinrichtung von Marguerite Porète», erinnert Schwester Clara. «Ich sage euch voraus, das alles war nur ein Vorspiel im Vergleich zu dem, was uns erwartet, wenn erst einmal der Glaube jedes Einzelnen an unverbrüchlichen Lehrsätzen gemessen werden wird», hakte Otto von Schauenburg nach.

Berthold von Moosburg ist kein Ehrgeizling, hat selbst niemals in die Diskussion um die Nachfolge um den Lehrstuhl von Albertus Magnus eingegriffen, zumal er ohnehin als Hoffnungsträger gilt und seine Zeit noch kommen wird. Nun ergreift er nochmals das Wort, ist bemüht, dass sich die Gemüter nicht allzu sehr erhitzen, und möchte das Gespräch fürs Erste beenden: «Lieber Bruder Eckhart, kannst du uns bitte nochmals sagen, wie die Menschen so frei werden können, wie du immer verlangst, da sie doch alle geboren werden und heranwachsen, bis sie schließlich fähig werden, ihre Vernunft zu benutzen? Haben sie nicht im Laufe ihres Lebens schon reiches Wissen von der Welt erworben, das nun verloren gehen soll?»

Der Meister, den der Verlauf des Gesprächs ohnehin ärgert und der die Auseinandersetzungen um seine Person beenden möchte, ist dankbar, nochmals einige Gedanken aufgreifen zu können.

Die vernünftige Seele des Menschen ist von Natur aus eine grenzenlos offene Möglichkeit, leer, ohne Farbe und Eigenschaft. Ein Nichts, in dem alles entstehen kann. In dieser unbegrenzten Freiheit ist die Seele das Spiegelbild Gottes. Der Freiheit nach sind sich Gott und die Seele gleich. Das ungeschaffene Licht scheint in die Offenheit der Seele hinein, spiegelt sich in ihr wider und gibt den Blick frei, über sich hinaus ins Unendliche. Die Seele steigt unermesslich hoch über sich selbst hinaus, in jedem Augenblick neu und bricht durch in ihr eignes Nichts.

«So ganz hast du meine Frage damit nicht beantwortet», beschwert sich Berthold von Moosburg. Und Eckhart antwortet.

Das Wissen, das der Mensch während seines Heranwachsens erwirbt, geht nicht verloren. Die Dinge zeigen sich, wie sie sind, und der Mensch benennt sie als das, was sie sind. Durch sie hindurch aber erscheint das Geheimnis einer nie geahnten Wahrheit. Dieser Tisch zum Beispiel, wer dieses Stück Holz in diesem Sinne ansieht, dem leuchtet das göttliche Licht entgegen. Das Holz besteht zwar weiter, befindet sich zugleich jedoch auch in der Vernunft, als Holz ohne die Eigenschaften des Holzes.
Wenn der Mensch die Welt betrachtet, steht ihm alles als Gegenstand vor Augen. Der Mensch selbst aber kann nicht Gegenstand einer Betrachtung werden. Er kann sich selbst nie und nimmer durch vernünftiges Denken einholen, denn das Licht, das sein Dasein erhellt, ist unerschaffen und unerschaffbar. Er kennt alle Dinge, sich selbst aber kennt er nicht. Die Seele ist kein Ding, ebenso wie Gott kein Ding ist.

Meister Eckhart ist müde. Der Tag war lang und die Aufgaben, die auf ihn warten, werden an die Grenzen seiner Kraft rühren. Er ergreift die Hände der neben ihm Sitzenden, die Hand des Priors Johannes von Griefenstein zur Linken und die Hand von Conrad von Halberstadt zur Rechten, drückt sie, als wolle er sich ihrer versichern und nimmt Abschied.

Liebe Freunde, ihr betrachtet und bewundert die Kathedrale unserer Stadt, warum bewundert ihr sie nicht in euch selbst?

Entzieht euch allen Dingen und schwingt euch mit unbekümmertem Herzen über euch selbst hinaus, über das Erkennen und die Vernunft, über euer Tun, welcher Art es auch immer sei, und über euer ganzes Sein, hinein in die verborgene Stille der Finsternis, so dass ihr zu einem Erkennen Gottes kommt, das über Gott hinaus reicht, in eine absolute Unbegreiflichkeit. Nur in der Aufgipfelung des Erkennens, das sich selbst negiert und ins Nichterkennen umschlägt, verweilt die Seele am göttlichen Feuer, umkreist es in wilder Jagd, geht schließlich in ihm auf und verbrennt. Wie Holz vom Feuer verzehrt wird und es zugleich am Brennen hält, so auch verbrennt die Seele im Feuer Gottes.

DER ACKER DES HERRN

JEDES MAL, WENN CONRAD von Halberstadt die Treppe hoch-
stieg zu seiner Dachstube, lastete die Sorge auf ihm, dass die
Handschriften Meister Eckharts abhanden kommen könnten.
Wie besessen blätterte er die Pergamente durch und erschrak
zu Tode, wenn er etwas übersehen hatte oder sich in dem
Durcheinander nicht gleich zurechtfand. Sollte er von jemand,
der ihm nicht gut gesinnt war, beobachtet werden, der dann
einen Verdacht an das erzbischöfliche Ordinariat weiterleite-
te, der gesamte Nachlass würde auf der Stelle beschlagnahmt
werden. Oder man stelle sich vor, in dem Haus würde ein Feuer
ausbrechen, nichts mehr bliebe übrig von Eckharts Blick auf
die Welt. Die Magd des Hauses beäugte Conrad misstrauisch,
da er immerzu nachfragte, ob sich jemand nach ihm erkundigt
oder seine Kammer betreten habe. Dann wieder setzte er sich
an den Tisch und begann Blatt für Blatt abzuschreiben.

Conrad war immer noch der Überzeugung, dass Eckharts
Schriften, die er in Erfurt zu treuen Händen übergeben bekommen hatte, von Hannah in Halberstadt abgeschrieben würden
oder längst abgeschrieben worden waren. Seit langem war ihm
nichts mehr von seinen Lieben in Halberstadt zu Ohren gekommen, weder wie es seinem Vater erging noch der jungen
Frau, die sich der Schriften angenommen hatte.

Endlich, es war in den ersten Tagen des Monats Oktober,
kam ein reisender Geselle und überbrachte Conrad ein versie-
geltes Schreiben aus Halberstadt. «Vom Vater?» Das Gesicht
Conrads hellte sich auf. Er entlohnte den Boten großzügig.

Lieber Conrad, ich war überglücklich und von Herzen erleichtert, als ich Deine Nachricht aus Straßburg erhalten habe. Ich hoffe, dass es Dir wirklich gut geht. Wie gerne würde ich Dich wieder einmal in die Arme schließen und am Abend mit Dir am Tisch sitzen, so dass Du mir bis in die Nacht hinein schildern könntest, was Du erlebt hast. Kommst Du nicht wieder nach Halberstadt zurück? Ich hätte eine Idee, wie Du auch hier wieder Fuß fassen und einem Beruf nachgehen könntest.

Uns, auch den Familien Deiner Geschwister, geht es gut, nur dass die Arbeit immer mehr zunimmt, der Verdienst aber gleich bleibt. Die Zeiten sind schwierig geworden, vor allem, weil die Bauern zu wenig ernten. Der Sommer war viel zu feucht und kühl. Was mich betrifft merke ich, dass mir die Arbeit nicht mehr so leicht von der Hand geht wie früher. Das Alter macht sich bemerkbar. Aber wir kommen schon über die Runden.

Leider muss ich Dir mitteilen, dass vor drei Wochen deine Tante Sofie verstorben ist. Sie musste noch viel leiden, hat aber am Abend vor ihrem Tod die Sterbesakramente erhalten und ist dann friedlich entschlafen.

Wie geht es Dir und Deinem Anliegen, dem Du so viel kostbare Zeit Deines jungen Lebens widmest? Du wirst ja längst wissen, dass Hannah, kurz nach deiner Abreise, zu ihrem Bruder nach Schlettstadt im Elsass gezogen ist. Sie musste dort die Kindererziehung und den Haushalt übernehmen, da die Frau ihres Bruders im Kindbett verstorben ist. Die Arbeiten, die sie für Dich erledigen sollte, hat sie mitgenommen. Schlettstadt liegt ja nicht weit von Straßburg entfernt. Sie würde sich mit Sicherheit über Deinen Besuch freuen.

Nun grüße ich Dich nochmals recht herzlich, umarme Dich und hoffe, dass es Dir früher oder später möglich sein wird, nach Halberstadt zurückzukehren. Ich grüße Dich, auch im Namen Deines Bruders und Deiner Schwester. Bleibe gesund und lass Dich auf keine unüberlegten Abenteuer ein. Es segnet Dich Dein Vater.

Conrad wurde warm ums Herz. Dann aber, beim zweiten Lesen, überkam ihn die bange Sorge, wo Eckharts Schriften verblieben waren. Auf der Stelle stieg er die Treppe hinab und fragte nach, wie weit es bis Schlettstadt sei. «Zwei bis drei Tagesmärsche», erhielt er zur Antwort, «je nachdem, welchen Weg man geht». Conrad erklärte den überraschten Küfersleuten, dass er von seinem Vater eine Nachricht erhalten habe, die erfordere, dass er schon am nächsten Tag, in aller Frühe, nach Schlettstadt aufbrechen müsse, geschäftliche Angelegenheiten zu erledigen. Der überhastete Aufbruch ließ den Küfer aufhorchen und machte ihn argwöhnisch.

Auch Odette war überrascht, als Conrad ihr in dem Gästehaus Marguerite seine Entscheidung vortrug, und noch mehr, als er ihr sagte, dass er sein Hab und Gut, also auch die Schriften Eckharts, auf ein Tragegestell packen und, wie dies Handeltreibende ja auch tun würden, auf dem Rücken mit nach Schlettstadt nehmen wolle. Das sei viel zu gefährlich, warnte ihn Odette und suchte ihn von seinem Vorhaben abzubringen. Als aber alles nichts nützte, besann sie sich und machte ihm den Vorschlag, ihm am nächsten Morgen einen Händler vorbei zu schicken, Philipp, der mit einem ähnlichen Tragegestell unterwegs nach Basel sei. Er kenne das Geschäft seit vielen Jahren, sei sommers wie winters mit Haushaltswaren, Büchern, Spielzeug und vielen anderen Dingen, die gebraucht werden, unterwegs. In Begleitung dieses Mannes solle er gehen, er sei vertrauenswürdig, zu zweit seien sie stärker und könnten aufeinander aufpassen.

Conrad und Odette überlegten noch, wie die Schriften Eckharts gesichert werden konnten. «Sie dürfen auf keinen Fall alle an einem einzigen Ort aufbewahrt werden», sagte Odette. «Ich werde versuchen», erwiderte Conrad, «sie in möglichst viele Bibliotheken einzuschleusen. Dafür werde ich sämtliche Schriften Eckharts, die mir zur Verfügung stehen, abschreiben!» «Wie soll das bewerkstelligt werden?», zweifelte Odette an der vollmundigen Erklärung Conrads. «Wie sollen die Handschriften in die Bibliotheken gelangen?» Conrad und Odette entwickelten abenteuerliche Ideen, die aber schwerlich verwirklicht werden konnten.

Als sich Conrad endgültig verabschieden wollte, holte Odette aus ihrer Truhe noch eine eigene Sammlung von Schriften Meister Eckharts hervor. Sie wusste nicht, was in dem Stapel enthalten war, da sie nicht gut genug lesen konnte. Doch stets hatte Odette das Paket sorgfältig aufbewahrt und wie ihren Augapfel gehütet. Sie legte Conrad das in ein Leinentuch verpackte Bündel in die Arme, gerührt vom Abschied flossen Tränen über ihre Wangen. Sie wünschte ihm Gottes Segen und bat ihn, wenn er wieder nach Straßburg komme, sich bei ihr zu melden, er sei stets willkommen – solange sie noch lebe. Letzteres fügte sie leise hinzu, wendete sich dann rasch um, wischte die Tränen aus den Augen und schloss hinter sich die Türe.

*

Der sanfte, dann zunehmend schroffer ansteigende Hang von der Rheinebene zu den nördlichen Vogesen gab die Richtung vor. Durch die Rebstöcke der leicht abgeschrägten Weinfelder konnte Conrad weit über die Rheinebene schauen. Das Bett des Rheins war nur zu erahnen, dahinter erhob sich der Schwarzwald, verschwamm jedoch in Nuancen von Dunst und Dämmerung.

Seit dem frühen Morgen war er zusammen mit dem Händler Philipp unterwegs. Conrad wurden die Beine schwer, die Zehen schmerzten. Als sie sich am Waldrand ins Gras legten, schlummerten sie ein und erwachten erst wieder, als die Hagebuttenhecke ihnen Schatten übers Gesicht warf und es sie fröstelte.

Philipp hatte sich als ein patenter Bursche erwiesen, der mit allen Wassern seines Geschäfts gewaschen war. An jedem größeren Gehöft hielt er an, besuchte Kunden, kaufte Waren auf und verkaufte andere. Conrad dagegen trug schwer an der Last auf seinem Rücken, stöhnte und musste immer wieder eine Ruhepause einlegen. Wie schwer Bücher doch sein können. Philipp wäre allein schneller vorangekommen, doch hatte Odette dem in dem Gästehaus Marguerite seit langem willkommenen Gast ins Gewissen geredet und ihn eindrücklich zur Zurückhaltung und Rücksicht ermahnt. Philipp hatte Verständnis für die ungewohnte Plackerei seines Begleiters und ertrug das gemächliche Tempo mit Geduld, hinter Schlettstadt würde er wieder schneller ausschreiten können.

Philipp bot Conrad an, ihm Bücher, die dieser in Tücher gewickelt auf der Trage trug, abzukaufen. Auf der Messe in Basel, so sagte er, würde dafür gutes Geld bezahlt werden. Die Schreibstuben kämen mit ihren Lieferungen der Nachfrage kaum nach und die entsprechenden Handelshäuser suchten immer nach interessanten Angeboten, am besten kleine und handlich gebundene Bücher zum Umhängen, in Leder eingeschlagen und im Innern mit schönen Verzierungen und Bildern versehen. Es gäbe viele vornehme und reiche Leute, die solche Dinge unbesehen aufkaufen würden, selbst wenn sie selbst nicht lesen und schreiben könnten. Auch in kirchlichen Bibliotheken seien Handschriften immer gefragt.

Conrad musste das Angebot für den Augenblick ablehnen, doch kam ihm dabei die Idee, ob er auf einem solchen Weg nicht die Schriften Eckharts über das ganze Land verteilen und damit ihren Bestand sichern könnte. Sie würden in den Bücherregalen von privaten Leuten oder Bibliotheken verschwinden und irgendwann einmal wieder ausgegraben werden. Niemand würde alle Bücher Eckharts ausfindig machen können, zumal, wenn zunächst einmal der Name Eckharts in den Abschriften getilgt würde, wenn sie mit anderen, harmloseren Schriftstücken ähnlicher Art vermischt und mit schönen Initialen, Bildern und anderen Ausschmückungen versehen würden.

Wie weit war es noch bis Schlettstadt? Am späten Abend des dritten Tages ihrer Reise kamen sie an und bezogen im Gasthaus «Goldener Hahn» eine kleine bescheidene Unterkunft. Trage herunter, Schuhe abstreifen und, überwältigt von Müdigkeit, samt Kleidern aufs Bett fallen, war für Conrad eines, während Philipp noch lange in der Wirtsstube verbrachte und sogar einige Geschäfte abschließen konnte. Am nächsten Morgen verabschiedete er sich und bat ihn, falls er eines Tages vielleicht doch etwas zu verkaufen habe, hier im Gasthaus für ihn eine Nachricht zu hinterlegen.

Am späten Vormittag machte sich Conrad auf den Weg durch den kleinen Ort. Der Wirt des «Goldenen Hahn» hatte ihm den Weg zu dem Kaufmannsladen beschrieben, in dem Hannah und ihr Bruder wohnen würden. Es war ein sonniger Tag und der Ort feierte ein Fest, den Schlettstadter Herbst. Dicht drängten sich die Menschen durch die Gassen und Winkel rund um das Münster, die Sankt Fides-Basilika, den Hexenturm mit seinem Kerker und der Folterkammer. Vor dem Zunfthaus und seinem schönen gotischen Staffelgiebel war ein Podium errichtet, auf dem eine Gruppe junger Burschen und Mädchen Tänze darboten. Unter den unheimlichen Fratzen am steinernen Erker des Gasthauses «Zur dicken Marion» wurde neuer Wein ausgeschenkt, dralle Frauen trugen Bleche mit Zwiebelkuchen, aus frischem Quark gemachtem Bibeleskäs und elsässischem Gugelhupf zu den Gästen, die im Freien an Tischen Platz genommen hatten.

Conrad tauchte in die freundliche Welt des Schlettstadter Herbstes ein. Er ließ sich von der Menge nach vorne drängen. Alles war voll Leben, Ausgelassenheit und Fröhlichkeit. In leichten Wellen trug ihn das gedämpfte Murmeln, das an- und wieder abschwoll, mitten hinein in ein stimmungsvolles Meer von Menschen, die, wie von einer unsichtbaren Kraft bewegt, miteinander in Verbindung zu stehen schienen. Sie verständigten sich einträchtig und doch nicht nur oberflächlich, wie dies so oft zu beobachten ist. Eine eigenartig intensive Ernsthaftigkeit und Konzentration lag auf den Gesichtern. Gestandene Männer, deren Bärte nur wenig vom Gesicht frei gaben, strahlten Würde und Sicherheit aus, und die Frauen wirkten in ihren festlichen Kleidern selbstbewusst und zufrieden. Zwischen die Bauern, Kaufleute und Handwerker von Schlettstadt mischten sich auch Gäste, die aus der Umgebung gekommen oder auf der Durchreise vor Ort geblieben waren.

Eine Hand legte sich auf seine Schulter. Conrad wandte sich um und blickte in das Gesicht von Hannah. Noch immer legte sich ihr dunkles, dichtes Haar am Kopf an und wellte sich im Nacken leicht nach oben. Über der Stirn kräuselte sich eine Locke und warf einen leichten Schatten über die Augen. Ihre zurückhaltend zarte Gegenwart erinnerte Conrad unwillkürlich an einen Vogel, der sich ängstlich nähert, um sich vertrauensvoll auf die Hand zu setzen. Die lustig, kecken Augen richteten sich aus dem leicht nach vorne gebeugten Kopf nach oben und zauberten ein unbeschreibliches, jugendliches Lächeln auf ihre Züge. Je länger sie sich anschauten, desto mehr nahm Conrad die übermütige und freche Gewitztheit ihres Blickes wahr, die Bestimmtheit und herausfordernde Wachheit, mit der sie ihn ansah. Wieder, wie schon einmal, verschlug es ihm die Sprache.

Es war geraume Zeit vergangen, seit sie sich in Halberstadt begegnet waren, und doch schien ihnen, als hätten sie sich erst gestern zum letzten Mal gesehen. Conrad spürte, wie er sich nach ihr gesehnt hatte, nach ihrem Lächeln, ihrer Gegenwart. Lange brauchte es, bis sie sich aneinander so weit satt gesehen hatten, dass zusammenhängende Sätze möglich waren. Die Menschen um sie herum waren für einen Augenblick vergessen. Am liebsten wollte er Hannah an der Hand nehmen, auf der Stelle das Fest verlassen, durch den lauen Abend streifen, sie nur für sich haben. Und plötzlich konnte er sich auch eingestehen, dass er vor allem ihretwegen so übereilt nach Schlettstadt gekommen war.

Sie schlenderten am Ufer des Flusses entlang und erzählten sich von der Zeit, seit sie sich aus den Augen verloren hatten. Hannah war zu ihrem Bruder gezogen, hatte auf dessen Kinder aufgepasst und seinen Haushalt versorgt. Es war anstrengend gewesen, doch hatte sie es gerne gemacht und viel Freude bei der Betreuung und Pflege des kleinen neugeborenen Jungen gehabt. In wunderbarer Weise hatte sich das Kind ihr zugewandt, sie als Mutter akzeptiert, alles, was es erreichen konnte, ertastet und in den Mund gesteckt. Wie von selbst ergibt sich eines aus dem anderen, meinte sie, und noch braucht mich der Junge ganz und gar. Und nach einer kurzen Pause fuhr sie mit einer gewissen Traurigkeit fort, dass das bald ein Ende nehmen würde. Ihr Bruder habe wieder eine junge Frau kennen gelernt, die er bald heiraten werde. Sie, Hannah, werde dann zwar noch in Schlettstadt bleiben, auch das Kind weiterhin sehen können, müsse aber ihre eigenen Wege gehen.

Hannah erzählte auch von den Handschriften Meister Eckharts und ihren Bemühungen, Abschriften anzufertigen. Weit war sie bisher nicht gekommen, die Arbeit hatte es nicht zugelassen, doch in den Abendstunden hatte sie mit den ‹Reden der Unterweisung› angefangen und würde sie auch bald zu Ende kopiert haben. Nach der Hochzeit des Bruders, so habe sie sich vorgenommen, würde sie eine kleine Schreibstube eröffnen, um schreib- und leseunkundigen Bürgern bei Amtsgeschäften zu helfen, der Bedarf, so glaube sie, sei erheblich, so dass sie sich weiterhin ihren Lebensunterhalt verdienen könne und dem Bruder nicht auf der Tasche liege.

Hannahs Mund floss über. Sie fand kaum ein Ende bei ihrem Erzählen, wohl auch, um keinerlei Stille aufkommen zu lassen, von der sie nicht wusste, ob sie ihr standhalten könnte. Aufmerksam hörte sie auch Conrad zu und erschrak nicht wenig, als er von seinen Abenteuern in Paris und Straßburg berichtete. Doch zunehmend verdichtete sich in ihnen das Gefühl, dass das, was tatsächlich passiert war, nicht so schnell in Worte zu fassen war. Sie fragten vorsichtig nach, wenn sie etwas nicht ganz verstanden hatten, gingen dann aber doch lange schweigend nebeneinander her. Die geballte Spannung ihrer Gemütslagen war erfüllt von einer knisternden Stille, die nur darauf zu warten schien, von einem winzigen Funken entzündet zu werden.

Im Gasthaus «Goldener Hahn» fanden sie Platz an einem kleinen Holztisch, mitten im Getümmel und Lärm einer voll belegten Gaststube. Der Wirt stellte ein schlichtes Holzbrett mit einem Flammenkuchen auf den Tisch: hauchdünner Teig, lediglich mit Rahm, Zwiebeln und etwas Speck belegt, frisch aus dem Ofen. Ein kurzes, scharfes Küchenmesser lag auf dem Tisch. Dazu ein Krug Wein mit zwei Bechern. Conrad zerteilte den Fladen in handliche Stücke. Es schmeckte ihnen beiden, und da Conrad nichts dagegen einwandte, schob der Wirt einen zweiten Flammenkuchen nach.

Am nächsten Tag hingen dunkle Wolken tief am Himmel und heftige Windböen trieben Regenschauer vor sich her. Conrad stapfte durch den aufgeweichten Boden, der zudem von den Hufen des Viehs so zerfurcht war, dass ihm dicke Erdklumpen an den Schuhen hängen blieben. Erstaunt registrierte er, wie viele Kunden in der kurzen Zeit, die er vor dem Haus verbrachte, in dem der Bruder von Hannah seinen Kaufmannsladen hatte, ein- und ausgingen. Das Geschäft schien zu florieren. Neben Haushaltswaren und allerlei nützlichen Geräten aus Holz und Kupferblech, die von Handwerkern aus der näheren Umgebung stammten, hatte Hannahs Bruder eine kleine Töpferwerkstatt aufgebaut, in der sich drei Gesellen über flink drehende Scheiben beugten und Keramikwaren – Töpfe, Schüsseln, Teller, Vasen und allerlei Kleinkram – herstellten.

Der Bruder hieß ihn willkommen und machte auf Anhieb jedes Gefühl der Unsicherheit vergessen. Er führte ihn in eine Stube, die direkt hinter dem Verkaufsraum gelegen war, wo sich Hannah aufhielt. Die Decke hing so niedrig, dass er ganz spontan den Kopf einzog, um nicht an einen der Balken zu stoßen. Hannah war mit den Kindern beschäftigt. Sie begrüßte Conrad mit zerzausten Haaren. Ihre Augen trafen sich, spiegelten scheue Zurückhaltung und warme Zuneigung. Das Blitzen der Augen und Schürzen der Lippen war ihm von der ersten Begegnung her vertraut. Conrad war verwirrt und beglückt zugleich. Seine Gefühle drehten sich im Kreis. Aus allen Dingen im Raum schienen herbstliche Düfte aufzusteigen. Irritiert saugte er die Atmosphäre in sich auf.

Während Hannah Tee zubereitete, folgte Conrad ihren Bewegungen, streifte durch den Raum, betrachtete das an der Wand hängende Bild, eine Zeichnung mit dem Porträt eines alten Mannes, nahm ein Buch in die Hand, das auf der Kommode abgelegt war. Schließlich trat er ans Fenster und schaute dem Wind zu, der den Regen gegen eine alte Scheune trieb. Hannah trat hinzu, zeigte auf eine Pappel, die sich im Sturm bog, und auf ein Paar, das unter dem vorspringenden Dach der Scheune Schutz gesucht hatte. Als er sich ihr zuwandte, wich sie zurück.

Der Bruder Hannahs stimmte zu, dass sich Conrad fürs Erste in einem Zimmer einrichtete, das nach der Hochzeit für seine Schwester als Schreibstube vorgesehen war. So lange Hannah die Kinder zu versorgen hatte, konnte Conrad dort wohnen. Die Stube befand sich in einem ehemaligen Wachturm, den die Stadt nicht mehr benötigte und gegen ein geringes Entgelt zur Speicherung von Handelswaren zur Verfügung gestellt hatte. Neben dieser Stube waren zwei weitere Räume bis unter die Decke mit Gerätschaften und Waren aus dem Laden angefüllt. Vorteil der Unterkunft war, dass sie zentral gelegen und für alle Bürger des Ortes leicht zu erreichen war. Sie eignete sich daher bestens für eine öffentliche Schreibstube.

Conrad holte sein Gepäck aus dem Gasthaus und richtete sich ein. Auch Hannah holte ihre Schreibutensilien, Handschriften und Pergamentbögen und breitete ihre Sachen auf einem kleinen Tisch aus, der vor eine schmale Fensteröffnung gestellt worden war. So hatten beide einen Schreibplatz, Conrad und Hannah. Und sie wollten, so nahmen sie es sich wenigstens vor, wann immer sie Zeit hätten, an den Abschriften von Eckharts Werken arbeiten, Hannah an den deutschen, Conrad vorwiegend an den lateinischen. Und, so planten sie weiter, wenn sie ein Werk abgeschrieben, illustriert und gebunden hätten, wollten sie es verkaufen, vielleicht über Philipp, der ja bald wieder im Gasthaus «Goldener Hahn» vorbeischauen wollte. So könnten sie etwas Geld verdienen und gleichzeitig bewirken, dass sich die Werke des Meisters unmerklich in der ganzen Region verteilten und niemand sie mehr aufspüren konnte. Den Namen Eckharts wollten sie auf keiner Abschrift vermerken, die Originale aber sollten ihr Eigentum bleiben.

Conrad richtete sich ein, ein Schreibpult hatte er von Hannahs Bruder geliehen bekommen. In einer der oberen Kammern hatte er die Waren so verstauen und übereinander schichten können, dass sich Platz für die Schlafstätte gefunden hatte. Tagsüber saß er, meist bei offener Tür, an seinem Pult, wartete, dass jemand vorbei schaute und ihm einen Brief oder eine Urkunde in die Feder diktierte. In der übrigen Zeit schrieb er die Handschriften Eckharts ab. Gelegentlich schaute Hannah mit einem der Kinder vorbei, oder sie kam allein am späten Abend, wenn im Haus ihres Bruders alle schliefen. Sie leistete Conrad Gesellschaft oder half für eine oder zwei Stunden beim Schreiben.

Wenn Hannah die Feder in das Tintenfass steckte, um sie dann in feinen Zügen über das Pergament zu ziehen und in sorgfältiger, fein ziselierter Schrift Eckharts Predigten abschrieb, zog sie die Augenbrauen etwas nach oben, so dass sich auf ihrer Stirn eine senkrechte Falte bildete. Schon nach etwa einer halben Stunde hob sie beide Arme in die Höhe und streckte sich. Der Rücken schmerzte. Sie ging einige Schritte vor die Tür, um ihre Glieder zu lockern und die Müdigkeit zu vertreiben. Conrad ließ ihr alsbald ein Pult anfertigen, an dem sie beim Schreiben stehen konnte.

Wenn sie sich von Conrad beobachtet fühlte, senkte sie die Augen und fixierte eine imaginäre Stelle an der Wand, bewegte ihre Lippen, als würde sie sich mit sich selbst unterhalten. Meist trafen sich ihre Blicke aber dann doch. Sie deutete ein Lächeln an, das nach und nach offener wurde und allmählich in ein breites Strahlen überging. Verlegen strich sie dann die Haare zurück.

Gelegentlich fragte sie Conrad, wie eine bestimmte Stelle in den Texten zu verstehen sei. «Du musst möglichst konkret denken», antwortete er ihr dann, «versenke dich in den Gedankengang und suche ihn nachzuvollziehen.» Hannah ließ es sich daraufhin nicht nehmen, Conrad ihr eigenes Verständnis des Problems vorzutragen; dabei spitzte sie einen Gedanken Eckharts nochmals zu und kritisierte ihn dann respektlos. Für Conrad war es schieres Vergnügen, ihre Mimik und Gestik zu beobachten, sich von der Begeisterung ihrer glühenden Augen anstecken zu lassen, ihr zuzuhören, wie sie Worte formte, als würden sie köstlich schmecken.

Eine geheime Sehnsucht schien Hannah zu befeuern. Nie würde sie ihren Trotz zurückstellen, nichts davon abhalten, ihre Meinung zu sagen, wenn ihr etwas gegen den Strich ging. Ohne Scheu, sich Blößen zu geben, ungebildet zu erscheinen, zu viel oder zu wenig zu reden, mischte sie sich ein und suchte eigensinnig zu begreifen.

Ihr Eigensinn machte sie nur noch schöner. «Sie strahlt so viel Herrlichkeit aus und weiß nichts davon», dachte sich Conrad. Hätte er nicht einen Moment zu lange gezögert, hätte er den Arm um sie gelegt. Da ergriff Hannah wie selbstverständlich Conrads Hand, strich behutsam über die Finger und legte ihre Stirn an seine Schulter.

✳

In leichtem Bogen führte ein Feldweg zu einer Schlehenhecke, an deren Wurzeln Steine aufgeschichtet waren, ein sonniger Ruheplatz, den auch die Eidechsen liebten. Dahinter ein gemächlicher Fluss. Entgegen seinem natürlichen Verlauf, floss er, bevor sein Wasser an das Wehr stieß, in leichter Strömung flussaufwärts. Auch Hannah und Conrad gerieten in einen Zustand, der sie ihren Bekundungen und Erklärungen, mit denen sie sich einander versicherten, entgegentrieb.

Die spiegelnde, zuweilen leicht gekräuselte Oberfläche des Wassers lag im hellen Sonnenlicht, und doch glänzte es in tiefem Schwarz. Am anderen Ufer schwebten die Sträucher leicht über der Erde, ihre Konturen hoben sich in der flirrenden Luft in gesteigerter Deutlichkeit vor einem dunkleren Hintergrund ab. Hannah und Conrad verloren ihre Gegenständlichkeit und gerieten leicht ins Schwingen. Wie fliegende Fische, die sich aus dem Wasser in die Luft stürzen, verloren sie jeden Halt.

Als sie in die Schreibstube zurückgekehrt waren, überzog das Abendlicht das wenige Mobiliar mit einem zarten Zauber. Die Sprödigkeit der letzten Tage, die sich hinter übermütigen Floskeln und Gesten versteckt hatte, wich einer zärtlicheren Nähe.

«Kennst du das», fragte Hannah und fuhr versonnen mit dem Finger über den Lederrücken eines Buches, «kennst du das, dass einem manchmal die Stimme versagt, ja einem sogar das Sprechen verloren geht? Man hört, sieht und spürt nicht, was um einen herum vorgeht, und doch spürst du in deinem Innern eine Überfülle und einen Reichtum, dass dein Herz vor Freude und übergroßer Angst zerspringen möchte. Das Glück ist in solchen Momenten so groß, dass du es um alles in der Welt festhalten willst. Du hast dich selbst völlig vergessen und bist doch ganz bei dir selber angekommen.»

Conrad antwortete nicht, doch sein Einverständnis schwang unsichtbar durch den Raum und füllte ihn ganz und gar aus.

Hannah schlug ein Buch, das Conrad auf seinem Tisch abgelegt hatte, an einem der vielen Buchzeichen auf und las mit zurückhaltender Stimme.

Ich habe alle meine Vermögen überstiegen bis an eine dunkle Kraft. Da höre ich ohne Laut, da sehe ich ohne Licht. Dann wird mein Herz grundlos, meine Seele lieblos, mein Geist formlos und meine Natur wesenlos.

Conrad ließ seine Augen auf Hannah ruhen, ertrug mit Mühe die sich ausbreitende Stille, bis er seinen Platz verließ, die an das Pult Gelehnte mit einem Arm umschlang und mit sanfter Wildheit in den Ansatz ihres Nackens biss. Sich in den Armen liegend, fühlten sie sich von aller Schwere entbunden, ruhten aneinander und waren aller Unruhe entrückt. Conrad hob Hannah hoch und trug sie, ihren Körper sanft an sich gedrückt, durch die Dunkelheit an das kleine Fenster, um etwas Licht von der hellen Mondnacht auf ihr Gesicht fallen zu lassen, blickte sie an, als sähe er sie zum ersten Mal. Tränen des Glücks glänzten in ihren Augen. Die Sprache versagte, da ihr Zustand Grenzen überschritten hatte, von denen sie bislang nicht einmal gelesen hatten.

Sie lösten, wie von einer höheren Ahnung angehaucht, vorsichtig ihre Berührung, besänftigten ihre Empfindungen und suchten nach Worten.

«Wir sind außer uns», flüsterte Hannah. «Wie von Licht erleuchtet schweben unsere Körper über der Erde.»

«Ich bin hingegossen wie Wasser, ausgehöhlt und erschöpft und sterbe doch fast vor Lust, restlos ausgefüllt mit Glück, da du bei mir bist.» Conrad atmete es mehr in die Leere des Raumes, als dass er sprach.

Nach einer langen Pause des Schweigens antwortete Hannah: «Ich weiß nicht, wer ich bin und wo ich bin. Aber ich suche mich auch nicht. Ich habe keinerlei Sehnsucht nach mir selber. So sehr bin ich eingetaucht in die Sphäre deiner Liebe, dass ich nichts anderes sehe, höre oder fühle.»

Aus der Erinnerung wiederholte Conrad das Zitat, das Hannah vor kurzem gelesen hatte: *«Ich habe alle meine Vermögen überstiegen bis an eine dunkle Kraft. Da höre ich ohne Laut, da sehe ich ohne Licht. Dann wird mein Herz grundlos, meine Seele lieblos, mein Geist formlos und meine Natur wesenlos.»*

«Ich weiß nicht, wer ich bin», fuhr Hannah fort, «ich liebe, aber ich weiß nicht wen; ich bin weder treu noch untreu. Wer und was aber bin ich? Wie das Auge Farben nur sehen kann, wenn es selbst nicht farbig ist, so kann ich nur lieben, wenn ich ledig und frei bin von Liebe. Es gibt kein Wissen und kein Wollen der Liebe. Sie kennt kein Warum und keine Art und Weise.»

«Du musst dich ganz still halten», mahnte Conrad.

«Ja», antwortete Hannah, «du darfst keinem Verlangen nachgeben. Du darfst nicht einmal nach ihm fragen. Halten wir an uns, bis Kopf und Herz schweigen. Ich bin sicher, wenn wir alles verlieren, auch uns selbst, gebiert die Stille Klänge, die niemand erzeugt hat, die aber dennoch unsere Ohren in Schwingung versetzen und mit ihnen uns selbst ganz und gar. Die ungeschaffene Klangwelt der Liebe berührt unsere Seelen.»

Losgerissen von der Erde stiegen sie wie eine Lerche, die ihren Jubel verkündet, hoch in den Himmel. Sie konnten nicht mehr standhalten, mussten schreien, waren wie wahnsinnig, stürzten in eine Leere, die sie trug. Plötzlich war Hannah in Conrad und Conrad in ihr. Sie fanden sich in der Mitte ihrer

Herzen. Ihre Leiber waren leicht und beweglich, es war, als ob sie in der Luft schwebten. Kein Wunsch regte sich, kein Gedanke nahm Gestalt an. Alles, was sie umgab, zeigte sich unterschiedlos in völliger Klarheit. Alle Grenzen waren aufgehoben und öffneten sich in eine unendliche Weite.

Ihre Körper durchfloss ein Strom sinnlichen Glücks, wie sie es noch nie erlebt hatten. Da gab es keine Steigerung mehr, aber auch kein Abfallen. Der Leib brannte wie Feuer, das durch das Feuer des anderen neu entzündet und verstärkt wurde.

Conrad überzogen Schauer des Glücks. Jede Bewegung und jede Berührung entfachte erneut das Feuer und erinnerte schmerzhaft, wie sie eben noch eins waren. Das dichte Beieinander des Einsseins und seines Entschwindens schmerzte am meisten und gehörte doch zu den schönsten Augenblicken.

✳

Hannahs Bruder hatte an einem der letzten sonnigen Herbsttage wieder geheiratet. Daraufhin war Hannah zu Conrad in den alten Wachtturm gezogen. Dort schrieben sie die Schriften Eckharts ab, so sorgfältig und fleißig es ihre Aufmerksamkeit auch immer zuließ, schmückten die Initialen mit dünnen goldenen Blättchen, mit Purpurrot, Kobaltblau und Indigo. Gelegentlich fassten sie sogar Mut, um ganzseitige Illustrationen anzufertigen, über deren Naivität sie dann spotteten und lachten. Die beschriebenen Blätter brachten sie zu einem Sattlermeister, der sie zwischen lederne Umschläge steckte und zu Büchern band. Wenn dann in regelmäßigen Abständen der reisende Händler Philipp nach Schlettstadt kam, kaufte er die Bücher für gutes Geld auf und vertrieb sie mit satten Gewinnen in allen größeren und kleineren Städten entlang des Rheins. Außerdem nahmen Hannah und Conrad Auftragsarbeiten von Bürgern der Stadt entgegen und verfügten damit über ein ordentliches Auskommen.

In Schlettstadt vergaß sich Conrad, verschwand inmitten all der Pergamente und Bücher und wurde sich dabei doch seiner selbst in einer Weise gewahr, wie er es noch nie zuvor empfunden hatte. Indem er sich und die Dinge losließ, kehrte er zu sich selbst zurück. Er wohnte in einer Kammer, die ihm nicht gehörte, deren Möbel und Einrichtungsgegenstände er geliehen hatte, und konnte sich doch nun erst, ohne Selbstaufgabe, mit offenen Händen und wachen Sinnen verschenken, an Dinge, Menschen, sich selbst.

Manchmal lag die Erinnerung an Meister Eckhart schwer auf ihm und ängstigte ihn. Er war in der Welt umhergeirrt, war von Köln nach Halberstadt gezogen, hatte Erfurt und Tambach besucht, sich auf die Reise nach Paris begeben, war schließlich nach Straßburg und Schlettstadt gekommen und dort geblieben, hatte den Menschen zugehört, sie bei ihren Verrichtungen beobachtet und gehörte doch nicht wirklich zu ihnen. Am lichten Tag war er aus der Zeit gefallen. Doch er sehnte sich danach, am alltäglichen Leben teilnehmen zu können, ein Kind seiner Zeit zu sein, in der Gegenwart anzukommen. Wann konnte er im Leben ankommen, wenn nicht jetzt und hier in Schlettstadt?

An dem inneren Bild, das Conrad von Meister Eckhart mit sich herumtrug, verschoben sich allmählich die Konturen. Wie manche Künstler mit rascher Hand ein Bild skizzieren und sich in einer Vielzahl überlagernder Linien erst allmählich dem Dargestellten nähern, so nahm auch Conrad immer mehr unterschiedliche Aspekte von Eckharts Denken wahr. Sein Vermächtnis ruhte nicht in sich selbst, wie ein erratischer Findling, dem kein Unwetter etwas anhaben kann, vielmehr erkannte Conrad zunehmend die Brüche und Wandlungen von Eckharts ungewöhnlicher Lebensgeschichte.

Hatte Eckhart wirklich von Jugend an immer nur den einen Gedanken der Geburt Gottes in der Seele in sich getragen? Je länger und konzentrierter sich Conrad mit Eckhart beschäftigte und je mehr Raum und Zeit sich zwischen ihn und die lebendige Begegnung mit dem Meister schob, desto deutlicher trat ihm vor Augen, wie sich die Bedeutung der Wörter verschob, die er aus Eckharts Predigten im Ohr hatte. Hatte sich das «Nim dîn selbes war» der ‹Reden der Unterweisung›, das ganz und gar auf Exerzitien des Glaubens ausgelegt war, nicht spätestens unter dem Druck häretischer Vorwürfe gewandelt? Hatte nicht Eckhart, nachdem er sich lange vergebens zu verteidigen und zu rechtfertigen suchte, zu einer Souveränität gefunden, der die kirchlichen Autoritäten nichts mehr anhaben konnten?

Wahrscheinlich hatten sich schon sehr viel früher Umbrüche angekündigt, zum Beispiel damals, als er von dem Landadel in Tambach Abschied nahm und sich auf ein klösterliches Leben einließ, dann wieder während seiner Studien in Köln und Paris, als er die Philosophie für sich entdeckte, und wieder im Übergang vom Magister an der Sorbonne zum Administrator einer Ordensprovinz oder als er mit den frommen Frauen am Oberrhein eine gemeinsame Sprache finden musste und schließlich noch einmal in der Konfrontation mit häretischen Anschuldigungen? Waren seine frühen Überzeugungen so offen und flexibel angelegt gewesen, dass sie bis ins hohe Alter Wandlungen aushielten?

*

Jahre vergingen. Hannah arbeitete noch immer an den Kopien von Eckharts Predigten. Nebenbei legte sie für sich selbst eine Sammlung von kurzen Zitaten und Textabschnitten an, die sie Eckharts Predigten entnahm, darunter auch Stellen aus den Schriften von Kirchenlehrern, Philosophen und der Bibel, die sie dort zitiert fand. Zuweilen blätterte sie die Seiten durch, als hielte sie einen bunten Strauß Blumen in der Hand, um die berauschenden Düfte der Blüten in sich aufzunehmen, blieb an einzelnen Wörtern und Sätzen hängen, las sie wieder und wieder, befragte sie nach ihren Details und sprach nicht selten mit Conrad über die Gedanken, die ihr dazu einfielen.

Eines Tages kam der Händler Philipp aufgeregt zu Conrad in den alten Wachturm, schloss geheimnisvoll hinter sich die Türe ab und steckte ihm ein eigenartiges Schriftstück zu. Wie sich schnell herausstellte, handelte es sich um die Nachschrift einer Bulle von Papst Johannes XXII.

«Auf dem Acker des Herrn» begann das Schreiben des Papstes, war auf den 27. März 1329 datiert, mehr als ein Jahr nach dem Tod von Eckhart, und kündigte an, dass darin 28 Sätze des Meisters verdammt seien. Conrad nahm sich viel Zeit, um das Dokument aufs Genaueste zu lesen. Er begann nochmals von vorne, konzentrierte sich auf Abschnitte, die ihm besonders ins Auge stachen. Einiges schien er zu bestätigen, anderes lehnte er als unglaubliche Zumutung ab und schüttelte energisch den Kopf.

Eckhart wurde vorgeworfen, die Sätze enthielten dem Wortlaut wie dem Zusammenhang ihrer Gedanken nach Irrtümer. Manche der Artikel wurden auch nur als übel klingend, gewagt und der Häresie verdächtig bezeichnet, da sie, mit vielen Erklärungen und Ergänzungen versehen, durchaus einen Sinn ergeben könnten.

— *In jedem Werk, auch im bösen, im Übel der Strafe ebenso sehr wie im Übel der Schuld, offenbart sich und erstrahlt gleichermaßen Gottes Herrlichkeit.*
— *Alles was Gott seinem eingeborenen Sohne in der menschlichen Natur gegeben hat, das hat er auch mir gegeben: hiervon nehme ich nichts aus, weder die Einigung noch die Heiligkeit, sondern er hat mir alles ebenso gegeben wie ihm.*
— *Der gute Mensch ist der eingeborene Sohn Gottes.*
— *Wer Gott mehr liebt als den Nächsten, liebt ihn zwar auf gute, nicht aber auf vollkommene Weise.*
— *Alle Kreaturen sind ein reines Nichts: ich sage nicht, dass sie etwas Geringes oder überhaupt irgendetwas sind, sondern dass sie ein reines Nichts sind.*

Alle Bücher und Schriften Eckharts, welche die angeführten Artikel enthalten würden, sollten verdammt und verworfen sein.

Der Aufzählung der zensierten Sätze ging eine Präambel voran, in der gegen Eckhart schwere Vorwürfe erhoben wurden.

Die blumige Sprache kurialer Rechtsprechung klang wie Hohn in Conrads Ohren, da ausgerechnet das, woran zuvor niemand, der Eckhart jemals begegnet war, gezweifelt hatte, Eckhart nun in niederträchtiger Weise vorgeworfen wurde: eine bewusste Verbreitung von Häresien.

Fürwahr, mit Schmerz tun wir kund, dass in dieser Zeit einer aus deutschen Landen, Eckhart mit Namen, und wie es heißt, Doktor und Professor der Heiligen Schrift, aus dem Orden der Predigerbrüder, mehr wissen wollte, als nötig war, und nicht entsprechend der Besonnenheit und nach der Richtschnur des Glaubens, weil er sein Ohr von der Wahrheit abkehrte und sich Erdichtungen zuwandte. Verführt nämlich durch jenen Vater der Lüge, der sich oft in den Engel des Lichts verwandelt, um das finstere und hässliche Dunkel der Sinne statt des Lichtes der Wahrheit zu verbreiten, hat dieser irregeleitete Mensch, gegen die hell leuchtende Wahrheit des Glaubens auf dem Acker der Kirche Dornen und Unkraut hervorbringend und emsig beflissen, schädliche Disteln und giftige Dornsträucher zu erzeugen, zahlreiche Lehrsätze vorgetragen, die den wahren Glauben in vieler Herzen vernebeln, die er hauptsächlich vor dem einfachen Volke in seinen Predigten lehrte und die er auch in Schriften niedergelegt hat.

Das waren harte Worte, in denen die persönliche Integrität und Rechtgläubigkeit Eckharts in ihr Gegenteil verkehrt wurden. Conrad war empört. Darüber konnte ihn das Schlusswort der Bulle nur schwach hinwegtrösten. Es stammte mit Sicherheit aus der Feder eines anderen Verfassers, vielleicht von Kardinal Guillelmus Petri de Godino, dem ehemaligen Schüler Eckharts.

Wir, seine päpstliche Heiligkeit, wollen denjenigen, bei denen die angeführten Artikel gepredigt oder gelehrt worden sind, sowie auch allen anderen, zu deren Kennt-

nis sie gekommen sind, kund tun, dass Eckhart am Ende seines Lebens, den allgemeinen Glauben der Kirche bekennend, die angeführten sechsundzwanzig Artikel, die gepredigt zu haben er bekannte, ferner auch alles andere von ihm Geschriebene und in Schulen wie in Predigten Gelehrte, das in den Gemütern der Gläubigen einen häretischen oder irrtümlichen und dem wahren Glauben widerstreitenden Sinn erzeugen könnte, widerrufen wie auch verworfen hat, indem er sich und alle seine Schriften und Aussprüche der Entscheidung des apostolischen Stuhles unterworfen hat.

Verurteilt wurde damit nicht das, was der Meister sagte und lehrte, sondern das, was schlichte Gemüter sich dabei denken beziehungsweise missverstehen.

❊

Auch Hannah las die Bulle und fragte sich, wie es zu einer solchen Verurteilung hatte kommen können. Schließlich fragte sie Conrad, wie Meister Eckhart das Urteil aufgenommen habe. Da Conrad sich unwillig abwandte, drängte sie ihn umso heftiger: «Du musst aufschreiben, was vorgefallen ist, denn niemand außer dir ist in der Lage, zuverlässig von den Vorgängen Zeugnis abzulegen.» Conrad besann sich lange, schloss endlich die Türe des Wachturms und berichtete Hannah, wie es zu dem vertrauten Verhältnis zwischen Eckhart und ihm gekommen war.

«Als Meister Eckhart an der Ordenshochschule in Köln lehrte, es war im Jahr 1324, bestellte er mich ein und fragte, ob ich ihm bei seinen vielfältigen Aktivitäten zur Hand gehen wolle. Er brauche Hilfe, und ich sei ihm bei seinen Vorlesungen durch meinen Eifer aufgefallen. Ich fühlte mich geehrt und sagte begeistert zu. Wenn ich

damals gewusst hätte, was auf mich zukommen würde,
wäre ich zurückhaltender gewesen. Vielleicht hätte ich
mich anders entschieden. Nun aber ist es, wie es ist. Ich
wurde seine rechte Hand, half ihm bei Verwaltungsge-
schäften, unterstützte ihn bei Lehrveranstaltungen und
sprang ein, wann immer es nottat. Im Jahr 1327 bat er
mich, ihn nach Avignon zu begleiten. Ich stand ihm also
in den letzten Jahren seines Lebens sehr nahe. Was mich
aber besonders beeindruckte und mein seitheriges Leben
unwiderrufbar beeinflusste und prägte, war, mit welcher
Souveränität er die Anschuldigungen, denen er sich aus-
gesetzt sah, zurückwies, wie er bis zuletzt dem vernünf-
tigen Denken Raum gab und seinen Standpunkt redlich
verteidigte.»

Anschließend diktierte Conrad Hannah in die Feder, woran er
sich erinnerte, was er gesehen und mit wachem Verstand miterlebt hatte, bat jedoch schon vorab um Verständnis für eine
vielleicht allzu persönliche Färbung seiner Darstellung. «Mein
Herz ist zu sehr in das Geschehene verwoben», sagte er, «als
dass ich es ohne zu werten schildern könnte.»

Zum ersten Mal sah ich das Licht des Südens, das sich
blendend hell über die sanften Berghänge, Täler und die
Stadt Avignon legte. Die weiß gekalkten Häuser, Kirchen
und Paläste standen dicht an dicht, warfen harte Schat-
ten und verdunkelten so die schmalen Gassen. Nur dem
Ufer der Rhône zu bedeckten grüne Sträucher das Ge-
lände. Gelegentlich überragte eine Platane die Mauern
eines herrschaftlichen Wohngebäudes und beschattete
seinen Innenhof. Gleich einem Felsengarten, blühten in
Ritzen und Spalten der Häuser Disteln und Kakteen auf.
*   An Gerhard de Podahns, den Generalbevollmächtigten*
des Dominikanerordens an der Kurie, wandten wir uns
mit der Bitte, uns in dem Verfahren, das Meister Eckhart
erwartete, zur Seite zu stehen. Gerne machte er sich die-
ses Anliegen zu eigen und versprach, alles, was in seiner

Macht stünde, zu tun, um dem Meister zu seinem Recht zu verhelfen. Er stellte ihm auch sofort ein Zeugnis aus, das der hohen Achtung Ausdruck verlieh, die der Orden Eckhart entgegenbrachte: «Niemand, der Eckhart kennt, kann an seinem Glauben und der Heiligkeit seiner Lebensführung zweifeln.»

Die Akten des Kölner Verfahrens bildeten die Grundlage für die Fortführung des Prozesses. Meister Eckhart wurde von der Kurie einbestellt. Wir, seine Freunde, waren bei der Prozesseröffnung mit dabei und zu unserer Überraschung sogar Papst Johannes XXII., allerdings nur für die erste Viertelstunde. Er war 82 Jahre alt, wirkte aber sehr energisch und tatkräftig.

Dem päpstlichen Konsistorium gehörten mehrere Theologen und Kardinäle als Gutachter an, die das Kölner Material einer Prüfung unterzogen und Gutachten erarbeiteten. Die Kommission sichtete die Vorwürfe des Kölner Verfahrens und reduzierte sie auf 28 Sätze. Das Gericht ersparte Meister Eckhart den Vorwurf, persönlich ein Häretiker zu sein. Der Inquisitionsprozess wandelte sich unter der Hand in ein Verfahren, in dem es nicht mehr um Ketzerei ging, sondern um die Zensurierung einzelner Aussagen. Eckhart wurde nun behandelt wie andere Kirchengelehrte vor ihm auch.

Dem Gericht lag nicht daran, die Lehren Eckharts zu verstehen, entscheidend war allein, ob die beanstandeten Sätze der allgemeinen Glaubensüberzeugung der katholischen Kirche entsprachen. Lediglich die seelsorgerische Bedeutung seiner Lehren spielte eine Rolle.

Wie schon einmal in Köln widerrief Eckhart wieder alles, was in den Gemütern der Gläubigen einen häretischen oder irrtümlichen und dem wahren Glauben widerstreitenden Sinn erzeugen könnte.

Eine endgültige Entscheidung des Gerichts stand noch aus, als Eckhart aufs Krankenlager geworfen wurde, von dem er nicht mehr aufstand. Meister Eckhart verstarb im Jahre 1328, in der Nacht zum 28. Januar.

Als die ersten Sonnenstrahlen durch die Fensteröffnung des Turmzimmers drangen, schreckte Conrad aus seinen Gedanken auf und wollte prüfen, ob alles, was er diktiert hatte, von Hannah richtig erfasst und aufgeschrieben worden war. Da sah er ihren Kopf auf dem Arm ruhen, die Augen geschlossen, in gleichmäßigem Atem hob und senkte sich ihr Körper. Conrad war so in seine Erinnerungen versunken gewesen, die Augen hatte er zur besseren Konzentration mit den Händen bedeckt, dass er gar nicht bemerkt hatte, wie Hannah von Müdigkeit überwältigt während des Schreibens eingeschlafen war. Die letzten Sätze hatte sie nicht mehr mitgeschrieben, zudem war das kleine Tintenfass umgefallen und hatte das Todesdatum unleserlich gemacht.

Conrad ließ seinen Blick lange auf Hannah ruhen, entfernte vorsichtig die unter ihr liegende Pergamentrolle und vollendete schließlich selbst die Aufzeichnungen. Liebevoll schob er ihr eine wärmende Decke über die Schultern und als Kissen einige Lagen Seidentuch unter den Kopf. Ohne das Schriftstück noch einmal zu überlesen, streute er Sand über die noch nasse Tinte, rollte das Pergament zusammen, verschnürte und versiegelte es.

٭

Conrad war durch die Bulle und die Erinnerungen an die Vorgänge in Avignon innerlich so aufgewühlt, dass er nicht mehr an sich halten konnte. Kurzerhand entschloss er sich, in den Dominikanerkonventen von Straßburg und Köln mit offenem Visier für Eckhart einzustehen und für seine Sache zu kämpfen. Er hatte es satt, ständig zu fliehen, sich zu verstecken und zu verkleiden. «Ich werde nach Köln gehen», erklärte er Hannah, «berichten, wie es wirklich gewesen ist in Avignon, und werde der Botschaft des Meisters zu ihrem Recht verhelfen. Die Gegner Eckharts sollen mir bei der Verbreitung ihrer Lügen ins Gesicht sehen müssen!»

Hannah erschrak, suchte ihn zurückzuhalten, ihn umzustimmen, zur Besinnung zu rufen, warnte vor den Folgen. «Was wird aus mir werden? Was soll ich tun, wenn du nicht zurückkommst?» Hannah rang um ihre gemeinsame Zukunft. Klar stand ihr vor Augen, wie Conrad sich aufreiben würde im Streit mit seinen Mitbrüdern, wie er sich würde rechtfertigen müssen und auch – wie sie sich immer fremder würden, ihre gemeinsame Zukunft verloren ginge.

Vergebens! Conrad war von der Richtigkeit seines Entschlusses überzeugt. Niemand sollte ihn davon abbringen. Ein letztes Mal traf er sich am Abend mit Philipp im Gasthaus «Goldener Hahn» und bot ihm weitere Abschriften von Eckharts Schriften zum Kauf an. Darunter befand sich auch der Bericht über Eckharts Prozess in Avignon, den er Hannah diktiert hatte, und eine Abschrift der Blütenlese, von Hannah zur eigenen Verwendung zusammengestellt. Er hatte Hannah verheimlicht, dass er eine Nachschrift ihrer Früchte des Lesens angefertigt hatte. Die Zusammenstellung der Zitate war so gut gelungen – umfassend, übersichtlich gegliedert, systematisch geordnet –, dass es schade gewesen wäre, sie in der Schublade einer stillen Kammer zu verbergen. Alles lief wie gewünscht und Conrad verdiente gutes Geld.

Plötzlich stürmte Hannahs Neffe zur Türe des Gasthauses herein. Verstört und außer sich vor Aufregung überbrachte er die Nachricht: «Der alte Wachturm brennt!» Conrad rüttelte den Jungen an den Schultern: «Was ist mit Hannah?»

Die Schwere des Unheils begriff Conrad erst, als er vor den noch rauchenden Trümmern des Turms stand. «Wo ist Hannah?», drang es wieder und wieder aus seiner Kehle. Ihr Bruder tröstete ihn: «Sie ist verletzt, aber sie lebt! Wir haben sie in den Laden gebracht.»

Der ganze Turm war ausgebrannt, mit allen Möbeln, Waren und den vielen Büchern. Alle Handschriften Meister Eckharts waren vernichtet.

Der Schultheiß war ebenfalls zum Turm geeilt und suchte nach Erklärungen. Ein Hütejunge, der gerade seine Ziegen nach Hause brachte, hatte die Vorgänge beobachtet: «Eine Horde junger Burschen ist vom Rhein heraufgezogen, direkt auf Schlett-stadt zu. Sie haben ganz gezielt diesen Turm im Auge gehabt und ihn, als es dunkel wurde, angezündet». «Gibt es eine Ver-mutung, worauf es die Täter abgesehen haben könnten?», fragte der Schultheiß. Doch Conrad schüttelte ratlos den Kopf.

Hannah wollte sich eben zur Ruhe legen, so rekonstruierte Conrad später die Ereignisse, als plötzlich mit einem gewalti-gen Stoß die Tür zum Turm eingetreten oder vielleicht auch mit einem Rammbock eingestoßen worden war. Sie muss die gewalttätigen Schreie und das laute Lärmen der Unholde ver-nommen haben und zur Treppe gelaufen sein, als auch schon die Tür zum oberen Stockwerk aufgestoßen wurde und brennende Fackeln in die Stoffballen, die dort gelagert waren, fielen. Das Bett hat sofort Feuer gefangen. Hannah konnte gerade noch flüchten. Gott sei Dank war die Treppe aus Stein und nicht aus Holz, sonst hätte sie nicht mehr nach unten eilen können. Die Schreibstube brannte lichterloh. Hannah war durch die Flam-men in Richtung Eingangstür gerannt, ein herabstürzender Balken traf sie an der Stirn, sie verlor das Bewusstsein, konnte aber von tapferen Nachbarn noch rechtzeitig aus dem Haus ge-zogen werden.

Hannah war im Haus ihres Bruders untergebracht. Gesicht, Arme und Beine waren bedeckt von Brandverletzungen und Hautabschürfungen. Die ganze Nacht über wurde sie von hef-tigen Hustenattacken geschüttelt, erbrach sich, zu viel Rauch hatte sich in ihren Lungen festgesetzt. Am schlimmsten für Conrad war, dass Hannah verwirrt schien. Wenn er sie an-sprach, blickte sie ausdruckslos und erkannte ihn erst zögernd wieder. Conrad setzte sich zu ihr ans Bett, pflegte sie in liebe-voller Zuwendung, beherzigte aufs Genaueste jede Anweisung des Arztes, sprach aufmunternd auf sie ein, suchte ihre Erinne-rung zurückzuholen, las ihr Geschichten und Lieder vor.

Sei willkommen, liebe Taube!
Du bist so tüchtig geflogen auf Erden,
dass deine Federn im Himmelreich
gewachsen sind.

Du schmeckst wie eine Weintraube,
du duftest wie ein Balsam,
du leuchtest wie die Sonne,
du bist das Gedeihen meiner höchsten Liebe.
Du bist mein Lagerkissen,
mein Liebesbett,
meine heimlichste Ruhe,
mein tiefstes Verlangen,
meine höchste Ehre.

Über die Wintermonate heilten die Wunden Hannahs, hinterließen jedoch einige Narben. Nach und nach fand sie wieder zu sich zurück, erinnerte sich an die Zeit vor dem Brand, kam allmählich wieder mit sich im Alltag zurecht, versorgte sich und legte im Haushalt ihres Bruders mit Hand an.

Und doch schien irgendetwas in Hannah zerbrochen zu sein. Sie begann ihr Leben neu zu ordnen und legte Conrad nichts mehr in den Weg, nach Köln zu gehen, ermunterte ihn sogar zu einer solchen Reise und meinte, er hätte die Pflicht, Zeugnis abzulegen und einiges zurechtzurücken. Manchmal kam es Conrad fast vor, als suche sie Distanz zu ihm. Und tatsächlich überraschte sie ihn dann eines Tages mit der Nachricht, sie habe von der Priorin des Klosters Unterlinden in Colmar eine Zusage erhalten, dort in den Konvent aufgenommen zu werden. Um zu beweisen, dass sie nicht ganz unnütz sei, hatte sie ihr einige Blätter ihrer Schreibkunst zugeschickt. «Die Schwestern sind bereit», erklärte Hannah, «mich bei sich aufzunehmen und im Skriptorium zu beschäftigen.»

Conrad war von Hannahs Entschlossenheit überrascht. Er begehrte auf: «Es kommt nicht in Frage, dass du ins Kloster gehst! Warum machst du so etwas, ohne vorher mit mir zu sprechen?» Doch Hannah bestand auf ihrem Entschluss: «Glaube mir, es ist gut so! Wir haben ein gemeinsames Glück erfahren dürfen, das nicht überbietbar ist. Doch jetzt, das wurde mir während der langen Zeit meiner Krankheit klar, ist der Platz, an dem du zu stehen hast, nicht an meiner Seite. Und auch ich muss erneut einen Ort finden, an dem ich gebraucht werde. Suche die Spur wieder zu finden, die du vor vielen Jahren verfolgt, inzwischen jedoch verloren hast! Mach dich auf den Weg nach Köln! In meinem Herzen wirst du immer gegenwärtig sein.»

＊

Bedrückt von schweren Gedanken, zog Conrad den Rhein entlang nach Norden. Sein Bündel war leichter geworden. Nur wenige persönliche Habseligkeiten und zwei schmale Handschriften beschwerten es, der Bericht über Eckharts Prozess in Avignon und die Blütenlese von Hannah. Auf inständiges Drängen und Bitten hin hatte er die beiden Schriftstücke von Philipp zurückerhalten, und zwar nur diese beiden.

In Straßburg erfuhr Conrad, dass Odette und auch Matthäus von Finstingen, der alte Prior, verstorben waren. Traurig dachte er an Odette zurück. Gedankenverloren verließ er den Garten des Gästehauses Marguerite. Im Dominikanerkloster jedoch wurde er freundlich aufgenommen. Bruder Jordan von Quedlinburg, ein Freund aus Kölner Tagen, freute sich aufrichtig, Conrad wiederzusehen.

«Was sagen die Leute zu der Bulle von Papst Johannes XXII.?», fragte Conrad. «Es blieben ja nur noch einige wenige Lehrsätze Eckharts übrig, die verurteilt werden konnten.» Doch Bruder Jordan wunderte sich: «Die Bulle kennen wir nur vom Hörensagen, verlesen wurde sie hier nirgends und auch nicht auf andere Weise bekannt gemacht. Im Gegenteil, viele Freunde Eckharts haben sich hier zusammengefunden, pflegen sein Andenken und bringen seine Lehren unters Volk.»

«Und», fragte Conrad weiter, «hat sich der Konvent nicht gewundert, dass in Eckharts ehemaligem Arbeitszimmer keinerlei Schriften des Meisters vorhanden waren?» Bruder Jordan blickte Conrad fragend an: «Woher weißt du das? Eigenartig war das schon damals, dass fast nichts mehr auffindbar war. Manche verdächtigten sogar Bruder Matthäus und vermuteten, dass er die Handschriften versteckt oder sonst irgendwie außer

Haus geschafft habe. Wir waren enttäuscht, dass rein nichts mehr vorhanden war, was von Bedeutung gewesen wäre. Dem Bischof hätten wir die Schriften ohnehin nicht ausgehändigt, da war sich der Konvent dann doch weitgehend einig.»

Und Bruder Jordan berichtete weiter: «Selbst in Köln ist jetzt, nach dem Tod des Erzbischofs, ein freundlicheres Klima eingetreten. Bruder Andreas, vormals Subprior des Klosters, wurde als Schaffner ins Kloster Prenzlau im Osten der Saxonia versetzt. Die Stelle des Priors wurde vorerst nicht neu besetzt. Otto von Schauenburg, der Freund Eckharts aus Koblenz, vertritt fürs Erste die Stelle. Er ist inzwischen auch schon in die Jahre gekommen. Berthold von Moosburg aber, und das ist wirklich eine erfreuliche Neuigkeit, ist jetzt Leiter des Generalstudiums und leitet dieses ganz im Sinne seines Lehrers Dietrich von Freiberg.»

Conrad wunderte sich, wie sich inzwischen das Klima zu Gunsten Meister Eckharts gewendet hatte. Das hatte er nun doch nicht erwartet. Waren seine Bemühungen umsonst gewesen? Oder war es ihm doch gelungen, die Schriften Eckharts über eine Zeit hinwegzuretten, die sie aus dem Buch der Geschichte tilgen wollte?

«Es ist auch heute noch angebracht, den Namen Eckharts nicht laut auszusprechen», ergänzte Bruder Jordan. «Er hat zwar nach wie vor viele Freunde und Verehrer, die sein Andenken pflegen und seine Lehren weiter tragen, doch noch sitzt allen der Schrecken des Inquisitionsprozesses im Nacken. Kehre dennoch zurück nach Köln, du wirst wohlwollend empfangen werden und keine Probleme bekommen.»

Conrad machte sich bangen Herzens auf den Weg nach Köln und ließ sich beim Prior melden. Als er zu Bruder Otto von Schauenburg geleitet wurde, begegnete er in dem langen Flur zum Kapitelsaal seinen ehemaligen Mitbrüdern Johannes von Dambach und Marquard von Lindau. Auch sie begrüßten ihn, doch, wie leicht zu bemerken war, auch mit einer erheblichen Portion Misstrauen. Bruder Otto jedoch freute sich von ganzem Herzen, als er Conrad sah. «Lieber Bruder Conrad», rief er und schloss ihn in die Arme, «schön, dass du wieder zu uns gefunden hast, und schön dich wiederzusehen nach unserer beschwerlichen Reise nach Avignon und wieder zurück, mitten im Winter. – Was eigentlich hast du dir dabei gedacht, als du bei Nacht und Nebel verschwunden bist aus dem Kloster? Dein Habit hängt noch immer in der Kleiderkammer und wartet darauf, dass du ihn wieder überziehst.»

Bruder Otto und Conrad saßen lange beisammen. Conrad erzählte, was vorgefallen war, wie es zu seiner Flucht kam und wie er dann von Ort zu Ort weiter gezogen war. Nur, als er von Hannah erzählen sollte, verschlug es ihm die Sprache und er wurde eigenartig wortkarg. Bruder Otto musste sich die Zusammenhänge selber zusammenreimen.

Dann aber ließ der Prior den Leiter des Generalstudiums, Berthold von Moosburg, zu sich bitten, stellte ihm Conrad vor und bat um Rat, ob er eine Möglichkeit sähe, Bruder Conrad wieder eine angemessene Zukunft im Orden zu verschaffen. Der Leiter des ‹Studium Generale› zeigte sich zurückhaltend und skeptisch, fragte aber doch, ob Conrad etwas vorweisen könne, eine Leistung, die er erbracht habe. Conrad verwies auf das erfolgreiche Hausstudium in Köln und seine Tätigkeit als Assistent von Meister Eckhart. Seit dessen Tod sei er viel gereist und habe Erfahrungen gesammelt. An schriftlichen Dokumenten könne er im Augenblick nicht viel vorweisen. «Ich kann ihnen nur zwei kleinere Schriften vorlegen», sagte er und holte aus seinem Reisebündel einige Pergamente hervor, «einen kurzen Bericht über Eckharts Prozess in Avignon und dann hier eine Blütenlese mit vielfältigen Zitaten und Redewendungen aus der Bibel, den Schriften von Kirchenlehrern, Philosophen und auch dem Werk Meister Eckharts.» Conrad reichte dem Lektor die Handschriften und wartete eingeschüchtert auf dessen Urteil. Nach vorsichtigem Erwägen, zusammen mit Otto von Schauenburg, unterbreitete er Conrad schließlich einen Vorschlag: «Als Dominikanerbruder in Köln kann ich mir dich nicht vorstellen. Zu viele Mitbrüder haben deinen Abgang hier miterlebt und begegnen dir mit Vorbehalten. Ich habe jedoch vor wenigen Tagen eine Anfrage aus Prag erhalten, wo dringend fähige Lektoren und Lehrer für den Aufbau einer neuen Hochschule gesucht werden. Die ‹Florilegien›, die du mir hier anbietest, eignen sich für die Aufgaben, die dort erwartet werden, hervorragend. Wenn du möchtest, gebe ich dir ein Empfehlungsschreiben mit und du kannst dich dort vorstellen. Deinen Bericht über Eckharts Prozess jedoch werden wir in unserer Bibliothek sorgfältig verwahren. Bruder Otto, damit bist du doch sicherlich auch einverstanden?»

Wieder schnürte Conrad sein Reisebündel und machte sich auf den Weg, diesmal über Frankfurt, den Main hinauf bis Hof, dann über Eger und Pilsen nach Prag. Unterwegs aber setzte er sich an den schmalen Tisch einer Herberge und schrieb einen langen Brief.

Hannah,
ich wage es nicht mehr, Dich meine liebe Hannah zu
nennen, und doch habe ich alle meine Vermögen in Dir
überstiegen. Wo auch immer ich bin, höre ich Dich, ohne
einen Laut zu vernehmen, sehe ich Dich, selbst in tiefer
Finsternis. Mit dem Abschied von Dir ist mein Herz in
einen Abgrund gefallen, meine Seele ist bloß aller Liebe,
mein Geist ohne Form, mein Leib ortlos, zeitlos, kraftlos.

Auf der Suche nach einem Weg aus meiner verzwei-
felten Lage durchquere ich derzeit die dunklen Wälder
Böhmens, in denen auf Schritt und Tritt Gefahren lau-
ern, um in Prag, an der neu gegründeten Universität, ein
Aufgabenfeld zu finden, das ich bearbeiten kann. Bevor
ich jedoch vollends in der Nacht Deines Vergessens ver-
sinke, möchte ich Dir berichten, was ich noch nie jeman-
dem erzählt habe, die bedrückende Erfahrung des Ster-
bens von Meister Eckhart. Es wäre für mich erleichternd,
wenn Du mir zuhören würdest, um die Beweggründe
meines Handelns und meiner Bemühungen besser ver-
stehen zu können.

Ich war bei Meister Eckhart, als er starb. Wir, seine
Begleiter und Freunde, hatten Räume im Ordenshaus
der Dominikaner bezogen, das unmittelbar neben den

päpstlichen Palästen lag. Alle fünf waren wir bei ihm,
Heinrich, Johannes, Nikolaus, Otto und ich, Conrad, als
jüngster. Von Zeit zu Zeit schaute ein Medikus vorbei,
den die Kurie schickte.

Eckhart blieb nicht viel Zeit, um mit sich ins Reine zu
kommen. Der Körper verweigerte sich, sein ganzer Leib
schmerzte: er rang nach Atem, seine Gedärme wehrten
sich gegen feste Speisen, und selbst das Trinken fiel ihm
schwer, er vermochte kaum mehr Harn und Stuhl zu
halten.

Immer wieder tauchten Bilder der Erinnerung in ihm
auf, Freunde aus Erfurt, Paris, Straßburg und Köln, viele
waren es nie gewesen: Dietrich von Freiberg, Nonnen,
denen er am Oberrhein begegnet war, Schüler, die ihm
die Worte mit gläubigen Augen von den Lippen gelesen
hatten. Wir konnten ihn nur schwer verstehen.

Dann wieder, halb wach, stolperten seine Gedanken
und mit ihnen seine Worte über Ereignisse, über die er
ein Leben lang hinweggesehen oder die er einfach igno-
riert hatte. Er wich vor der Glut brennender Scheiter-
haufen zurück, die in Paris, Straßburg und Köln gelodert
hatten, voll Entsetzen stammelte er unbekannte Namen,
‹Marguerite› war einer von ihnen. Es schien, als blicke
er entsetzt in ein Angesicht, das von den Flammen eines
lodernden Feuers verzehrt würde. Seine Augen weiteten
sich entsetzt: «Wo war da Gott?»

Und dann: «Wie konnte Gott zulassen, dass mir, einem
alternden Bettelbruder, ein Inquisitionsprozess an den
Hals gehängt wurde? War er zu sehr mit anderem be-
schäftigt? Wo war dieser Gott, als die Beginen, Templer
und Juden verfolgt, gefoltert und verbrannt wurden?»
Erschrocken und scheu blickten wir uns gegenseitig an:
Konnte es sein, dass ihm, angesichts des Todes, Gott ab-
handengekommen war? Dann wieder erinnerte er sich
an Predigten, die er selbst gehalten hatte:

Gott gehört nicht zu den Kaufleuten, die mit den Men-
schen handeln. Er belohnt weder das Gute, noch bestraft

er das Böse und er verteilt das Glück auch nicht in kleinen Happen. Er mutet uns zu, dass wir uns im Labyrinth des eigenen Denkens verirren und verloren gehen.

Als ich ihm mit einem Tuch Tränen und Schweiß von Stirn und Wange wischen wollte, wehrte er entschieden und unwirsch ab: «Ich habe ein Recht zornig zu sein, zu weinen, zu verzweifeln, die Angst zuzulassen». Erschreckt hielt ich inne. Er verstummte. Dann wieder, heftig nach Atem ringend, brach aus ihm heraus: «Von Kindheit an habt ihr mir erzählt, dass Gott mich liebt. Es ist dunkel. Ich bin allein, finde im Abgrund der Dunkelheit, der Tiefe der Nacht, keinen Halt. Mir ist kalt. Gibt es keinen Ort, an dem sich Gott zeigt? Ich stehe vor einer schweigenden Leere. Gott will mich nicht. Mein Verlangen nach ihm liegt im Streit mit dem Schmerz, von ihm nicht gewollt, abgewiesen, zurückgestoßen zu sein. Bin ich ungewollt? Trotzdem, ich liebe nun einmal meinen Gott, auch das, was er mir versagt. Ich komme mir vor, als wäre ich für den Herrn nichts als ein Stück Brennholz.» Erschöpft sank Eckhart auf das von Schweiß feuchte Kissen.

Bei Gott, ich frage mich angesichts eines solchen Kampfes immer wieder, was die Seele ist, die Seele, die das Antlitz Gottes trägt? Ist sie Geist, Gewissen, Gefühl? Ich muss aufpassen, dass sie sich nicht lautlos aus meinem Denken schleicht und verlorengeht.

Immer deutlicher kam Eckharts Verfall zum Vorschein und dennoch konnten wir Freunde uns nicht gegen den Eindruck wehren, dass Eckhart im Sterben nicht in einzelne Fragmente zerfiel, sondern sich zu einem Ganzen fügte und verdichtete.

Manchmal sprach er in seltener Klarheit und reagierte auf die Vorwürfe, derer er sich in Köln und Avignon erwehren musste, doch in Wirklichkeit zählten sie für ihn nicht mehr, gleichgültig wie der Papst über ihn richten würde. Sein Denken hatte im Laufe der Jahre eine Souveränität erreicht, die keine Instanz über sich duldete.

Ohne die Überlieferung seines Glaubens kam er nicht aus, nur mit ihr konnte er auch nicht mehr leben. Einerseits verdankte er der Tradition den Reichtum seines Wissens, den er von Kindheit an erzählt und gelehrt bekommen hatte, andererseits aber war dieses Wissen so portioniert und verschnürt, dass das Leben zu erstarren drohte. Und allzu oft wird mit Schwert und Feuer verteidigt, was nur in seiner Verletzlichkeit erfahren und angenommen werden kann.

Welche Autorität hätte Eckhart vorschreiben können, was er denken und glauben sollte? Die heiligen Schriften gaben seinem Denken zwar immer wieder neue Impulse, für ihre Beurteilung jedoch war allein er zuständig, das vernünftige Denken, Verstehen, Empfinden. Selbstverständlich, er konnte sich irren, doch, so sagte er immer wieder, sei es besser, der eigenen Einsicht zu folgen, als gegen eigene Überzeugungen die Lehren anderer zu vertreten. Bemüht hatte sich Eckhart allemal.

Aufmerksam hörte Eckhart in sich hinein, verfolgte, wie das Blut durch seinen Körper pulsierte, sich in seinem Gehirn Gedanken bildeten, die Seele sich ausbreitete und die Sehnsucht nach Ganzheit und Einheit seine Existenz zu einer glücklichen Vollendung brachte. Wäre nicht das Unbegreifliche in ihn eingefallen und hätte sich Gott nicht in ihm geboren, so wäre die Geschichte seines Daseins nicht eine Geschichte unendlicher Möglichkeiten geworden.

«Ich trage den Tod seit je in meinem Gedächtnis», sagte er noch, «pendle ständig zwischen zwei Ufern hin und her und probe die Überfahrt. Oft weiß ich nicht mehr, an welchem Ufer ich das Leben und an welchem ich den Tod suchen soll. Nun holt mich der Herr in das Dunkel seiner Kammer. Ich bin froh, dass das Verlangen meines Herzens gestillt wird, und stehe gleichzeitig entsetzt vor einem Abgrund. Wird der Schrecken in Jubel umschlagen? Was ist, wenn mich nichts mehr hält? Was bleibt mir ohne Heimat und den Rhythmus des Kommens und

Gehens? Es gibt nichts Furchtbareres als das Nichts der
Gottheit. Wird meine Demut Gott zwingen können, sich
voll und ganz in mich zu senken?»

Dann wieder, plötzlich, legte sich über sein Gesicht
eine verhaltene Fröhlichkeit. Wir schauten uns seltsam
berührt an. «Ihr wollt wissen», sagte er mit so schwacher
Stimme, dass ich mich tief niederbeugen musste, um ihn
zu verstehen, «ihr wollt wissen, warum ich fröhlich bin?
Ich bin fröhlich, weil ich die Welt angenommen habe, wie
sie ist, und ich lache Gott an, weil er mich annimmt, wie
ich bin.» Damit drehte er sich zur Seite und entschlief.

Meine liebe, von ganzem Herzen geliebte Hannah – ich
darf es nun doch noch einmal, ein letztes Mal, sagen.
Ich danke Dir für Dich. – Nun ist mir leichter ums Herz.
Conrad.

Als Hannah den Brief gelesen hatte, ging sie zum Fenster und
öffnete den Verschlag. Die Nacht war kalt, der Himmel ster-
nenklar. Ein heftiger Windstoß löschte die Kerze.

NACHWORT

Der Roman «Meister Eckhart, das Brennholz Gottes» erzählt die Geschichte des bedeutendsten Vertreters der deutschen «Mystik». Mystik im Sinne eines asketischen Weges hin zu ekstatischer Gotteserfahrung kennt Eckhart jedoch nicht. Er setzt auf Vernunft und intellektuelles Erkennen. Die uneinholbare Voraussetzung seines Denkens besteht in der Annahme, dass der Mensch in seinem letzten Grund immer schon göttlicher Natur ist. Der Mensch bewegt sich nicht auf Gott zu, weil er schon immer bei ihm angekommen ist. Die Vernünftigkeit, nicht zu verwechseln mit der bloß analysierenden Rationalität, ist der Ort dieses Erkennens, eine Vernünftigkeit, die alles Empfinden der Seele in sich einschließt. Im Lichte dieser Aufmerksamkeit und Selbstwahrnehmung begreift der Mensch sich selbst und seine Welt: «nim dîn selbes war»!

Vergleicht man das an der neuplatonischen und aristotelischen Philosophie geschulte Denken Meister Eckharts mit dem der scheinbar so aufgeklärten Welt unserer Zeit, so erstaunt, wie stark er sich an der Vernunft orientiert, im Gegensatz zu der sich allerorts ausbreitenden esoterischen Spiritualität heute. Der überwältigende naturwissenschaftliche und technische Fortschritt der Neuzeit hat das religiöse Denken der Beliebigkeit eines Weltanschauungsmarktes überlassen, dem gegenüber das so genannte «dunkle Mittelalter» geradezu hell und licht erscheint.

Für die hier vorgelegte Lebensgeschichte Meister Eckharts wurde die Form eines biographischen Romans gewählt, um einer breiteren Leserschaft die Aktualität Eckhartscher Weltdeutung vorstellen zu können. Historische, biographische, theologische und philosophische Perspektiven sind ineinander verwoben und in vielfältiger Weise übereinander gelegt.

Maßgebend ist die historische Rekonstruktion der Ereignisse vor nunmehr 700 Jahren, entsprechend dem aktuellen Stand der Eckhartforschung. Die Überlieferung ist im Falle Meister

Eckharts nicht gerade umfangreich. Es ist nicht bekannt, wann Eckhart geboren wurde – es muss um das Jahr 1260 gewesen sein – und auch nicht, wann er verstorben ist, wohl um die Jahreswende von 1327 auf 1328. Allerdings gibt es, wie Walter Senner nachweist, aus dem 17. Jahrhundert (1691) ein dominikanisches Verzeichnis *heiliger oder sonst wie berühmter Brüder und Schwestern des Predigerordens*, aus dem hervorgeht, dass Meister Eckhart am 28. Januar 1328 verstorben sein soll. Wie stichhaltig diese Angabe den Tod Eckharts bezeugt, kann nicht entschieden werden.

Über die Herkunft Eckharts von Hochheim ist ebenfalls wenig bekannt, doch konnte inzwischen geklärt werden, dass seine Vorfahren den Familiennamen «von Hochheim» angenommen haben, den Namen eines kleinen Kirch- und Pfarrdorfes der Herren von Wangenheim (Thüringen), er selbst aber, Meister Eckhart, wurde in Tambach, südlich von Gotha, geboren, entstammte dem niederen Adel und gehörte dem Ritterstande an.

Und auch der Werdegang Eckharts muss mühsam und oft nur notdürftig aus vergleichbaren Biographien und amtlichen Unterlagen seiner Tätigkeitsbereiche erschlossen werden. Er studierte in Erfurt, Köln und Paris Theologie, Naturphilosophie und die artes liberales, war Lektor der Sentenzen in Paris, Prior des Konvents in Erfurt und zeitweilig Vikar des Provinzials Dietrich von Freiberg in der Provinz Teutonia. Im Jahre 1302 nahm er in Paris den Lehrstuhl eines «Magister actu regens» ein, einen Lehrstuhl, der nicht-französischen Dominikanern vorbehalten war. Nach seiner Rückkehr wurde er für etwa acht Jahre zum Provinzial der neu gegründeten Provinz Saxonia ernannt, gründete drei Dominikanerkonvente und nahm zeitweilig das Amt des Provinzialvikars für die Provinz Böhmen ein. Als er dann die Provinz Teutonia übernehmen sollte, wurde er ein zweites Mal auf den Lehrstuhl nach Paris abgeordnet, ein Privileg, das zuvor nur dem Kirchenlehrer Thomas von Aquin vergönnt war. Das Betätigungsfeld Eckharts nach seiner Lehrtätigkeit in Paris ist nicht hinreichend geklärt. Er taucht, nach schriftlichen Zeugnissen, in Straßburg und mehreren Dominikanerinnenklöstern der Schweiz und des Oberrheins auf: Töss, Katharinental, Ötenbach. Dass Eckhart aber zu dieser Zeit Vikar des Ordensgenerals zur seelsorgerischen Betreuung der Frauenklöster und -konvente war, ist eher unwahrscheinlich. Um 1324 kam er wieder nach Köln, predigte in Klöstern der Benediktinerinnen und Zisterzienserinnen und übte am Studium generale eine Lehrtätigkeit für Theologie aus.

Außer diesem nackten Gerüst an Daten ist nicht viel über Meister Eckharts beruflichen Werdegang auszumachen. Erst im Zusammenhang mit dem Verfahren, das Nikolaus von Straßburg um 1325 gegen ihn durchführte, mit dem Inquisitionsverfahren des Kölner Erzbischofs vom Jahr 1326 und dem Zensurverfahren in Avignon im Jahr 1327, können die Ereignisse, denen er sich ausgesetzt sah, einigermaßen zuverlässig nachgezeichnet werden (vgl. Winfried Trusen). Von Beginn dieser Prozesse bis zur Verurteilung von 28 Sätzen in der Bulle «In agro dominico» liegt detailliertes Quellenmaterial vor. Conrad von Halberstadt war während des Kölner Prozesses Eckharts Assistent, ging ihm zur Hand und wurde später Professor der Theologie in Prag.

Das Leben Meister Eckharts an der Wende vom 13. zum 14. Jahrhundert ist eingebettet in stürmische Ereignisse und Entwicklungen von Gesellschaft und Kirche seiner Zeit. Das christliche Abendland war im Umbruch begriffen. So bot es sich an, die Lebensgeschichte Eckharts mit wichtigen Ereignissen seiner Zeit in Zusammenhang zu bringen, mit den Lebensformen der Bettelprediger, den Auseinandersetzungen zwischen den Päpsten und französischen Königen, der Verfolgung und Ausrottung der Templer, dem Beginenwesen, dem frommen Leben in Frauenklöstern, dem Prozess gegen Marguerite Porète, der weit verbreiteten misanthropischen Spiritualität seiner Zeit, wie sie in einem Traktat von Papst Innozenz III. (1195) besonders deutlich zum Ausdruck kommt, und einigen weiteren charakteristischen Vorkommnissen der Epoche.

Ein weiterer Anspruch des Buches liegt in der allgemeinverständlichen Darstellung der zentralen Gedankengänge Meister

Eckharts, seiner Theologie und Philosophie. Doch wie kann es gelingen, aus dem umfangreichen Werk Eckharts mit seinen uns heute fremden Sprach- und Diktionsmustern, das schon allein wegen seiner Redundanzen nicht einfach zu lesen ist, eine authentische Wiedergabe der zentralen Anliegen Eckharts zu vermitteln? Sein Denken bewegt sich, vor dem Hintergrund eines gigantischen scholastischen Lehrgebäudes und der umfassenden Kenntnis patristischer Theologie und platonisch-aristotelischer Philosophie, auf einem hohen Niveau der begrifflichen Abstraktion. Zudem mutete er seinen Zuhörern und Lesern auch in sich widersprüchliche Aussagen zu.

Der Anspruch, den das Buch erhebt, stößt damit notwendigerweise an Grenzen. Seit mehreren Generationen wird mit großer Akkuratesse und Sorgfalt an einer kritischen Ausgabe der lateinischen und deutschen Werke Eckharts gearbeitet und kommt erst jetzt allmählich zu einem vorläufigen Ende – vorläufig deshalb, weil während der langen Bearbeitungsphase immer wieder neue Quellen und Zeugnisse entdeckt wurden, die zu grundlegenden Änderungen der Interpretation geführt haben, so dass bereits jetzt Korrekturen und Überarbeitungen notwendig geworden sind.

Der Roman «Meister Eckhart – das Brennholz Gottes» erzählt seine Geschichte nahe an Eckharts Texten, an seinen Schriftauslegungen, Predigten und Traktaten und versucht den Sprachgebrauch und Klang von Meister Eckhart nachzuempfinden. Entscheidend ist die Verständlichkeit und Lesbarkeit des Buches, so dass neben wörtlichem Zitieren auch freies Übersetzen notwendig wurde, Umformulieren, Aneinanderreihen aus dem Zusammenhang entnommener Zitate und freies Zusammenfassen von Textpassagen, immer nach Maßgabe des Verständnishorizontes des Autors. Der subjektive Charakter dieses Verfahrens ist offensichtlich und wird vom Autor verantwortet. Als Korrektiv der Subjektivität kann lediglich die Intensität einer langjährigen Beschäftigung mit dem Werk Meister Eckharts angeführt werden.

Ein Roman ist nicht nur das Produkt wissenschaftlicher Recherchen und subjektiver Fantasien. In seinem Fortgang entwickelt sich vielmehr eine Eigendynamik, die sowohl die historischen Fakten, in diesem Fall das Leben und Werk Meister Eckharts, wie auch die schriftstellerische Leistung des Autors übersteigt und sie souverän für sich in Anspruch nimmt.

Sofern der Roman wirklich gelungen ist, stellen die fiktionalen Elemente, die um die Gestalt Meister Eckharts herum angeordnet sind, nicht nur fantasievolle Ausschmückungen dar, sondern bringen etwas zur Sprache, was ohne sie nicht hätte vermittelt werden können. Handelnde Gestalten, die, historisch betrachtet, nicht existierten, bringen Szenen zur Aufführung, die zwischen historischen Ereignissen vermitteln und dem Leser Fingerzeige geben, wie Eckhart möglicherweise gelesen werden kann. Szenerien, die verloren gegangen sind, werden fiktional ersetzt.

Weder «Odette», die treue Verehrerin Eckharts, noch die «Predigerbrüder» in Erfurt, weder «Hannah», die Conrad zur Seite gestellt ist, noch «Monsieur Juppé», sein Gefährte auf dem Weg nach Paris, und auch nicht «Anna», Eckharts Schwester, sind historisch nachweisbar, obwohl anzunehmen ist, das Eckhart der Älteste von mehreren Geschwistern war. Ihr Auftreten verdanken sie allesamt der literarischen Gattung eines biographischen Romans.

Bis heute übt Meister Eckhart auf viele Menschen, die nach dem Ursprung und Ziel ihrer Existenz forschen, eine große Faszination aus. Es ist zu hoffen, dass der vorliegende Roman sie dabei zu unterstützen und begleiten vermag.

LITERATURHINWEISE

Um interessierten Lesern, die sich mit Meister Eckhart und Marguerite Porète vertieft beschäftigen möchten, den Zugang zu erleichtern, wird nachfolgend auf einschlägige Quellen sowie eine kleine Auswahl aus der Sekundärliteratur hingewiesen.

Meister Eckhart erschließt sich sehr gut in der handlichen Ausgabe seiner wichtigsten Werke, die von Niklaus Largier herausgegeben wurde. Dem mittelhochdeutschen bzw. lateinischen Text steht eine neuhochdeutsche Übersetzung gegenüber. Beides ist der Stuttgarter Ausgabe der Werke Meister Eckharts entnommen. Vorzügliche Kommentare ergänzen das Angebot.

– Largier, Niklaus (herausgegeben und kommentiert) (1993): *Meister Eckhart. Sämtliche deutsche Predigten und Traktate sowie eine Auswahl aus den lateinischen Werken.* Bd. 1: Predigten, Texte und Übersetzungen; Bd. 2: Traktate und lateinische Werke. In: Bibliothek des Mittelalters. Texte und Übersetzungen. Hrsg. Von Walter Haug, Frankfurt a. M.: Deutscher Klassiker Verlag.

Seit 1936 ist im Auftrag der Deutschen Forschungsgemeinschaft eine kritische Ausgabe der Werke Meister Eckharts in Arbeit. Eine Reihe hervorragender Wissenschaftler war bzw. ist seither an diesem Projekt beteiligt: Herausgeber der deutschen Abteilung mit Predigten und Traktaten war zunächst Josef Quint. Nach dessen Tod hat Georg Steer diese Aufgabe übernommen. Die Herausgeberschaft der lateinischen Werke war einem Team bedeutender Mediävisten unter der Leitung von Josef Koch überantwortet und wird heute von Loris Sturlese weiter- und voraussichtlich zu Ende geführt.

– Meister Eckhart. *Die deutschen und lateinischen Werke* (1936ff.). Herausgegeben im Auftrage der Deutschen Forschungsgemeinschaft. Stuttgart: Kohlhammer.

«Der Spiegel der einfachen Seele» von Marguerite Porète liegt in einer deutschen Übersetzung von Louise Gnädiger vor, ist derzeit jedoch vergriffen. Irene Leicht hat dazu eine ausführliche wissenschaftliche Arbeit vorgelegt, deren Ergebnisse in einem leicht zugänglichen Taschenbuch zusammengefasst sind.

– Porète, Marguerite (1987): *Der Spiegel der einfachen Seele.* Wege der Frauenmystik. Aus dem Altfranzösischen übertragen und mit einem Nachwort und Anmerkungen von Louise Gnädiger. Zürich/München: Artemis

– Leicht, Irene (1999): *Marguerite Porète – eine fromme Intellektuelle und die Inquisition.* Freiburg/Basel/Wien: Herder

– Leicht, Irene (2001): *Marguerite Porète – Eine Frau lebt, schreibt und stirbt für die Freiheit.* München: Don Bosco

Aus der nur schwer zu überblickenden Sekundärliteratur über Meister Eckhart und sein Werk werden hier nur einige wenige Titel ausgewählt und zur Lektüre weiterempfohlen. Eine nahezu vollständige Bibliographie zu Meister Eckhart legt Niklaus Largier vor, sie ist im Internet auf der Homepage der «Meister Eckhart Gesellschaft» abrufbar.

– Ruh, Kurt (1985): *Meister Eckhart. Theologe, Prediger, Mystiker.* München: C.H. Beck

– Jacobi, Klaus (Hg.) (1997): *Meister Eckhart: Lebensstationen – Redesituationen, Quellen und Forschungen zur Geschichte des Dominikanerordens.* Neue Folge Band 7. Im Auftrag der Dominikanerprovinz Teutonia herausgegeben von Isnard W. Frank OP, K. Elm, U. Horst OP, W. Senner OP, Berlin: Akademie Verlag. Darin: Walter Senner OP: Meister Eckhart in Köln, S. 207–235

– Trusen, Winfried (1988): *Der Prozess gegen Meister Eckhart. Vorgeschichte, Verlauf, Folgen.* Paderborn/München/Wien/Zürich: Schöningh

- STEER, GEORG / STURLESE, LORIS (Hrsg.) (1998/2003/2009): *Lectura Eckhardi. Predigten Meister Eckharts von Fachgelehrten gelesen und gedeutet.* 3 Bände. Stuttgart/Berlin/Köln: W. Kohlhammer

- FLASCH, KURT (2006): *Meister Eckhart,* München: C. H. Beck

- STURLESE, LORIS (2007): *Homo divinus. Philosophische Projekte in Deutschland zwischen Meister Eckhart und Heinrich Seuse,* Stuttgart: W. Kohlhammer

Schließlich wird noch auf Hörbücher verwiesen, auf denen 16 Predigten Meister Eckharts in der neuhochdeutschen Übersetzung von Louise Gnädiger zu hören sind.

- MEISTER ECKHART: *Deutsche Predigten.* Eine Auswahl der schönsten Predigten. 4 CD's (16 Predigten). Sprecher: Reiner Unglaub; Regie: Hans Eckardt. Verlag und Studio der Hörbuchproduktionen 2005

QUELLENVERZEICHNIS

MEISTER ECKHARTS LEBEN UND WERK

um 1260	Eckhart von Hochheim wird in Tambach bei Gotha geboren mit etwa 18 Jahren Eintritt in den Erfurter Dominikanerkonvent Studium der Theologie (3 Jahre), der aristotelischen Naturphilosophie (2 Jahre) und der Freien Künste / artes liberales (3 Jahre) in Erfurt, Köln und Paris
1294	Sentenzenvorlesung an der Sorbonne in Paris. Werke: Festpredigt am Ostertag, Collatio (Tischlesung)
1295	Prior in Erfurt und Vikar von Thüringen. Werke: «Reden der Unterweisung»
um 1298	Ende des Priorats (oder des Vikariats)
1302/03	Magister actu regens an der Sorbonne in Paris. Werke: «Quaestiones» (offene Streitfragen), «Predigt zum Festtag des hl. Augustin», Auslegungen zur hl. Schrift
1303	Provinzial der Saxonia. Gründung von drei Dominikanerkonventen: Braunschweig, Dortmund, Groningen. Organisation, Durchführung und Leitung der jährlichen Provinzialkapitel. Werke: Lateinische und deutsche Predigten
1307	zusätzlich Provinzialvikar für die Provinz Böhmen
1311/12	Zum zweiten Mal Magister in Paris. Werke: Entwurf und Entwicklung des «Opus tripartitum» (Dreiteiliges Werk): Prologe, Werk der Thesen, der Probleme und der Auslegungen
ab 1313	Aufenthalte am Oberrhein: Straßburg, Töss, Katharinental, Ötenbach, um 1323 in Colmar. Werke: «Liber benedictus» – Traktat «Buch der göttlichen Tröstung» (BgT) und Lesepredigt «Vom edlen Menschen» (VeM) – für Königin Agnes, Gemahlin des 1301 verstorbenen Königs Andreas III. von Ungarn. Predigten
um 1324	Berufung an das Kölner Generalstudium. Inhaber des theologischen Lehrstuhls. Nikolaus von Straßburg war einerseits Eckharts Lektor und Mitarbeiter und andererseits Visitator zur Überprüfung der rechten Lehre. Conrad von Halberstadt als Assistent Eckharts
1325/26	Überprüfung von Eckharts Rechtsgläubigkeit durch Nikolaus von Straßburg. Das Verfahren endete mit einem Freispruch
1326	Erzbischof Heinrich II. von Virneburg eröffnet in Köln ein Inquisitionsverfahren gegen Eckhart. Ankläger und Zeugen waren die Kölner Mitbrüder Eckharts Hermann des Summo und Wilhelm von Nidecke. Es entstehen mehrere Listen mit als häretisch beurteilten Einzelaussagen. Eckhart bezieht in der sogenannten «Rechtfertigungsschrift» Stellung. Als Nikolaus gegen Wilhelm von Nidecke wegen verleumderischer Aussagen Anklage erhebt, stellt die Untersuchungskommission Nikolaus unter Anklage wegen «Behinderung des Inquisitionsgerichts». Eckhart verteidigt sich in einer öffentlichen Predigt, widerruft alles, was möglicherweise falsch verstanden werden könnte und appelliert an den päpstlichen Stuhl. Die Untersuchungskommission weist die Appellation Eckharts zurück. Dennoch kann Eckhart nach Avignon reisen.

1327	Eine Kommission, bestehend aus Papst Johannes XXII., Richtern und Gutachtern führt in Avignon das Verfahren gegen Eckhart weiter. Die Kölner Listen werden auf 28 Sätze reduziert. Das Inquisitionsverfahren wird eingestellt und in ein Zensurverfahren umgewandelt. Es geht nunmehr um die Verträglichkeit der indizierten Sätze mit der kirchlichen Lehre, nicht um Eckharts subjektive Rechtgläubigkeit.
1328	Tod Eckharts
1329	In der Bulle «In agro dominico» werden 28 Sätze Eckharts verurteilt. Die Bulle wird in der Kölner Kirchenprovinz bekannt gegeben.

ZEITTAFEL

1160	Tod des Petrus Lombardus, Bischof von Paris. Hauptwerk: Sententiarium libri IV
1184	Papst Lucius III. errichtet die Inquisition auf der Synode zu Verona
1195	Papst Innozenz III. verfasst den Traktat „Vom Elend des menschlichen Daseins" (De miseria humanae conditionis), eine der beliebtesten Schriften des Mittelalters, die eine in ganz Europa verbreitete Spiritualität und Weltansicht zum Ausdruck brachte: Verachtung der Welt, des Körpers und des Menschen
1209	Franz von Assisi (1182–1226), Stifter des Franziskanerordens, Bestätigung der ersten Ordensregel, 1228 heilig gesprochen
1216	Dominikus (1170–1221), Stifter des Dominikanerordens, Bestätigung der Ordensregel, 1234 heilig gesprochen
1207-1231	Elisabeth von Thüringen, 1228/29 Errichtung des Franziskus-Hospitals in Marburg, 1235 heilig gesprochen
1212-1280	Mechthild von Magdeburg, Dichterin der deutschen Mystik, Hauptwerk: Das fließende Licht der Gottheit
1221-1274	Bonaventura, Franziskaner, Lehrtätigkeit in Paris, Ordensgeneral, Kardinal. Theologe und Mystiker mit augustinischer Prägung. Bekanntestes Werk: Pilgerbuch der Seele zu Gott (Itinerarium mentis in Deum)
1193-1280	Albertus Magnus, Dominikaner, 1248 Leiter der neu gegründeten Ordenshochschule (Studium Generale) in Köln, Lehrer des Thomas von Aquin, 1254–1257 Provinzial der deutschen Dominikaner (Teutonia), 1260 Bischof von Regensburg, Kreuzzugsprediger, Einführung des Aristotelismus in die abendländische Philosophie und die Naturwissenschaften. Hauptwerke: Sentenzenkommentar, Summa de creaturis, Summa theologica, Aristoteleserklärungen, Aristoteleskommentar
1225-1274	Thomas von Aquin, Dominikaner, Schüler des Albertus Magnus, Lehrtätigkeit in Paris, 1323 heilig gesprochen, 1567 zum Kirchenlehrer erhoben, „Fürst der Scholastik". Hauptwerke: Aristoteleskommentare, Summa contra gentiles (Auseinandersetzung mit der arabischen Philosophie), Summa theologica, Quaestiones
1248	Baubeginn des Kölner Doms
1273-1291	Kaiser Rudolf von Habsburg
1294	Tod des Roger Bacon, englischer Philosoph. Naturwissenschaftliches Denken, Bedeutung des Experiments
1250-1310	Dietrich von Freiberg, Dominikaner, stand unter dem Einfluss von Albertus Magnus, Lehrtätigkeit in Freiberg, Trier und Paris, Provinzial der deutschen Ordensprovinz, wissenschaftliche Tätigkeit auf dem Gebiet der Optik und der Naturphilosophie. Wichtige Werke: Über den Ursprung der kategorial bestimmten Wirklichkeit, Über drei schwierige Fragen, Über den Regenbogen
1255-1310	Marguerite Porète, Begine aus Valenciennes im Hennegau, Abfassung des „Spiegel der einfachen Seelen", erster Inquisitionsprozess

mit Verbrennung des Buchs und Verbot der Weiterverbreitung, zweiter Inquisitionsprozess durch den französischen Generalinquisitor Wilhelm Imbert von Paris, Verurteilung von 15 Artikeln, Hinrichtung auf dem Scheiterhaufen in Paris

1260-1328 Meister Eckhart, Dominikanerprior in Erfurt, Lehrtätigkeit in Paris, erster Provinzial der neu gegründeten Provinz Saxonia, Prediger, Magister am Studium generale in Köln, Inquisitionsprozess in Köln, Zensurverfahren in Avignon, 28 Sätze werden in der Bulle „In agro dominico" verurteilt. Gilt als bedeutendster Vertreter der spekulativen Mystik. Hauptwerke: Reden der Unterweisung, deutsche Predigten, lateinische Sermones, Opus tripartitum: Prologe, Thesenwerk, Problemwerk, Auslegungswerk (nur in Teilen erhalten), Buch der göttlichen Tröstung, Verteidigungsschriften

1295-1366 Heinrich Seuse, Dominikaner, Schüler Meister Eckharts, deutscher Mystiker. Werke: Selbstbiographie, Büchlein von der ewigen Weisheit, Büchlein der Wahrheit

1300-1361 Johannes Tauler, Dominikaner, Studium im Kölner Generalstudium evtl. bei Meister Eckhart, Prediger und Lektor in Straßburg, Mitglied der „Gottesfreunde". Überlieferte Werke: Predigten

1265-1321 Dante Alighieri, italienischer Dichter, Hauptwerk: Die göttliche Komödie

1285-1314 König Philipp IV. von Frankreich, Beiname, der Schöne, kalt und berechnend, Plünderung der Pariser Juden, überschäumender religiöser Pomp, umgab sich mit fähigen Mitarbeitern und Beratern: Guillaume de Nogaret und Enguerran von Marigny

1302 Papst Bonifaz VIII. (1294–1303) erlässt die Bulle „Unam sanctam", päpstliche Machtansprüche. Attentat von Agnani: Papst Bonifaz VIII. wird von Wilhelm von Nogaret, Advokat und Ratgeber König Philipps IV., gefangen genommen, Befreiung durch das römische Volk, verstirbt einen Monat später

1307-1314 Templerprozess. 1291 Fall der Stadt Akkon und Ende der Kreuzzugstätigkeit des Ordens. 1307 Verhaftung sämtlicher Templer durch den französischen Generalinquisitor Wilhelm Imbert und den königlichen Berater Nogaret innerhalb eines Tages. Aufhebung des Templerordens auf dem Konzil von Vienne. 1314 Der letzte Templergroßmeister, Jacques de Molay, wird nach dem Widerruf seines erpressten Geständnisses verbrannt.

1309 Beginn des Avignoner Exils der Päpste (1309–1377). Papst Clemens V. (1305–1314) verlegt den Sitz des Papsttums nach Avignon („Babylonische Gefangenschaft der Kirche")

1300-1350 Wilhelm von Ockham, Lehrtätigkeit in Oxford, kirchlicher Prozess gegen seine Lehre, 1328 Flucht aus Avignon nach Pisa und 1330 nach München zu Kaiser Ludwig dem Bayern. Vater des jüngeren Nominalismus. Werk: Quodlibeta, Über die Schwäche des Verstandes

1304-1374 Francesco Petrarca, italienischer Dichter und Humanist, „Sonette an Madonna Laura", „Die Besteigung des Mont Ventoux"

1313-1375	König Ludwig IV. der Bayer (1314–1347), Ludwig siegt bei Mühldorf über den Gegenkönig Friedrich den Schönen von Österreich, 1324 wird er vom Papst gebannt, 1328 Kaiserkrönung Ludwigs des Bayern in Rom, 1346 erneute Bannung
1316-1334	Papst Johannes XXII.
1324	Marsilius von Padua (1275–1343) verfasst mit Unterstützung des Johann von Jadun den „Defensor pacis"
1348	Gründung der ersten deutschen Universität in Prag durch Karl IV. Spätere deutsche Universitätsgründungen: 1365 Wien, 1383 Heidelberg, 1388 Köln, 1392 Erfurt